Controlling im Gesundheitswesen

AF888699

Dagmar Ackermann

Controlling im Gesundheitswesen

Transparenz für Entscheidungen mit Fällen aus der Praxis

Springer

Dagmar Ackermann
Tönisvorst, Deutschland

ISBN 978-3-662-68801-4 ISBN 978-3-662-68802-1 (eBook)
https://doi.org/10.1007/978-3-662-68802-1

Die Deutsche Nationalbibliothek verzeichnet diese Publikation in der Deutschen Nationalbibliografie; detaillierte bibliografische Daten sind im Internet über https://portal.dnb.de abrufbar.

© Der/die Herausgeber bzw. der/die Autor(en), exklusiv lizenziert an Springer-Verlag GmbH, DE, ein Teil von Springer Nature 2024

Das Werk einschließlich aller seiner Teile ist urheberrechtlich geschützt. Jede Verwertung, die nicht ausdrücklich vom Urheberrechtsgesetz zugelassen ist, bedarf der vorherigen Zustimmung des Verlags. Das gilt insbesondere für Vervielfältigungen, Bearbeitungen, Übersetzungen, Mikroverfilmungen und die Einspeicherung und Verarbeitung in elektronischen Systemen.
Die Wiedergabe von allgemein beschreibenden Bezeichnungen, Marken, Unternehmensnamen etc. in diesem Werk bedeutet nicht, dass diese frei durch jedermann benutzt werden dürfen. Die Berechtigung zur Benutzung unterliegt, auch ohne gesonderten Hinweis hierzu, den Regeln des Markenrechts. Die Rechte des jeweiligen Zeicheninhabers sind zu beachten.
Der Verlag, die Autoren und die Herausgeber gehen davon aus, dass die Angaben und Informationen in diesem Werk zum Zeitpunkt der Veröffentlichung vollständig und korrekt sind. Weder der Verlag noch die Autoren oder die Herausgeber übernehmen, ausdrücklich oder implizit, Gewähr für den Inhalt des Werkes, etwaige Fehler oder Äußerungen. Der Verlag bleibt im Hinblick auf geografische Zuordnungen und Gebietsbezeichnungen in veröffentlichten Karten und Institutionsadressen neutral.

Planung/Lektorat: Renate Scheddin
Springer ist ein Imprint der eingetragenen Gesellschaft Springer-Verlag GmbH, DE und ist ein Teil von Springer Nature.
Die Anschrift der Gesellschaft ist: Heidelberger Platz 3, 14197 Berlin, Germany

Das Papier dieses Produkts ist recyclebar.

Vorwort

Einrichtungen des Gesundheitswesens stehen vor vielfältigen Herausforderungen: demografischer Wandel, medizinische, pharmakologische und technische Innovationen, verbunden mit einem steigenden Personalbedarf und den Bemühungen um eine ausreichende Finanzierung. Jenseits aller gesundheitspolitischen Diskussionen stehen Krankenhäuser, niedergelassene Ärztinnen und Ärzte sowie Therapeutinnen und Therapeuten, Apotheken, Pflegeeinrichtungen und Pflegedienste sowie Krankenversicherungen vor der Aufgabe, die Herausforderungen in den jeweiligen Details zu erkennen, um Ansätze zu ihrer Bewältigung entwickeln zu können.

Dabei trifft die Welt des Gesundheitswesens auf die der Ökonomie: in der einen steht idealerweise der Patient im Mittelpunkt, in der anderen der sich überwiegend am Profit des Investors orientierende Manager, wie vielfach unterstellt wird und auch nicht selten beobachtet werden kann. In beiden Welten haben sich Fachsprachen entwickelt, deren Ausdrücke ein spezifisches Verständnis der Zusammenhänge voraussetzen. Dies alles erschwert die Zusammenarbeit der Berufsgruppen aus beiden Welten und erfordert eine vertiefte Einarbeitung in die jeweiligen Denk- und Argumentationsmuster. Wie wichtig das gegenseitige Verständnis für die Arbeit im Gesundheitswesen ist, zeigt die Stellungnahme der zentralen Ethikkommission bei der Bundesärztekammer, die diese 2013 zum Thema „Ärztliches Handeln zwischen Berufsethos und Ökonomisierung. Das Beispiel der Verträge mit leitenden Klinikärztinnen und -ärzten“ veröffentlicht hat. Sie setzt sich mit der Abgrenzung der Begriffe Wirtschaftlichkeit und Ökonomisierung auseinander und bezieht dieses auf ärztliches Handeln. Im Kern der Darlegungen steht folgende Feststellung:

> *„Wirtschaftliches Verhalten ist auch im Bereich der Medizin geboten. Auch Gewinnorientierung ist nicht von vornherein unethisch. Medizinische Einrichtungen benötigen, wie alle Unternehmen, Gewinne, um notwendige Investitionen, z. B. in neue Technologien, zu tätigen. Anderenfalls müssten diese Investitionen anderweitig bereitgestellt werden, z. B. durch Spenden oder Zuschüsse aus öffentlichen Kassen.*
> *Ebenso wenig ist die ethische Ausrichtung medizinischen Handelns von vornherein „unwirtschaftlich“. Sie ist vielmehr, recht verstanden, in weiten Teilen notwendige Voraussetzung des langfristigen unternehmerischen Erfolgs. Sie erhält nicht nur die intrinsische*

Motivation der Mitarbeiter und das notwendige Systemvertrauen der Patienten, sondern prägt auch die Reputation der jeweiligen Einrichtung." (Bundesärztekammer, Zentrale Ethikkommission, 2013, S. A1754)[1]

Zur Bewältigung der damit verbundenen Aufgaben soll das Controlling beitragen. Es werden Daten erhoben, zu Kennzahlensystemen verdichtet, analysiert, interpretiert und als Begründung für Entscheidungen herangezogen. Nicht selten wird darüber gestritten, welche und wie viele Daten überhaupt richtig und notwendig sind, wenn der Gesetzgeber die Einrichtungen mit verschiedenen Berichtspflichten belegt. Als Beispiele seien Routinedaten und Qualitätsberichte aus medizinisch-pflegerischer und Jahresabschlüsse aus ökonomischer Perspektive genannt. Dabei muss auch der Tatsache Rechnung getragen werden, dass das Umfeld des Gesundheitswesens einem stetigen Wandel unterliegt. Agile Methoden werden in Zukunft immer mehr an Bedeutung gewinnen, um der zunehmenden Bürokratisierung etwas entgegenzusetzen. Es wird nicht mehr ausreichen, auf der Grundlage von Daten aus der Vergangenheit deterministische Lösungsmodelle für die Zukunft zu entwerfen, die in der Folge zu verwalten sind. „Das weitreichende Vertrauen auf Zahlen, Daten und Fakten hat sich geradezu zu einem irrationalen Glauben in Führungsetagen entwickelt" (Dufft, 2018, S. 36)[2] und zu umfangreichen Berichten geführt, deren Nutzen sich nicht immer erschließt.

Gleichwohl gehört die Beobachtung von Entwicklungen und das Erkennen von Trends und Umbrüchen zu den Grundlagen, auf denen das Management Entscheidungen treffen muss. Auch in Zukunft wird es die Aufgabe eines spezifischen Controllings sein, sich an den übergeordneten Zielen der jeweiligen Einrichtung zu orientieren und den Besonderheiten der systemischen Zusammenhänge des Gesundheitswesens Rechnung zu tragen. Deshalb ist es die zentrale Aufgabe des Controllings, auf der Grundlage eines tiefgreifenden Systemverständnisses für die notwendige Transparenz hinsichtlich der entscheidungsrelevanten Informationen zu sorgen, und zwar in einer Form, die übersichtlich gestaltet und für alle beteiligten Berufsgruppen verständlich ist (Bauer, 2015, S. 39 ff)[3].

Das vorliegende Buch möchte dazu beitragen, zum einen die grundlegenden Begrifflichkeiten aus dem Kontext des Managements im Zusammenhang mit dem Gesundheitswesen zu erläutern und damit die Grenzen der Fachsprachen zwischen Betriebswirtschaft auf der einen Seite und Medizin und Pflege auf der anderen Seite zu überwinden. Zum

[1] Bundesärztekammer (Hg.)(2013):*Ärztliches Handeln zwischen Berufsethos und Ökonomisierung. Das Beispiel der Verträge mit leitenden Klinikärztinnen und -ärzten. Stellungnahme der Zentralen Kommission zur Wahrung ethischer Grundsätze in der Medizin und ihren Grenzgebieten (Zentrale Ethikkommission) bei der Bundesärztekammer.* In: Deutsches Ärzteblatt. Jg. 110. Heft 38 vom 20. September 2013. A 1752–A 1756

[2] Dufft, N.; Remmel, U.; Breden, T. (2018). *Neues Denken für Controller.* In: Controlling & Management Review, 4/2018, S. 34–39

[3] Bauer, G. (2015). *Einführung in das systemische Controlling.* Heidelberg: Carl Auer.

anderen will es dazu anregen, anhand von Fällen systemische Besonderheiten, mit denen das Management zu tun hat, zu erkennen. Es sollen Diskussionen angeregt werden, wie mehr Transparenz für Entscheidungen im Hinblick auf problemlösungsorientierte Ansätze geschaffen werden kann.

Aufbauend auf grundlegenden Begrifflichkeiten des Managements und des Controllings beinhaltet das Buch eine Sammlung von Fällen aus der stationären sowie ambulanten Akut- und Langzeitversorgung sowie zur Finanzierung von Gesundheitsleistungen und Arzneimittelversorgung. Die beschriebenen Fallsituationen basieren auf zahlreichen Projekten, die Studierende im Laufe meiner Lehrtätigkeit unter meiner Anleitung und Begleitung bearbeitet haben und die in meinen Lehrveranstaltungen zusammen mit Vertreterinnen und Vertretern aus der Praxis diskutiert worden sind. Die Inhalte der Fälle fokussieren auf ausgewählte Aspekte und beschreiben für fiktive Einrichtungen typische Problemlagen. Die benannten Einrichtungen entstammen ausschließlich meiner Phantasie, auch wenn der eine oder andere Leser vielleicht meint, eine Einrichtung wiederzuerkennen.

Während der Erstellung des Buches sind bedeutsame Veränderungen im Gesundheitswesen auf den Weg gebracht worden. Medial steht die Krankenhausreform im Vordergrund. Sie definiert neue Strukturen für die Krankenhauslandschaft und formuliert einen neuen Rahmen für die Finanzierung der Krankenhäuser. Nicht weniger wichtig und interessant ist auch die Änderung der Personalbemessung in der stationären Pflege, bei der nun neben der reinen Anzahl auch die Qualifikation der Pflegekräfte in die Bemessung einfließen. Die Fälle greifen soweit wie zum jetzigen Zeitpunkt möglich diese Änderungen auf und beziehen sie in die Problemstellungen ein.

Mein Dank gilt allen meinen Studierenden der vergangenen Jahre, die mich durch ihre Fragen zu dieser Fallsammlung angeregt und durch ihr Feedback zur Weiterentwicklung der Fallgeschichten beigetragen haben. Ebenso danke ich allen Praktikern, die durch spezielle Projektaufgaben akute Fragestellungen in die Lehre hineingetragen und somit den Grundstein für die vorliegende Fallsammlung gelegt haben. Mein ganz besonderer Dank gilt meiner langjährigen wissenschaftlichen Mitarbeiterin Frau Ges.-Ök. Heike Koß-Hülsen, die mir bei allen Fragen der problembasierten Lehre stets eine wichtige Diskussionspartnerin war. Nicht zuletzt gilt mein Dank meinem Mann Edwin Ackermann, der als niedergelassener Kinder- und Jugendarzt meine Lehrtätigkeit im Gesundheitswesen immer kritisch begleitet und zahlreiche, wertvolle Anregungen gegeben hat.

St. Tönis
im Dezember 2023

Dagmar Ackermann

Inhaltsverzeichnis

Abkürzungsverzeichnis

AG	Aktiengesellschaft
AOK WidO	Wissenschaftliches Institut der Allgemeinen Ortskrankenkassen
BGB	Bürgerliches Gesetzbuch
BSC	Balanced Scorecard
CSF	Critical Success Factors
DIN EN ISO	Deutsches Institut für Normung, Europäische Norm, International Organization for Standardization
DRG	Diagnosis Related Group
EBIT	Earnings before Interests and Taxes
EBM	Einheitlicher Bewertungsmaßstab
EDV	Elektronische Datenverarbeitung
EFQM	European Foundation for Quality Management
GbR	Gesellschaft des bürgerlichen Rechts
GKV	Gesetzliche Krankenversicherungen
gGmbH	gemeinnützige Gesellschaft mit beschränkter Haftung
GmbH	Gesellschaft mit beschränkter Haftung
GOÄ	Gebührenordnung für Ärzte
HR	Human Resources
IFH	Institut für Handelsforschung Köln
InEK	Institut für das Entgeltsystem im Krankenhaus
IT	Informationstechnologie
KG	Kommanditgesellschaft
KHGG NRW	Krankenhausgestaltungsgesetz des Landes Nordrhein-Westfalen
KPI	Key Performance Indicator
MVZ	Medizinisches Versorgungszentrum
oHG	offene Handelsgesellschaft
OP	Operation
OPS	Operationen- und Prozedurenschlüssel
PDCA	Plan-Do-Check-Act
PG	Pflegegrad

QM	Qualitätsmanagement
RADAR	Results – Approaches – Deployment – Assessment – Refinement
RKI	Robert Koch-Institut
RoI	Return on Investment
RoS	Return on Sales
RWI	Leibniz-Institut für Wirtschaftsforschung
SGB V	Fünftes Sozialgesetzbuch
VUCA	Volatility (Schwankungen), Uncertainty (Unsicherheit), Complexity (Vielschichtigkeit), Ambiguity (Mehrdeutigkeit)
WHO	World Health Organization
Zi	Zentralinstitut der Kassenärztlichen Versorgung

Abbildungsverzeichnis

Tabellenverzeichnis

Teil I
Einführung in die Grundlagen des Managements

1 Management und Ökonomie im Gesundheitswesen

Lernziele: Bedeutung des Managements für das Gesundheitswesen verstehen – die Begriffe „Betrieb“, „Unternehmen“, „Einrichtung“, „Management“ und „Organisation“ voneinander abgrenzen – unterschiedliche Einrichtungen des Gesundheitswesens in diese Begrifflichkeiten einordnen – Handlungsprinzipien für Medizin und Management beschreiben und verstehen – Bausteine des Managementhandelns erkennen.

1.1 Einrichtungen im Gesundheitswesen

Wer sich heute mit der Steuerung von Einrichtungen des Gesundheitswesens beschäftigt, wird feststellen, dass auch hier Begrifflichkeiten verwendet werden, die man gemeinhin mit Industrieunternehmen in Verbindung bringt. VUCA, KPI und CSF, HR und Purpose sind nur einige Beispiele, die auf den ersten Blick nicht nur unverständlich sind, sondern bei näherer Betrachtung auch die Frage aufwerfen, ob ihre Inhalte überhaupt etwas mit Einrichtungen des Gesundheitswesens zu tun haben. Auch wenn Begriffe wie Management und Rendite, Strategie sowie Accounting und Controlling geläufiger sind, bleibt doch zu klären, was genau sich dahinter verbirgt. In Tab. 1.1 werden die vorgenannten Begriffe und Abkürzungen erklärt.

Im Gesundheitswesen gibt es eine Vielzahl unterschiedlichster Einrichtungen, die Aufgaben der Gesundheitsversorgung im weitesten Sinne wahrnehmen. Angefangen bei Krankenhäusern und niedergelassenen Ärztinnen und Ärzten, über Pflegeheime und Pflegedienste, Therapeutinnen und Therapeuten sowie Apotheken bis hin zu Herstellern pharmazeutischer, medizintechnischer Produkte und Software sind diese für die Gesellschaft sowohl aus sozialer als auch finanzieller Perspektive von erheblicher Bedeutung.

© Der/die Autor(en), exklusiv lizenziert an Springer-Verlag GmbH, DE, ein Teil von Springer Nature 2024
D. Ackermann, *Controlling im Gesundheitswesen*,
https://doi.org/10.1007/978-3-662-68802-1_1

Tab. 1.1 Ausgewählte Begrifflichkeiten des Managements

VUCA	Volatility (Schwankungen), Uncertainty (Unsicherheit), Complexity (Vielschichtigkeit), Ambiguity (Mehrdeutigkeit)
KPI	Key Performance Indicator (Schlüsselkennzahlen des Erfolgs einer Unternehmung)
CSF	Critical Success Factors (bedeutsame Einflussgröße auf den Erfolg eines Unternehmens)
HR	Human Resources (Personal)
Purpose	Zweck (eines Unternehmens)
Accounting	Buchhaltung, externes Rechnungswesen
Rendite	Ertrag des investierten Kapitals
Strategie	Langfristige Verhaltensweise zur Erreichung von Zielen
Controlling	Planung, Steuerung und Kontrolle

1.1.1 Einrichtung

Unter Einrichtungen versteht man im Kontext des Gesundheitswesens die *Gesamtheit aller physischen und personellen Ausstattungen, die nach einem verabredeten Regelwerk unter Beachtung der gesetzlichen Rahmenbedingen geschaffen worden sind und zur gesundheitlichen Versorgung der Bevölkerung und damit zum allgemeinen Wohl beitragen* (Digitales Wörterbuch der Deutschen Sprache 2023). Dazu zählt der öffentliche Gesundheitsdienst genauso wie ein Krankenhaus, ein kirchlich getragenes Pflegeheim, ein Medizinisches Versorgungszentrum und eine Apotheke, um nur einige Beispiele zu nennen. Zur genaueren Unterscheidung dienen weitere Begrifflichkeiten.

▶ **Merkmale einer Einrichtung**

- physische und personelle Ausstattung
- verabredetes Regelwerk unter Beachtung der gesetzlichen Rahmenbedingen
- zum allgemeinen Wohl

1.1.2 Betriebe

Folgt man der üblichen Definition, wie sie allenthalben in der Betriebswirtschaftslehre zu finden ist, so ist eine Einrichtung nichts anderes als ein *Betrieb,* also eine organisierte Wirtschaftseinheit, in der aus der Kombination von Produktionsfaktoren, nämlich der menschlichen Arbeit und dem Einsatz von Maschinen bzw. Geräten und maschinellen Anlagen und Werkstoffen, Sachgüter oder Dienstleistungen erstellt und abgesetzt werden (vgl. auch (Gutenberg 1951)). Dabei ist darauf zu achten, dass mit den zur Verfügung stehenden Produktionsfaktoren wirtschaftlich, d. h. zweckmäßig und nicht verschwenderisch umgegangen wird, und dass das finanzielle Gleichgewicht erhalten bleibt, also nicht mehr Geld für die Erstellung der Leistungen ausgegeben wird, als durch sie eingenommen werden kann.

▶ **Merkmale eines Betriebs**

- Kombination von Produktionsfaktoren (Betriebsmittel, Werkstoffe, menschliche Arbeitsleistung) zu Sachgütern oder Dienstleistungen
- Prinzip der Wirtschaftlichkeit
- Prinzip des finanziellen Gleichgewichts

Umgangssprachlich wird der Begriff häufig mit dem Ort der Leistungserstellung gleichgesetzt, also der Betriebsstätte, und somit deutlich enger gefasst als in der o.g. Definition.

Auch wenn im Gesundheitswesen Begrifflichkeiten aus der Ökonomie eher kritisch betrachtet werden, findet der Begriff in unterschiedlichen Kontexten durchaus seine Anwendung. So definiert beispielsweise das KHGG NRW in § 31 Abs. 1:

> *„In dem Krankenhaus wird eine Betriebsleitung gebildet. Träger von mehreren Krankenhäusern können eine gemeinsame Betriebsleitung bilden. An der Betriebsleitung sind eine Leitende Ärztin oder ein Leitender Arzt, die Leitende Pflegekraft und die Leiterin oder der Leiter des Wirtschafts- und Verwaltungsdienstes gleichrangig zu beteiligen. Andere Formen der kollegialen Betriebsleitung sind zulässig, wenn die in Satz 3 genannten Funktionsbereiche angemessen vertreten sind.“*

Neben der medizinischen und pflegerischen Versorgung müssen in einem Krankenhausbetrieb auch die technische und hauswirtschaftliche Versorgung (Wirtschaftsdienst) sowie die Organisation und Finanzen (Verwaltungsdienst) angemessen koordiniert werden. Ähnliche Aufteilungen von Leitungsaufgaben sind mehr oder weniger in allen Einrichtungen des Gesundheitswesens zu finden.

Dabei ist es unerheblich, ob der Betrieb öffentlich-rechtlich oder privatwirtschaftlich geführt wird.

1.1.3 Unternehmen

Wird ein Betrieb privat geführt, dann spricht man von einer Unternehmung bzw. einem Unternehmen. Das bedeutet, dass er *im Privateigentum steht und im Rahmen einer Rechts- und Wirtschaftsordnung autonom entscheiden kann.* Der Name beinhaltet schon das zentrale Merkmal, das diese Art von Betrieben ausmacht: man unternimmt etwas, um bestimmte Ziele zu erreichen, und zwar in eigener Verantwortung und auf eigenes Risiko. Lust auf die Gestaltung von Leistungserstellungsprozessen, Ideen für Neuerungen und Veränderungen, aber auch die Bereitschaft, Wagnisse einzugehen und zu verantworten sind das, was man allgemein als Unternehmergeist bezeichnet. Dabei steht nicht zwingend die Gewinnmaximierung im Vordergrund, allerdings soll auf Dauer ein gewisser, als angemessen erachteter Gewinn erwirtschaftet werden (Erwerbswirtschaftliches Prinzip), um die Ziele der Unternehmung zu erreichen.

▶ Merkmale einer Unternehmung

- Kombination von Produktionsfaktoren (Betriebsmittel, Werkstoffe, menschliche Arbeitsleistung) zu Sachgütern oder Dienstleistungen
- Prinzip der Wirtschaftlichkeit
- Prinzip des finanziellen Gleichgewichts
- Prinzip des Privateigentums
- Autonomieprinzip
- Erwerbswirtschaftliches Prinzip

Im Gegensatz zu Unternehmen können öffentlich-rechtliche Betriebe bei wesentlichen Fragestellungen nicht autonom entscheiden. Für sie gilt das sogenannte *Organprinzip*. Das bedeutet, dass die Betriebsleitung zwar Entscheidungen vorbereitet und Vorschläge unterbreiten kann. Letztendlich entscheidet aber das dafür zuständige Gremium des öffentlich-rechtlichen Trägers. So wird z. B. über die Neubesetzung einer Chefarztstelle in einem städtischen Krankenhaus letztendlich im Stadtrat entschieden.

Augenfällig wird die Unterscheidung dann, wenn man z. B. die Bezeichnung der Leitungspositionen betrachtet. In Unternehmen spricht man von der Geschäftsführung, in öffentlich-rechtlichen Betrieben von der Verwaltungsleitung. Gleichwohl erfüllen beide vergleichbare Aufgaben. Ausschlaggebend für die Erfüllung der Leitungsaufgaben ist letztlich das Ausmaß der Entscheidungsfreiheit, mit der die Leitungspersonen agieren können.

***Exkurs:* Organisation**

Einrichtungen werden auch nicht selten als Organisationen bezeichnet. Dabei stellt der Begriff den Aufbau und die Arbeitsweise eines Systems in den Mittelpunkt der Betrachtungen. Insofern sind alle Einrichtungen des Gesundheitswesens auch Organisationen, deren Strukturen mehr oder weniger gesetzlich vorgeschrieben sind und die in Hinblick auf die zu erfüllenden Aufgaben definierten Anforderungen genügen müssen. So müssen Medizinische Versorgungszentren unter ärztlicher Leitung stehen, dürfen niedergelassene Ärzte nur dann zulasten der Gesetzlichen Krankenversicherungen Leistungen abrechnen, wenn sie dazu vom Zulassungsausschuss (Kassenärztliche Vereinigung und Krankenkassen) zugelassen sind, müssen Pflegeheime die Kalkulation der Heimentgelte offenlegen und sind Apotheken bei verschreibungspflichtigen Medikamenten an die Vorschriften aus den Rabattverträgen gebunden, um nur einige Beispiele aufzuführen.

Dabei ist der Organisationsbegriff durchaus weiter gefasst, schließt er auch diejenigen Einrichtungen ein, die nicht direkt oder indirekt an der Patientenversorgung mitwirken, sehr wohl aber wichtige weitere Aufgaben im Gesundheitswesen wahrnehmen. So ist das Robert-Koch-Institut (RKI), das Paul-Ehrlich-Institut, das Bundesinstitut für Arzneimittel und Medizinprodukte, aber auch eine Pflegekammer oder ein Berufsverband als Organisation beispielhaft zu nennen. Diese Organisationen sollen im Weiteren aber nicht betrachtet werden.

1.1.4 Rechtsformen

Zur Legitimation der Entscheidungen im Rahmen einer Einrichtung bedarf es eines gesetzlichen Rahmens, der durch die Rechtsform, in der eine Einrichtung betrieben wird, definiert wird. Rechtsformen können sowohl privatrechtlicher als auch öffentlich-rechtlicher Natur sein. Dabei ist zu unterscheiden, ob die Einrichtung einem erwerbswirtschaftlichen Zweck dient, also als solche auf die Erwirtschaftung von Einkommen ausgerichtet ist, oder andere Ziele verfolgt (vgl. Abb 1.1).

Erwerbswirtschaftliche Ziele verfolgen definitionsgemäß Unternehmen, die dementsprechend auch in einer privatwirtschaftlichen Rechtsform betrieben werden. Dazu gehören:

- *Einzelunternehmen*, d. h. eine Person hat alle Rechte und Pflichten, die aus der unternehmerischen Tätigkeit resultieren und damit verbunden sind. Jeder niedergelassene Arzt und jeder Therapeut ist ein Einzelunternehmer genauso wie jeder Inhaber einer Apotheke.

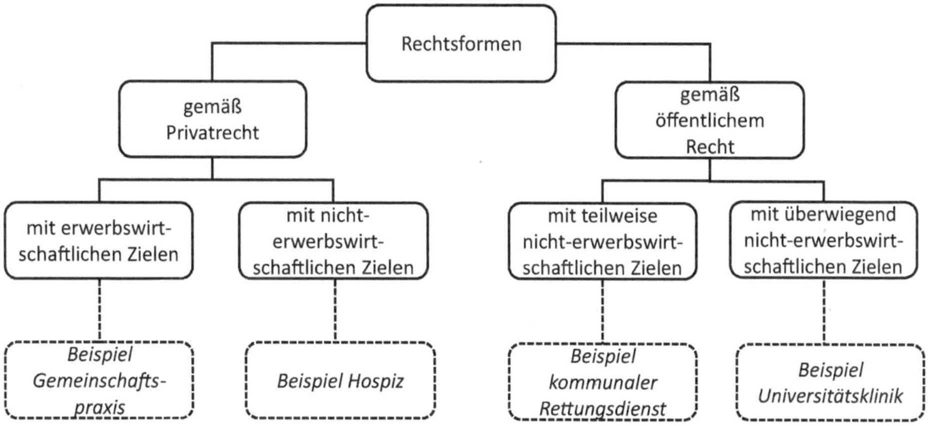

Abb. 1.1 Rechtsformen im Gesundheitswesen. (Eigene Darstellung)

- *Personengesellschaften*, d. h. eine Gruppe von Personen nimmt gemeinsam die aus der unternehmerischen Tätigkeit resultierenden Rechte und Pflichten wahr, wobei die Gemeinsamkeit in Abhängigkeit der konkret gewählten Rechtsform durchaus Beschränkungen haben kann. Im Gesundheitswesen relevante Unterscheidungen sind
  - *Gesellschaften des bürgerlichen Rechts GbR,* in denen alle Rechte und Pflichten nach außen hin gemeinsam getragen werden, getreu dem Motto der Musketiere „Einer für alle – alle für einen". Juristisch formuliert ist dies das Prinzip der Gesamthand, insbesondere die gesamtschuldnerische Haftung sowohl mit dem Gesellschafts- als auch mit dem Privatvermögen. Im Innenverhältnis, also zwischen den Gesellschaftern, kann es jedoch auch differenzierte Ausgestaltungen geben. Diese Form liegt allen Berufsausübungsgemeinschaften in der ambulanten Versorgung zu Grund, die nach gängigem Sprachgebrauch auch als Gemeinschaftspraxen bezeichnet werden. Davon abzugrenzen ist die Rechtsform von Praxisgemeinschaften. Sie sind ebenfalls eine GbR, unterscheiden sich allerdings dadurch von der Berufsausübungsgemeinschaft, dass die Kooperation der beteiligten Ärzte die gemeinsame Behandlung der Patienten ausschließt und damit auch keine gemeinsame Haftung für Behandlungsfehler umfasst.
  - *Partnerschaftsgesellschaften,* in denen prinzipiell alle Partner wie bei der GbR gesamtschuldnerisch haften. Vertraglich werden bei fachübergreifender Berufsausübung jedoch systematisch Haftungsbarrieren eingezogen, was die Risiken für die Partner in einem durchaus relevanten Maße verringern kann.
  - *Offene Handelsgesellschaft oHG* als Rechtsform der Apotheken, wenn diese mehr als einen Besitzer haben. Die Merkmale sind der einer GbR vergleichbar, allerdings ist der Zweck auf den eines Handelsgewerbes beschränkt. Außerdem ist die oHG in das Handelsregister einzutragen, aus dem neben dem Namen auch die Personen der Gesellschafter hervorgehen.
- *Kapitalgesellschaften* sind Gesellschaften, deren Stammkapital bei der Gründung einen Mindestbetrag aufweisen muss, das in Anteile aufgeteilt und von – in aller Regel – mehreren Gesellschaftern aufgebracht und gehalten wird. Die Rechte und Pflichten der Gesellschafter sind gesetzlich definiert.
  - *Gesellschaft mit beschränkter Haftung GmbH* ist geregelt im GmbH-Gesetz und erfordert bei der Gründung ein Mindestkapital von 25.000 €. Für die Entscheidungen des Tagesgeschäfts zeichnen ein oder mehrere Geschäftsführer entsprechend einem Geschäftsverteilungsplan verantwortlich. Sind strategisch wichtige Entscheidungen zu treffen, kann die Geschäftsführung eine Gesellschafterversammlung einberufen, um diese zu informieren und ggf. an der Entscheidungsfindung zu beteiligen. Im Gesundheitswesen findet sich diese Rechtsform bei privatwirtschaftlich geführten Krankenhäusern und Medizinischen Versorgungszentren, wobei die besonderen Regelungen bezüglich der ärztlichen Leitung zu beachten sind.
  - *Aktiengesellschaften AG* werden formal durch das Aktiengesetz beschrieben. Sie erfordern bei der Gründung ein Mindeststammkapital von 50.000 € und zeichnen

sich durch ihre Organe Vorstand, Aufsichtsrat und Gesellschafterversammlung aus. Historisch gewachsen sind die großen Pharma-Unternehmen Aktiengesellschaften. Aber auch im Bereich der Krankenhäuser sind inzwischen einige AGs anzutreffen wie Helios oder Sana.

Eine Mischform aus Personen- und Kapitalgesellschaft ist die *Kommanditgesellschaft KG*. Zum einen gibt es einen oder mehrere Komplementäre, die wie in einer Gesellschaft des Bürgerlichen Rechts mit ihrem gesamten Vermögen haften, dafür aber auch die Geschicke der Gesellschaft maßgeblich bestimmen. Zum anderen leisten Komplementäre eine Kapitaleinlage, auf deren Höhe ihre Haftung und ihre Entscheidungsrechte begrenzt sind. So werden beispielsweise Pflegeeinrichtungen in dieser Rechtsform betrieben.

Auch im Privatrecht gibt es Rechtsformen für Einrichtungen, die nicht primär erwerbswirtschaftliche Ziele verfolgen. Mit besonderer Bedeutung für das Gesundheitswesen sind dies

- *Genossenschaften* und
- *Stiftungen*.

Das Genossenschaftsgesetz definiert als Zweck dieser Gesellschaften in § 1 „...den Erwerb oder die Wirtschaft ihrer Mitglieder oder deren soziale oder kulturelle Belange durch gemeinschaftlichen Geschäftsbetrieb zu fördern“. *Genossenschaften* als Rechtsform im Gesundheitswesen werden dann diskutiert, wenn die Gefahr besteht, dass die Versorgung der Bürgerinnen und Bürger mit den herkömmlichen Organisationsmodellen nicht gewährleistet werden kann. Vordringliches Ziel ist dann die Sicherstellung der Versorgung. In Betracht gezogen wird die Genossenschaft z. B. in Bezug auf die hausärztliche Versorgung im ländlichen Bereich, in Bezug auf die Pflegeversorgung durch Entwicklung geeigneter Wohnformen für ältere und pflegebedürftige Bewohnerinnen und Bewohner oder auch in Bezug auf eine angemessene fachärztliche Versorgung im Kontext der Nachfolgersuche bei Praxisübergabe aus Altersgründen.

Die Rechtsgrundlage für *Stiftungen* ist im Bürgerlichen Gesetzbuch festgeschrieben. „Die Stiftung ist eine mit einem Vermögen zur dauernden und nachhaltigen Erfüllung eines vom Stifter vorgegebenen Zwecks ausgestattete, mitgliederlose juristische Person.“ So definiert es § 89 Abs. 1 BGB. Stiftungen bilden häufig die Grundlage für Hospize oder Einrichtungen zur Versorgung und Betreuung von Patientinnen und Patienten mit seltenen besonderen Erkrankungen.

Eine Übersicht über die Rechtsformen des privaten Rechts im Gesundheitswesen gibt Abb. 1.2.

Im Gesundheitswesen gibt es auch zahlreiche Einrichtungen, die eine Rechtsform des öffentlichen Rechts aufweisen. Sie unterscheiden sich zunächst einmal im Hinblick auf den Umfang der Beteiligung am Vermögen der Einrichtung. So kann dieses ganz oder auch nur teilweise in den Händen einer Gebietskörperschaft liegen. Mit dem Blick auf

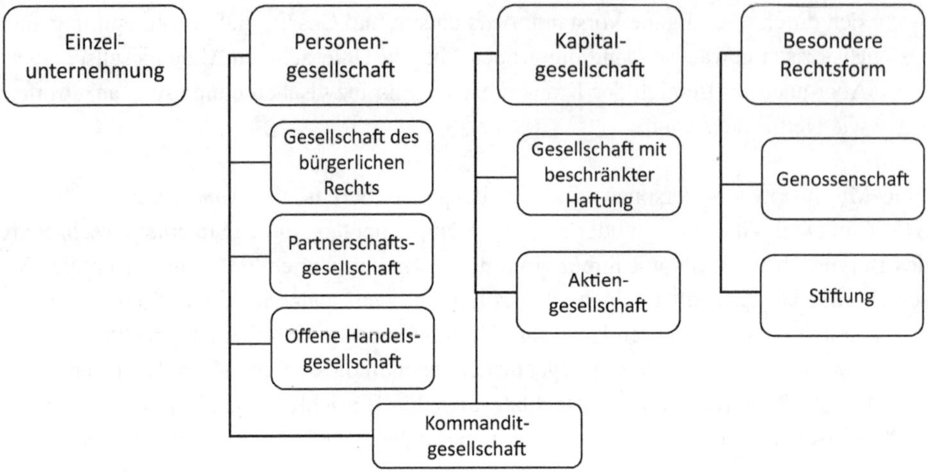

Abb. 1.2 Rechtsformen des privaten Rechts im Gesundheitswesen. (Eigene Darstellung)

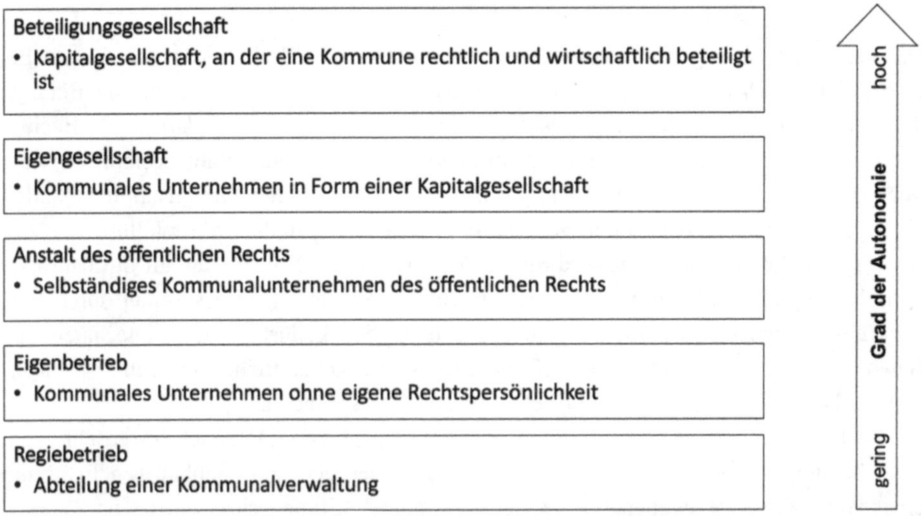

Abb. 1.3 Rechtsformen des öffentlichen Rechts im Gesundheitswesen. (Eigene Darstellung)

das Management der Einrichtung ist es im Weiteren von großer Bedeutung, wie groß seine Entscheidungsautonomie ist. Es ist nicht zuletzt eine Frage der Rechtsform, ob das Management autonom entscheiden kann oder ob ein Organ des Trägers wie z. B. ein Stadtrat, eine Landrätin oder ein Landrat bzw. die Landschaftsversammlung die Entscheidungshoheit hat (vgl. Abb. 1.3).

Nach öffentlichem Recht kommen mit abnehmendem Maß an Entscheidungsautonomie

- Beteiligungsgesellschaften
- Eigengesellschaften
- Anstalten des öffentlichen Rechts
- Eigenbetriebe und
- Regiebetriebe

in Betracht, wobei diese Rechtsformen insbesondere im Krankenhaussektor und im Bereich der stationären Pflege anzutreffen sind. Der Grund dafür liegt in den Aufgaben der Daseinsvorsorge der öffentlichen Hand, zu denen neben anderen Aufgaben auch die Gesundheits- und Pflegeversorgung gezählt werden. Allerdings ist aber auch festzustellen, dass Eigenbetriebe immer seltener und Regiebetriebe so gut wie gar nicht mehr anzutreffen sind. Viele kommunal und frei-gemeinnützig getragene Krankenhäuser werden inzwischen als GmbH geführt oder sogar an privatwirtschaftliche Träger veräußert, was zu teilweise sehr intensiven Debatten führt. Universitätskliniken werden in aller Regel als rechtsfähige Anstalten des öffentlichen Rechts betrieben, erfüllen sie neben dem Versorgungsauftrag doch auch noch den Bildungsauftrag für ärztliches Personal.

Exkurs: Trägerschaft und Gemeinnützigkeit
Im Zusammenhang mit den Rechtsformen sind die Begriffe Träger und Gemeinnützigkeit zu klären.

Träger ist eine natürliche oder juristische Person oder Personengruppe, der die Rechte und Pflichten einer Einrichtung zustehen. Sie tragen die Verantwortung für die entsprechende Einrichtung unabhängig davon, in welcher Rechtsform diese geführt wird. Dementsprechend können natürliche Personen und Gebietskörperschaften, aber auch Kirchen und Stiftungen Träger sein. In den Statistiken der Gesundheitsberichterstattung des Bundes wird zwischen privaten, öffentlichen und freigemeinnützigen Trägern (Träger der freien Wohlfahrtspflege einschließlich der Kirchen) unterschieden (Gesundheitsberichterstattung des Bundes 2023).

Gemeinnützigkeit ist ein Begriff aus dem Steuerrecht (vgl. § 52 Abs. 1 Abgabenordnung) und bezieht sich auf die Selbstlosigkeit einer Tätigkeit, nämlich die Förderung der Allgemeinheit auf materiellem, geistigem oder sittlichem Gebiet. Der Vorteil besteht im Gesundheitswesen dann in der Befreiung von der Körperschaftssteuer.

Im Gesundheitswesen trifft man nicht selten auf Einrichtungen, die als gGmbH geführt werden. Anders als oft fälschlich angenommen kommt das nicht einem Verbot der Erzielung von Gewinnen gleich. Vielmehr sind als gemeinnützig anerkannte Einrichtungen bei der Verwendung von erzielten Gewinnen beschränkt. Wenn also ein Krankenhaus in der Rechtsform einer gemeinnützigen GmbH (gGmbH) einen Gewinn erzielt, kann es sehr wohl erwirtschaftete Gewinne in das Krankenhaus selbst reinvestieren, damit die Gesundheitsversorgung der Allgemeinheit aufrechterhalten werden kann (vgl. dazu auch § 67 Abgabenordnung). Ist der Träger dieses Krankenhauses eine Kirche, könnte der Gewinn auch an den Träger ausgeschüttet werden und von diesem beispielsweise in ein gemeinnütziges Pflegeheim investiert werden. Auch damit kommt der Gewinn wieder der Allgemeinheit zugute.

1.2 Betriebs- und Unternehmensführung

Die Führung von Betrieben und insbesondere die von Unternehmen wird üblicherweise mit dem Begriff Management belegt. Der Begriff leitet sich ab aus dem Lateinischen „manum agere“ und bedeutet so viel wie „an der Hand führen“. (vgl. Forschelen 2017, S. 43 ff.). Im betriebswirtschaftlichen Zusammenhang geht es um die Gestaltung von jeder Art zweckgerichteter sozialer Systeme, also auch um die Gestaltung der Gesundheitsversorgung, sei es innerhalb einzelner Einrichtungen, sei es aber auch einrichtungsübergreifend in Bezug auf Kooperationen und Netzwerke. Dabei umfasst die Gestaltung sowohl die Definition und Verteilung von Aufgaben, die innerhalb der Einrichtungen zu erfüllen sind, als auch die personellen Strukturen, die verschiedene Aufgaben übernehmen und Verantwortung tragen.

1.2.1 Management als Aufgabe

Die Aufgaben, die in einem Betrieb zu erfüllen sind, lassen sich vereinfacht als ein Kreislauf darstellen (vgl. Abb. 1.4). Der Kreislauf ist eine Analogie, die bereits seit Mitte des 18. Jahrhunderts ausgehend von dem französischen Arzt Francois Quesnay (1694–1774) Einzug in die Darstellung ökonomischer Zusammenhänge gehalten hat.

Zunächst umfasst das Management alle Aufgaben, die mit der Versorgung des Betriebs mit allen notwendigen Produktionsfaktoren verbunden sind. Innerhalb des Betriebes werden daraus Güter und Dienstleistungen erstellt, die an Kunden weitergegeben

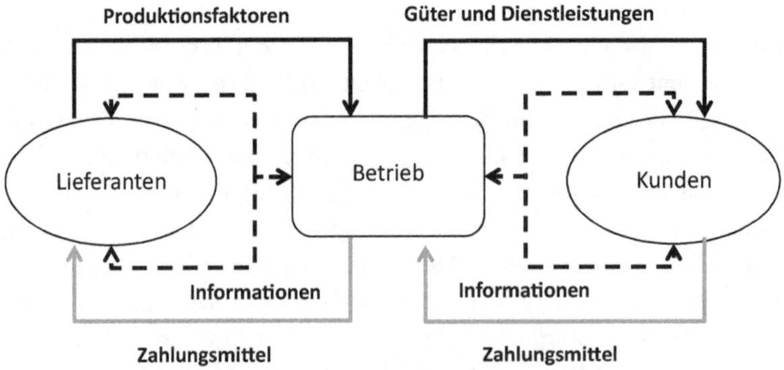

Abb. 1.4 Betriebskreislauf. (Eigene Darstellung)

werden (güterwirtschaftlicher Prozess). Im Gegenzug muss das Management aber auch dafür sorgen, dass für die Beschaffung der Produktionsfaktoren ausreichend finanzielle Mittel zur Verfügung stehen, damit die Lieferanten sowie Arbeitnehmerinnen und Arbeitnehmer bezahlt werden können. Diese finanziellen Mittel sollen zumindest in gleichem Umfang durch den Absatz der Güter und Dienstleistungen generiert werden (finanzwirtschaftlicher Prozess). Diese beiden Prozesse erfordern permanente Informationsflüsse, sowohl zwischen Lieferanten und Betrieb, Kunden und Betrieb als auch innerhalb des Betriebs selbst.

Beispiel

Die Betriebsprozesse eines ambulanten Pflegedienstes können folgende Elemente beinhalten, die noch um weitere Bestandteile ergänzt werden können. Die konkrete Ausgestaltung wird von den jeweiligen Eigenarten des Betriebes abhängig sein (vgl. Abb. 1.5). ◀

Dementsprechend sind eine Reihe von Teilaufgaben des Managements zu unterscheiden. Angefangen bei Beschaffung und Lagerhaltung über das Personalmanagement, Planung, Steuerung und Durchführung der Leistungserstellung und deren Qualitäten, Absatz und Kommunikation bis hin zum Finanzmanagement müssen zahlreichen Aufgaben aufeinander abgestimmt erfüllt werden. Dabei kommt dem Controlling die Aufgabe zu, für eine angemessene Informationsversorgung zu sorgen.

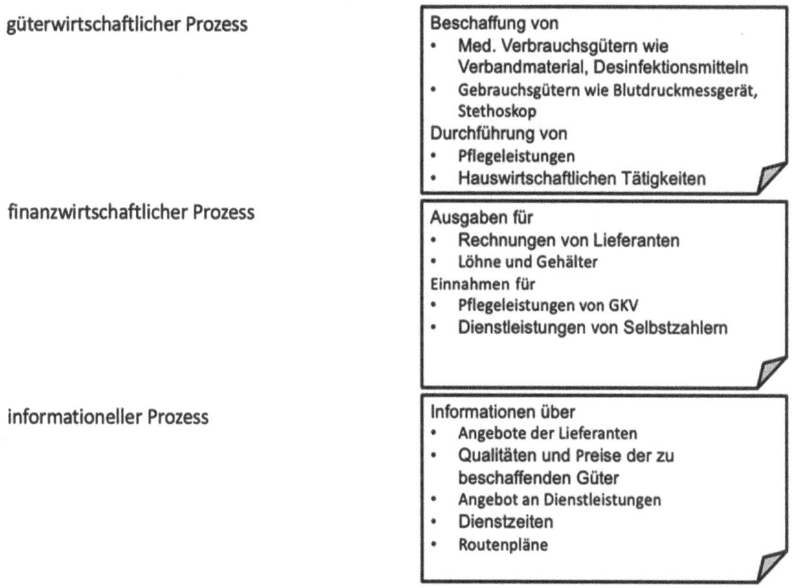

Abb. 1.5 Betriebsprozesse eines ambulanten Pflegedienstes. (Eigene Darstellung)

1.2.2 Management als Struktur

Mit dem Begriff Management wird auch die Personengruppe beschrieben, die die oben genannten Aufgaben an maßgeblicher Stelle übernehmen. Bezeichnend für diese Gruppe von Personen ist es, dass sie Entscheidungen treffen und Verantwortung übernehmen, also den Betrieb führen. Dabei unterscheidet man in Abhängigkeit von der Bedeutung der Entscheidungen für die Existenz des Betriebs und damit nach dem Verantwortungsumfang zwischen dem oberen, dem mittleren und dem unteren Management.

In dieser Unterteilung spiegelt sich die hierarchische Struktur mit Zuständigkeiten und Weisungsbefugnissen wider. Das obere oder auch TOP-Management ist die höchste Führungsebene, die die weitreichendsten Entscheidungen trifft und zu verantworten hat und den Betrieb nach außen vertritt. Das mittlere Management leitet größere, deutlich voneinander unterscheidbare Unternehmensbereiche. Das untere Management verantwortet kleine Organisationseinheiten innerhalb der verschiedenen Unternehmensbereiche auf der Umsetzungsebene. Je nach Größe des Betriebs sind diese Managementgruppen unterschiedlich groß, evtl. auch gar nicht vorhanden. Das Ausmaß der Hierarchisierung und der Umfang der damit verbundenen Zuständigkeiten wird maßgeblich von der Größe des Betriebs, der Anzahl der Mitarbeiterinnen und Mitarbeiter sowie von der Anzahl der zu versorgenden Personen abhängig sein.

Beispiel

In einem Krankenhaus ist das obere Management die Betriebsleitung. Als mittleres Management werden die verschiedenen Bereichsleitungen wie die Leitungen der einzelnen Kliniken zusammengefasst. Zu dem unteren Management gehört z. B. das OP-Management oder auch die Stationsleitung.

In einer Gemeinschaftspraxis ist es unstrittig, dass die beteiligten Ärzte mit Kassenarztsitz das obere Management bilden, vielleicht sind auch auf der Ebene darunter noch eine oder zwei Medizinische Fachangestellte als Praxismanagerinnen für die Organisationsplanung und -umsetzung sowie als Qualitätsbeauftragte für die Pflege des praxisinternen QM-Systems zuständig. Eine weitere Differenzierung der Managementebenen wird man hier in aller Regel nicht finden. ◀

1.3 Grundlagen des Managementhandelns

Die Arbeitsweise des Managements lässt sich mithilfe des Akronyms P-D-C-A charakterisieren (vgl. Abb 1.6). Diese steht für

- Plan: auf der Grundlage einer abgestimmten Zielsetzung das weitere Vorgehen planen
- Do: tun, also den Plan umsetzen und alle Maßnahmen ergreifen, die zur Zielerreichung als erforderlich erachtet werden

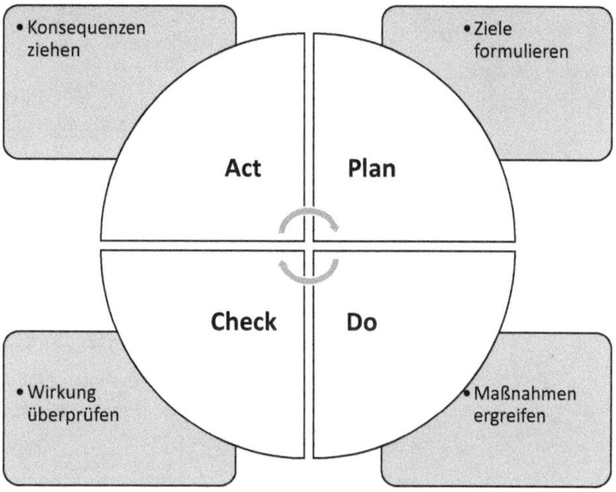

Abb. 1.6 PDCA-Zyklus. (Eigene Darstellung)

- Check: überprüfen, ob und wenn ja in welchem Ausmaß die Ziele erreicht werden konnten
- Act: handeln, wenn der Plan nicht zu dem gewünschten Ziel geführt hat und eine weitere Planung erfolgen muss oder auch, ob Ziele angepasst werden müssen.

Die Idee dieses Vorgehens geht auf William Edwards Deming zurück, der mit diesen vier Schritten ausgehend von der Idee der Qualitätsorientierung maßgeblich das Management von Betrieben beeinflusst hat. Heute ist der PDCA-Zyklus – auch als Deming-Zyklus bezeichnet – eines der grundlegenden Werkzeuge des Managements, um eine kontinuierliche Weiterentwicklung der Betriebe zu ermöglichen. Besonders im Gesundheitswesen spielt dieser Regelkreis im Kontext des Prozessmanagements zusammen mit den Fragen der Qualitätsmessung, Qualitätssicherung und einer kontinuierlichen Qualitätsverbesserung eine zentrale Rolle (vgl. DIN EN ISO 9001 ff.).

1.3.1 Managementhandeln

Untersucht man das Managementhandeln genauer, so wird deutlich, dass die Auseinandersetzung mit den anzustrebenden Zielen und deren Erreichungsgrad sowie Entscheidungen zu Strategien und Maßnahmen zur Erreichung der Ziele die Arbeit des Managements an sich ausmachen. Strategien umfassen dabei die Überlegungen zu grundsätzlichen Vorgehensweisen, um daran anschließend einzelne oder Gruppen von Maßnahmen auszuwählen, die sich für die Umsetzung der gewählten Strategie eignen.

Betrachtet man zunächst die *Ziele*, so zeigt sich, dass es in jedem Betrieb eine Mehrzahl unterschiedlicher Ziele gibt, die sich in Form einer Zielpyramide darstellen lassen (vgl. Abb. 1.7).

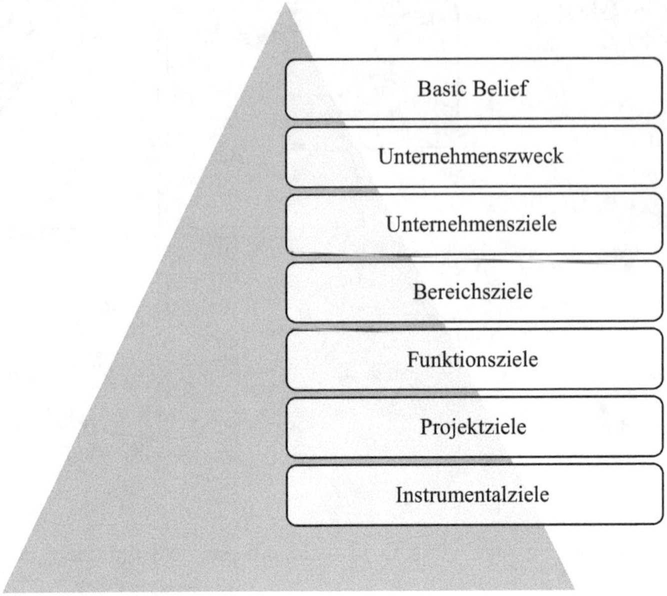

Abb. 1.7 Zielpyramide. (Eigene Darstellung)

Ausgehend vom Basic Belief, also den Grundüberzeugungen bzw. Prinzipien, die das Management leiten, werden der Unternehmenszweck und konkrete übergeordnete Unternehmensziele formuliert. Daraus werden Bereichs-, Funktions- und Projektziele abgeleitet, die letztlich zu den Instrumentalzielen führen. Die Ziele, die in Abb. 1-8 exemplarisch formuliert worden sind, vermitteln einen Eindruck, welche Inhalte auf den unterschiedlichen Zielebenen zum Tragen kommen können. Dabei ist zu beachten, dass die Zahl der nachgeordneten Ziele je Ebene um so größer werden kann, je weiter man sich in der Pyramide nach unten bewegt. Gleichzeitig ist zu erkennen, dass nachgeordnete Ziele in einen Zusammenhang mit übergeordneten Zielen zu setzen sind und geeignet sein sollten, diese zu erreichen.

Beispiel

Eine mögliche Zielpyramide für ein Krankenhaus könnte folgendes Aussehen haben. Es sind jedoch auch zahlreiche weitere Varianten denkbar (vgl. Abb. 1.8). ◀

Bei der Vielzahl der Ziele, die gleichzeitig verfolgt werden, ist es wünschenswert, dass diese miteinander harmonisieren. Allerdings lässt es sich auch nicht vermeiden, dass manche Ziele in Konkurrenz zueinanderstehen. So steht die Verbesserung der Qualität der Versorgung der Patienten in einem harmonischen Zusammenhang mit der Qualifikation der Ärzte/Ärztinnen und des Pflegepersonals. Allerdings geht die Qualifikation meist auch mit einer besseren Vergütung einher und steigert somit die Kosten der Versorgung. Es kommt zu einem Zielkonflikt auf der Ebene der Funktionsziele.

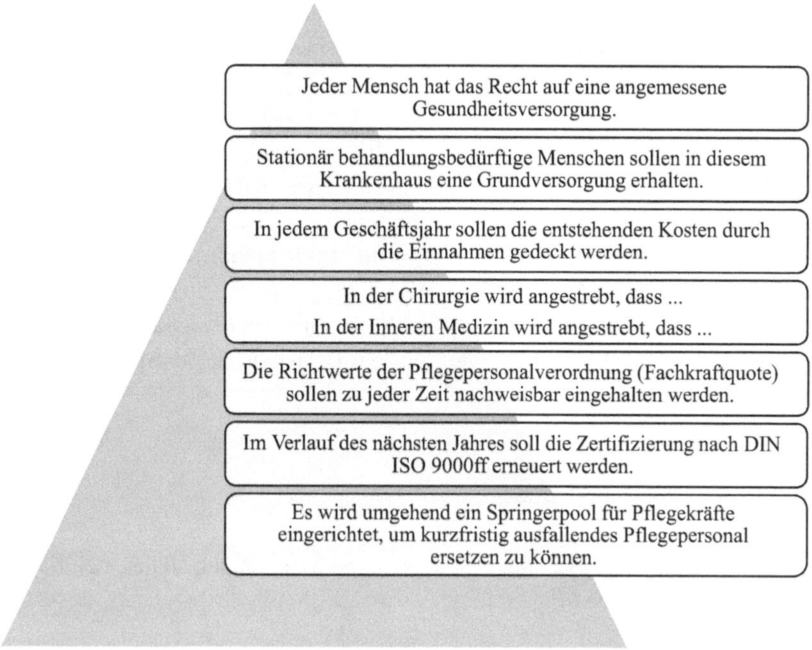

Abb. 1.8 Beispiel einer Zielpyramide eines Krankenhauses. (Eigene Darstellung)

Ziele sollten möglichst konkret und mit einem Zeitbezug formuliert werden, damit sie ihre Steuerungswirkung für das Handeln des Managements entfalten können. Sie sollen *spezifisch, messbar* und *terminiert* sein. Nicht zuletzt sollten sie sowohl *aktuell* und *attraktiv* als auch *realistisch bzw. realisierbar* sein, um ihre Motivationswirkung für alle Beteiligten entfalten zu können. Man bezeichnet solche Zielformulierungen auch mit dem Akronym *SMART* (spezifisch – messbar – aktuell/attraktiv – realistisch/realisierbar – terminiert).

Eine so formulierte Zielübersicht gibt dem Management eine Orientierung für seine Entscheidungen. Sie dient gleichzeitig dem Controlling als Einstieg in die Deckung der Informationsbedarfe. Schließlich muss bestimmt werden, auf welchen Wegen und mit welchen Mitteln die Ziele erreicht werden sollen. Das sind die Fragen nach *Strategie* und *Maßnahmen* (vgl. dazu auch Abschn. 2.4.2. Kennzahlensysteme, darin das Abschn. 2.4.2.2 Ordnungssysteme mit dem Unterpunkt Balanced Scorecard).

Beispiel

Betrachtet man die Situation eines internistischen Facharztes, der sich niederlassen will (Ziel), kann dieser sich entscheiden, ob er hausärztlich oder fachärztlich tätig werden will (Strategie). Diese Entscheidung führt ihn u. a. dazu, darüber nachzudenken, welche technische Ausstattung er in dem einen oder anderen Fall in seiner

Praxis benötigen wird (Mittel). Wenn er alle erforderlichen Informationen zusammengetragen und bewertet hat, kann er sich entscheiden und mit der Umsetzung seines Vorhabens beginnen. ◀

Da untergeordnete Ziele durchaus in einer Ziel-Mittel-Beziehung zu übergeordneten Zielen stehen können, ist die Art der Beziehung zwischen den jeweiligen Zielebenen näher zu betrachten. Im besten Fall ist sie harmonisch, teilweise gibt es keine Wechselwirkungen, manchmal ist sie allerdings auch konfliktbehaftet. So sollte die Einhaltung der Fachkraftquote sich positiv auf die Versorgungsqualität auswirken (harmonisch), kann aber durchaus kritisch im Zusammenhang mit der Personaleinsatzplanung betrachtet werden, wie es die Diskussionen um die Belastung des entsprechenden Pflegepersonals zeigen (konfliktär).

1.3.2 Effektivität und Effizienz

Im Zusammenspiel zwischen Zielen, Strategien und Maßnahmen stellen sich für das Management zwei wesentliche Fragen:

1. Sind die zu treffenden Entscheidungen und die in der Folge auszuwählenden Strategien und Maßnahmen überhaupt geeignet, die angestrebten Ziele zu erreichen? Das ist die Frage nach der **Effektivität**.
2. Ist man in der Lage, die gewählten Strategien und Maßnahmen auch richtig auszuführen? Diese Frage bezieht sich auf die **Effizienz**.

Definition

Effektivität
beurteilt die Fähigkeit einer Strategie oder Maßnahme, ein angestrebtes Ziel erreichen zu können.

Effizienz
beurteilt die Art und Weise der Ausführung der Strategie oder Maßnahme.

Die Zusammenhänge und Unterschiede werden in Abb. 1.9 verdeutlicht.

Wünschenswert ist die Entscheidung für Strategien und/oder Maßnahmen, die sowohl effektiv als auch effizient sind. Das ist der anzustrebende Idealfall. Strategien und/oder Maßnahmen, die weder effizient noch effektiv sind, müssen unbedingt vermieden werden.

In der Betriebspraxis entstehen jedoch immer wieder Diskussionen über das Auseinanderfallen von Effizienz und Effektivität. Das Management entscheidet sich für eine effektive Strategie, deren Umsetzung nicht effizient erfolgt, oder für effektive Maß-

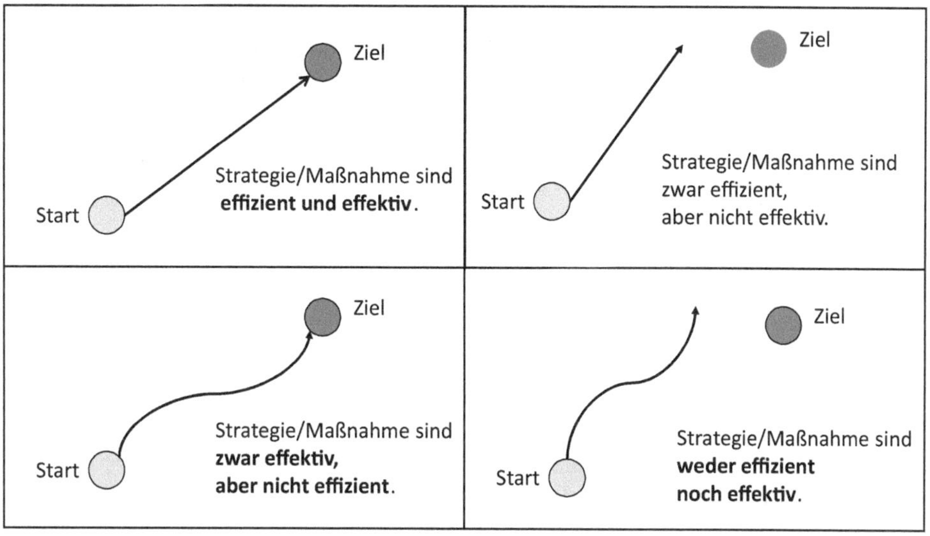

Abb. 1.9 Effizienz und Effektivität. (Eigene Darstellung)

nahmen, ist aber unzufrieden mit deren Durchführung und damit der Effizienz. Andersherum werden Prozessabläufe vorgeschrieben, die an sich zwar effizient durchgeführt werden, aber nicht zu dem eigentlich erwünschten Ziel führen. Häufig gehen über diese beiden beschriebenen Fälle die Ansichten auseinander, sodass es zu Konflikten kommen kann, die bearbeitet werden müssen und ausgeräumt werden sollten.

Beispiel

In einer Einrichtung der Altenpflege soll die Zufriedenheit der Bewohner und deren Angehörigen gesteigert werden. Deshalb soll die Zahl die Bewohnerinnen und Bewohner, für deren Betreuung eine Pflegekraft zuständig ist, verringert werden. Dazu muss mehr Pflege- und/oder Betreuungspersonal eingestellt werden.

Man geht davon aus, dass diese Maßnahme effektiv ist, weil dadurch mehr Zeit und Zuwendung für die einzelnen Bewohner und Bewohnerinnen eingesetzt werden kann. Es stellt sich jedoch die Frage, ob die mangelnde Zufriedenheit an der Zeit liegt, die das Personal mit den Bewohnerinnen und Bewohnern verbringt, oder ob eher das Essen oder die unzureichende Hygiene die entscheidende Rolle spielt. Wenn die Unzufriedenheit tatsächlich an der zugewendeten Zeit liegt, dann wäre die Maßnahme effektiv. Ist die Unzufriedenheit aber auf das Essen oder die Hygiene zurückzuführen, ist die Maßnahme nicht zielführend.

Zusätzlich stellt sich bei fehlender Zeit die Frage, ob diese Maßnahme auch effizient ist. Sollten die neu eingestellten Kräfte wegen mangelnder Erfahrung oder Fortbildung keinen Zugang zu dementen Bewohnerinnen und Bewohnern finden und somit das vorhandene Personal nicht entlasten können, ist die Maßnahme nicht effizient. ◀

Anhand des Beispiels wird das Zusammenspiel von Effektivität und Effizienz besonders deutlich. Es geht darum, die richtigen Dinge zu tun (Effektivität), diese dann aber auch richtig zu tun (Effizienz).

1.3.3 Das magische Viereck des Managementhandelns im Gesundheitswesen

Als magisch werden Beziehungen zwischen mehreren Zielen immer dann bezeichnet, wenn es unmöglich erscheint, alle in Betracht zu ziehenden Ziele gleichzeitig und jedes für sich in seiner maximal möglichen Ausprägung zu erreichen. Das Fünfte Sozialgesetzbuch in § 12 Abs. 1 Satz 1 (Wirtschaftlichkeitsgebot) formuliert als maßgebliche Ziele für das Management der Leistungserbringer im Gesundheitswesen: „Die Leistungen müssen ausreichend, zweckmäßig und wirtschaftlich sein; sie dürfen das Maß des Notwendigen nicht überschreiten." – kurz auch als WANZ-Regel (**w**irtschaftlich – **a**ngemessen – **n**otwendig – **z**weckmäßig) bezeichnet.

Das führt zu der Frage, an welchen Prinzipien sich das Management im Gesundheitswesen für seine Entscheidungen orientiert. Im Zusammenhang mit der WANZ-Regel lassen sich vier grundlegende Prinzipien erkennen:

- das Humanitätsprinzip
- das Bedarfsdeckungsprinzip
- das ökonomische Prinzip
- der gesellschaftliche Konsens.

Abb. 1.10 stellt das Magische in den Beziehungen zwischen den Vorgaben des Sozialgesetzbuches und den Handlungsprinzipien für das Management dar.

Humanitäres Handeln umfasst alle die Verhaltensweisen, die das Menschsein ausmachen, und findet seinen Niederschlag in allen gesellschaftlichen und sozialen Bereichen. In Deutschland ist das Prinzip über Artikel 1 des Grundgesetzes fest verankert, aber auch in der Präambel zur Verfassung der WHO ist die grundlegende Idee von der Unantastbarkeit der Würde des Menschen wiederzufinden. Dort wird Gesundheit als Zustand des vollkommenen körperlichen, geistigen und sozialen Wohlbefindens definiert und nicht nur als Abwesenheit von Krankheit oder Behinderung. Das *Humanitätsprinzip* ist nach unseren Vorstellungen unbestreitbar notwendig und eines der wichtigsten Prinzipien moderner Gesellschaften. Es ist aus dem Gesundheitswesen nicht wegzudenken. Letztlich führt es dazu, dass bei allen Entscheidungen des Managements der Mensch im Mittelpunkt stehen sollte.

Das Wohlergehen der Patientinnen und Patienten sowie der Pflegebedürftigen ist zu beachten, aber auch das sämtlicher Mitarbeiterinnen und Mitarbeiter sollte in die Betrachtungen einbezogen werden. Die Praxis zeigt, welche Schwierigkeiten dabei zu bewältigen sind.

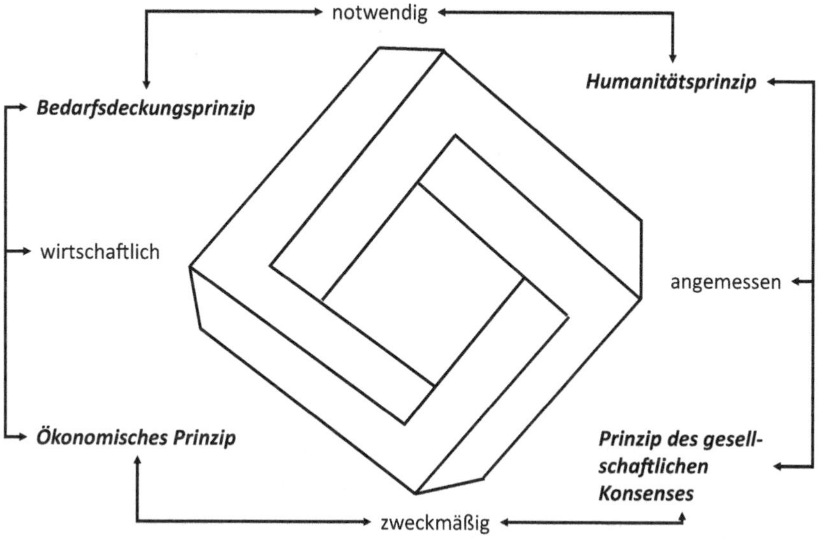

Abb. 1.10 Das magische Viereck des Gesundheitswesens. (Eigene Darstellung)

Beispiel

Patientinnen und Patienten sowie Pflegebedürftige und ihre Angehörigen erwarten, dass nicht nur ihren medizinischen, sondern auch ihren sozialen und persönlichen Bedürfnissen Rechnung getragen wird. Ebenso liegt das Augenmerk der Mitarbeiterinnen und Mitarbeiter bei aller Empathie für die zu Versorgenden auch auf einem menschlichen Umgang mit ihnen selbst und einem ausbalancierten Verhältnis von Arbeits- und Lebenszeit. Eine solche Work-Life-Balance zu ermöglichen wird nicht zuletzt auch durch Entscheidungen des Managements beeinflusst. ◀

Eng verbunden mit dem Humanitätsprinzip ist das *Bedarfsdeckungsprinzip*. Jeder, der einer gesundheitlichen oder pflegerischen Versorgung bedarf und dies auch zum Ausdruck bringt, soll diese erhalten können. Dementsprechend sind Einrichtungen so zu gestalten und Leistung in einem solchen Umfang anzubieten, dass der Bedarf gedeckt werden kann. Insoweit deckt sich das Prinzip mit dem Anspruch auf Humanität. Allerdings wird aber auch ein Dilemma sichtbar. Es muss bestimmt werden können, wie groß der Bedarf ist, also die Nachfrage nach Versorgungsleistungen, wie er sich in der Zukunft verändern wird und welche Ansprüche als notwendiger Bedarf formuliert werden. Danach richtet sich das entsprechende Leistungsangebot, das von den Leistungserbringern in Form von personellen und materiellen Ressourcen vorgehalten und solidarisch finanziert wird.

Über das Ausmaß dessen, was als notwendig erachtet wird, gibt es jedoch unterschiedliche Vorstellungen. Patientinnen und Patienten beklagen zu lange Wartezeiten auf einen Facharzttermin oder zu weite Wege bis zum nächstgelegenen Krankenhaus. Leistungserbringer müssen die vorgehaltenen Ressourcen durch die erzielbaren Einnahmen finanzieren können und legen Wert auf ihre hohe und möglichst gleichmäßige Auslastung, um die verbundenen Ausgaben zu decken. Kostenträger beklagen zu hohe Kosten, wenn die Angebote zur Bedarfsdeckung umfangreich und breit gestreut vorhanden sind.

Beispiel

Die Diskussionen um die Gestaltung von Notfallversorgung und Notdienst zeigen sehr deutlich, wie schwierig die Abgrenzung von „zwingend erforderlich", „wünschenswert" und „bequem" ist. So ergab eine Studie zum Notrufverhalten der Berliner Wohnbevölkerung, dass 37 % der Befragten bei akuten gesundheitlichen Problemen, auch wenn diese nicht lebensbedrohlich sind, und 13 % bei nicht akuten gesundheitlichen Beschwerden außerhalb der Öffnungszeiten von Arztpraxen die Notrufnummer 112 wählen würden (Mehrfachantworten möglich). „26 % … stimmten dahingehend zu, dass, „der Hausarzt am Wochenende zu hat, Taxen teuer seien und man im Krankenhaus lange warten müsse, der Rettungsdienst jedoch immer erreichbar sei, was auch schneller gehen würde"" (Dahmen et al. 2021). ◀

Damit wird das Augenmerk auf das *ökonomische Prinzip* gelenkt. Es besagt, dass das optimale Verhältnis zwischen Aufwand, also dem Einsatz von Ressourcen, und Ertrag bzw. Nutzen, der damit erreicht werden kann, anzustreben ist. Die Bemühungen um einen Ausgleich des Spannungsverhältnisses zwischen den Bedürfnissen der Menschen und den Deckungsmöglichkeiten dieser Bedürfnisse bezeichnet man als Wirtschaften.

Es geht dabei also um einen wohl überlegten, d. h. optimalen Einsatz der vorhandenen Mittel, da diese nicht in unbeschränkter Menge und schon gar nicht kostenlos zur Verfügung stehen. Das Prinzip findet in aller Regel entweder als Maximum-Prinzip oder als Minimum-Prinzip Anwendung.

- Das Maximum-Prinzip besagt, dass mit den vorhandenen Mitteln der größtmögliche Nutzen erzielt werden soll.
- Das Minimum-Prinzip besagt, dass ein bestimmter Nutzen mit dem geringstmöglichen Mitteleinsatz erreicht werden soll.

Insofern geht das ökonomische Prinzip mit dem Humanitätsprinzip im Gesundheitswesen konform, wenn man bedenkt, dass eine Verschwendung von Ressourcen wie z. B. einer Blutkonserve mit einer seltenen Blutgruppe dazu führen könnte, dass diese einem anderen Patienten nicht verabreicht werden kann, wenn er sie dringend braucht. Der sparsame und verantwortungsvolle Umgang mit dieser wichtigen Ressource liegt auf der Hand.

Wie groß aber auch das Dilemma zwischen Humanität, Bedürfnis und Bedarf sowie Wirtschaften mit knappen Ressourcen ist, zeigen insbesondere die Diskussionen um die Triage, d. h. die Ersteinschätzung der Dringlichkeit eines Behandlungsfalls. Es muss anhand festzulegender Kriterien entschieden werden, wer in welcher Reihenfolge und in welchem Ausmaß eine medizinische Behandlung erhalten soll, um für die Gesamtheit der Versorgungspflichtigen das beste Ergebnis zu erzielen. Dabei muss in Kauf genommen werden, dass die individuellen Bedürfnisse des Einzelnen eventuell nicht berücksichtigt werden können, obwohl ein Bedarf an medizinischer Versorgung besteht, der durch den Versorgungsauftrag im Rahmen der Gesetzlichen Krankenversicherung gedeckt ist.

Allgemein formuliert beruht ein *Bedürfnis* auf einem individuellen Mangelempfinden und führt zum Streben nach seiner Beseitigung. Essen, Trinken und Schlafen sind physiologische Grundbedürfnisse. Sicherheit – auch in Bezug auf die Gesundheitsversorgung –, soziale Bedürfnisse und Anerkennung bis hin zur Selbstverwirklichung sind weitere Bedürfnisse (vgl. Abb. 1.11).

Ein Bedürfnis wird dann zu einem *Bedarf*, wenn es mit Kaufkraft ausgestattet wird, d. h. Güter oder Dienstleistungen gegen Geld nachgefragt werden, die geeignet sind, das Bedürfnis zu befriedigen. Der Ökonom spricht von der Konkretisierung der Bedürfnisse am Markt. Auch die Kranken- und Pflegeversicherungen statten das Bedürfnis nach Gesundheits- und Pflegeversorgung mit Kaufkraft aus, auch wenn die Zeitpunkte der Beitragszahlungen und der Inanspruchnahme der Leistungen auseinanderfallen.

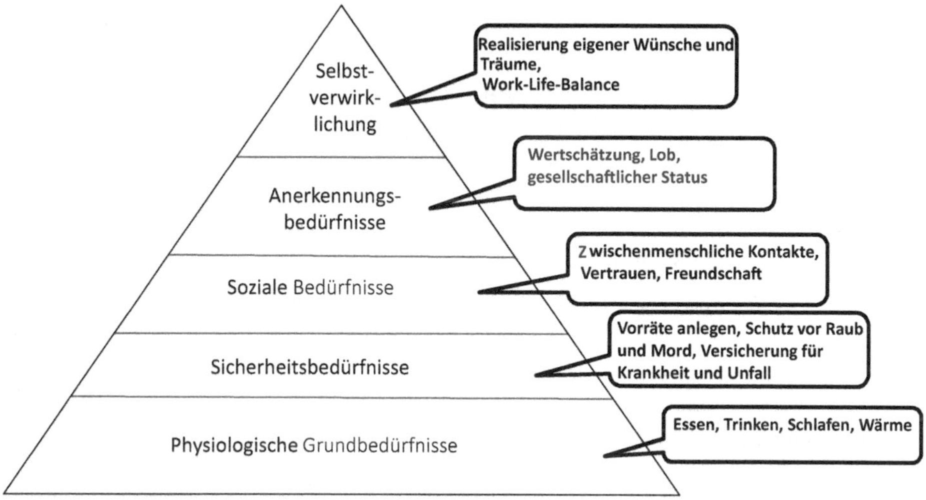

Abb. 1.11 Bedürfnisse nach Maslow (klassische Variante). (Eigene Darstellung)

Beispiel

Ein Patient hat eine starke Erkältung mit Kopfschmerzen, die er gestillt haben möchte. Das ist ein Bedürfnis. Er geht in die Apotheke und bittet den Apotheker, ihm ein frei verkäufliches Arzneimittel zu empfehlen. Das ist der Bedarf. ◀

Im Zusammenhang mit dem ökonomischen Prinzip spielt im Deutschen Gesundheitssystem die *Zweckmäßigkeit* von Maßnahmen eine wichtige Rolle. Der Gemeinsame Bundesausschuss, bestehend aus Vertretern der Gesetzlichen Krankenversicherungen und der Leistungserbringer mit Stimmrecht sowie Vertretern von Patientinnen und Patienten mit Mitberatungs- und Antragsrecht aber ohne Stimmrecht, legt fest, welche Leistungen der medizinischen Versorgung von der Gesetzlichen Krankenversicherung im Einzelnen übernommen werden innerhalb des vom Gesetzgeber vorgegebenen Rahmens. Maßstab für die Zweckmäßigkeit ist der allgemein anerkannte Stand der medizinischen Erkenntnisse, belegt durch umfangreiche medizinische Studien mit dem Blick auf das Behandlungsergebnis (Outcome). Angesichts des fortschreitenden medizinischen Wissens und der begrenzten finanziellen Mittel entsteht immer wieder die Frage nach der Notwendigkeit einer neuen Therapie. Das individuelle Bedürfnis ist zwar anzuerkennen, führt aber nicht dazu, dass die Solidargemeinschaft sich in der Verantwortung sieht, jeden Bedarf zu decken.

Beispiel

Ein Implantat als Zahnersatz ist unbestritten zweckmäßig, wird aber nicht als notwendig erachtet, da es auch andere preisgünstigere Ersatzformen gibt ungeachtet des subjektiven Empfindens der jeweils betroffenen Patienten. So gibt es Behandlungsverfahren für eine Reihe von Erkrankungen, die sich in Studien als zweckmäßig erwiesen haben, die aber trotzdem nicht als notwendig erachtet werden und deshalb nicht von den Gesetzlichen Krankenversicherungen finanziert werden. ◀

In diesem Zusammenhang spielen Erwartungen der Gesellschaft über die medizinische Versorgung eine wichtige Rolle und bestimmen das, was als angemessene Versorgung erwartet wird. Die *Angemessenheit* der Maßnahmen erfordert einen *gesellschaftlichen Konsens*, der zu unterschiedlichen Zeiten und in verschiedenen Kulturkreisen und Gesundheitssystemen zu anderen Ergebnissen führen kann. Während es in Deutschland undenkbar ist, dass ein Gremium von Experten über die Behandlungswürdigkeit von Patienten unter Einbeziehung derer Sozialprognosen entscheidet, kann dies in anderen Gesundheitssystemen durchaus zur Debatte stehen. Ebenso lässt sich beobachten, dass die Alternative Medizin im Verhältnis zur Schulmedizin im Verlaufe der letzten Jahre einen anderen Stellenwert erlangt hat und inzwischen die Finanzierung einiger Therapien jenseits der Schulmedizin von den Gesetzlichen Krankenversicherungen übernommen werden. Einerseits ist dies einer erweiterten Studienlage geschuldet, andererseits aber auch erst dadurch möglich, dass die Gesellschaft anderen Verfahren offener gegenübersteht und diese wünscht, auch wenn sie nicht von allen Experten gleich beurteilt werden. Damit konkurriert ein breiteres Leistungsangebot um die knappen finanziellen Mittel der Krankenversicherungen.

Beispiel

Ein besonders kontrovers diskutiertes Beispiel für die Bedeutung des gesellschaftlichen Konsenses ist das Thema der Schwangerschaftsabbrüche. Je nach Grund für den Eingriff, Träger der Einrichtung oder persönlicher Überzeugung wird darüber unterschiedlich geurteilt, obwohl die formale Gesetzeslage für alle gleich ist. ◀

Aus den vorgestellten Überlegungen wird ersichtlich, wie magisch die Beziehungen zwischen den Zielen und Handlungsprinzipien sind. Einerseits scheinen sie sich gegenseitig zu unterstützen und zu bestätigen, andererseits werfen sie Kontroversen und Konflikte auf, für deren Lösung es kein Richtig oder Falsch gibt. Vielmehr wird es für das Management erforderlich sein, sich eindeutig und begründet zu positionieren, um auf der Grundlage der Prinzipien ein erkennbares Profil zu entwickeln. Ein solches Profil gibt Mitarbeiterinnen und Mitarbeitern Orientierung, ermöglicht Patientinnen und Patienten eine Wahl und erhöht die Zufriedenheit, legt die Basis für erforderliche Kooperation mit anderen Leistungsanbietern, schafft aber auch den Raum, sich von Konkurrenten abzugrenzen.

***Exkurs:* Kommerzialisierung**

Nicht selten wird die Orientierung am ökonomischen und am erwerbswirtschaftlichen Prinzip dafür verantwortlich gemacht, dass im Gesundheitswesen eine Kommerzialisierung der Leistungsangebote eingesetzt hat, die dort keinen Platz haben sollte. Dies geht einher mit der Frage, ob Patienten auch als Kunden bezeichnet werden können. Die Diskussionen gipfeln in plakativen Überschriften wie z. B. „Kommerzialisierung: Entmenschlichung der Medizin“ (Osterloh 2022). Mit der heute üblichen Verwendung des Begriffs Kommerzialisierung soll zum Ausdruck gebracht werden, dass gewinnorientierte Verhaltensweisen in Bereiche Einzug gehalten haben, die mit der Ethik einer am Gemeinwohl orientierten und solidarisch finanzierten Versorgung nicht in Einklang zu bringen sind.

Betrachtet man die Wortherkunft, so steht der Begriff Kommerz im Lateinischen ursprünglich für Handelsgüter (Duden (Hrsg.) 1989) Als Lehnwort aus dem Französischen ist es ein nicht mehr gebräuchlicher Ausdruck für den Handel allgemein. Mit dem Begriff Kommerzialisierung wird dem Wort eine negative Bedeutung beigemessen. Sprachwissenschaftler sprechen von einem pejorativen Begriff, also einem Begriff, dessen Verständnis im Laufe der Zeit zunehmend mit einer negativen Wertung verwendet wird. Wie sorgfältig man in der Abgrenzung der Begrifflichkeiten mit den damit verbundenen impliziten Wertungen umgehen muss, zeigen u. a, die Ausführungen von Manzeschke und Wehkamp sehr deutlich. (vgl. (Manzeschke 2022; Wehkamp 2015)).

1.3.4 Strategische, dispositive und operative Managemententscheidungen

Die Prinzipien des magischen Vierecks bilden die Grundlage für alle Managemententscheidungen. Sie sind insbesondere maßgeblich für *normativen Setzungen*, wie mit den zuvor diskutierten Prinzipien umgegangen werden soll.

Daraus resultieren Entscheidungen, die die langfristige Ausrichtung des Managements determinieren und Zeiträume von mindestens drei bis fünf Jahren und darüber hinaus in den Blick nehmen. Man bezeichnet diese Entscheidungen auch als *strategisch.*

Das Management hat aber auch zahlreiche Entscheidungen zu treffen, die das sogenannte Tagesgeschäft betreffen. Diese werden unter dem Begriff *operatives Management* zusammengefasst, haben also unmittelbare Auswirkungen und betreffen die kurzfristige Zeitspanne bis zu drei Jahren mit dem Schwerpunkt auf den Zeithorizont von einem Jahr. Sie beziehen sich auf die Abläufe der Leistungserstellung und steuern die regelmäßig zu erledigenden Tätigkeiten. Diese sind jedoch nur dann denkbar, wenn das Management dafür sorgt, dass mittelfristig auch geeignete Strukturen vorhanden sind, innerhalb derer die Leistungen erbracht werden. Insofern spricht man von *dispositivem Management.* Es werden Prozesse und Standards festgelegt, Ressourcen bereitgestellt und angepasst und nicht zuletzt Planungen weiterentwickelt. (Oswald 2023, S. 33 f.)

In der Zielpyramide (vgl. Abb. 1.7) ist tendenziell eher der obere Bereich relevant für das strategische Management. Das operative Management formuliert die Ziele für den unteren Bereich der Pyramide. Dispositive Elemente sind im mittleren Bereich zu finden. Es ist ersichtlich, dass die Managementebenen nicht voneinander zu trennen sind. Die Ergebnisse des operativen Managements bilden die Grundlage für dispositive und strategische Entscheidungen, wenn man insbesondere die mittel- und langfristigen Entwicklungen betrachtet. Gleichfalls ergeben sich für das operative Management Vorgaben aus der dispositiven und strategischen Ausrichtung, sodass fortlaufend ein Abgleich zwischen den Managementebenen erfolgen muss (vgl. Tab. 1.2).

Beispiele

Tab. 1.2 ◄

Unabhängig vom Versorgungsbereich ist die Sicherung der Zahlungsfähigkeit eine der zentralen Aufgaben des operativen Managements. Ein Betrieb sollte in der Lage sein, jederzeit seinen fälligen Zahlungsverpflichtungen nachkommen zu können. Man bezeichnet dies auch als Sicherung der Liquidität und wird gemessen am Verhältnis von Zahlungsmitteln in Form von Bargeld und kurzfristig verfügbaren Bankguthaben zu den vorhandenen Zahlungsverpflichten, die auch als Verbindlichkeiten bezeichnet werden. Diese Pflicht ergibt sich aus § 17 Abs. 2 der Insolvenzordnung. Kurzfristig kann dies aus betriebseigenen finanziellen Mitteln sichergestellt werden. Ebenso können kurzfristige, mit an Sicherheit grenzender Wahrscheinlichkeit zu erwartende Einzahlungen den liquiden Mitteln zugerechnet werden. Aber auch durch die Inanspruchnahme eingeräumter

Tab. 1.2 Beispiele für strategisches und operatives Management im Gesundheitswesen

Versorgungsbereich	Strategische Managemententscheidungen	Dispositive Managemententscheidungen	Operative Managemententscheidungen
Krankenhaus	*Spezialisierung*	*IT-gestützte Dokumentation*	*OP-Laufzeiten für elektive Eingriffe*
Arztpraxis	*Berufsausübungsgemeinschaft*	*Impfstoffbevorratung*	*Sprechstundenzeiten*
Pflegeeinrichtung	*Externes Catering*	*Betreuungsangebote*	*Ablauf der Speiseversorgung*
Ambulanter Pflegedienst	*Größe des Einzugsgebiets*	*Ausstattung des Fuhrparks*	*Tourenplanung*
Apotheke	*Standortwahl*	*Sortimentszusammensetzung*	*Gestaltung des Zusatzsortiments*
Krankenversicherung	*Zusatzangebote*	*Zusatzbeiträge*	*Abrechnungsprozesse*
Therapeuten	*Ausrichtung des Leistungsangebots*	*Supervision*	*Gestaltung der Therapieräume*

Überziehungskredite oder anderer Kredite mit einer relativ kurzen Laufzeit kann die Liquidität verbessert werden. Dabei muss allerdings bedacht werden, dass aus den Krediten durch die erforderliche Rückzahlung auch Verpflichtungen entstehen.

Mittel- bis langfristig muss das Management dafür sorgen, dass die erzielbaren Einnahmen mindestens die zu tätigenden Ausgaben einschließlich zurückzuzahlender Kredite decken. Andernfalls kommt es zu einer Überschuldung, was gemäß § 19 der Insolvenzordnung ebenfalls einen Insolvenzgrund darstellt. Für das strategische Management bedeutet dies, den Betrieb so zu positionieren, dass das geplante Leistungsangebot in der erforderlichen Qualität ausgeführt wird. Außerdem sollte es von potenziellen Leistungsempfängern in der angebotenen Form gewünscht und nachgefragt werden. Der langfristige Erfolg des Betriebes ist entscheidend für eine dauerhafte Existenz. Maßzahlen für den Erfolg sind die Rentabilität und ihre Komponenten, die in unterschiedlichen Ausprägungen gemessen werden (vgl. Tab. 1.3) Anders als der Gewinn berücksichtigt sie dabei auch, welches Kapital eingesetzt werden muss, um erfolgreich zu sein. (Tiemann und Matusiewicz 2017 S. 261)

1.3.5 Controlling als Unterstützungsfunktion

Es wird deutlich, wie wichtig Informationen für transparente Entscheidungsgrundlagen durch das Management sind. Es ist also eine Unterstützung des Managements gefragt. Diese Aufgabe übernimmt das Controlling.

Tab. 1.3 Maßzahlen des Erfolgs von Betrieben

Zielebenen	Spezifisches Ziel	Messbar durch …
Liquidität	Liquidität 1. Grades	Verfügbare Zahlungsmittel / kurzfristige Zahlungsverpflichtungen (Verbindlichkeiten)
	Liquidität 2. Grades	(Verfügbare Zahlungsmittel + Forderungen) / kurzfristige Zahlungsverpflichtungen (Verbindlichkeiten)
	Liquidität 3. Grades	(Verfügbare Zahlungsmittel + Forderungen + kurzfristig liquidisierbares Anlagevermögen) / kurzfristige Zahlungsverpflichtungen (Verbindlichkeiten)
Rentabilität	Umsatz	Anzahl der abgesetzten Leistungen (Menge) x Preis
	Kosten	in Geldeinheiten bewerteter Verbrauch der eingesetzten Ressourcen
	Gewinn	Umsatz – Kosten
	Eigenkapitalrentabilität	Gewinn/eingesetztes Eigenkapital
	Gesamtkapitalrentabilität *(Rentabilität von Eigen- und Fremdkapital)*	(Gewinn + Fremdkapitalzinsen) / eingesetztes Gesamtkapital
	Umsatzrentabilität	Gewinn / Umsatz

▶ **Controlling** dient der zielgerichteten Planung, Steuerung und Kontrolle von Betrieben, indem es

- das Management über Sachverhalte und Entwicklungen informiert
- Pläne entwirft, über die das Management entscheidet
- beratend deren mögliche Auswirkungen darstellt
- die Ergebnisse der getroffenen Entscheidungen auswertet und
- diese mit den angestrebten Zielen vergleicht.

Zusammenfassend wird dies auch als *Transparenzverantwortlichkeit* bezeichnet, während beim Management die Entscheidungs- und damit auch die Ergebnis- bzw. Erfolgsverantwortung liegt ((Horváth et al. 2019, S. 62) vgl. dazu auch (Siller 2019)). Den Zusammenhang verdeutlicht Abb. 1.12.

Dabei ist zunächst zu beachten, welche Informationen überhaupt erforderlich und welche davon tatsächlich beschaffbar sind. Risikofreudige Personen werden weniger Informationen für erforderlich erachten als risikoscheue Personen, die gerne im Vorhinein alles möglichst genau wissen wollen. Da Entscheidungen in aller Regel die Zukunft betreffen und damit mehr oder weniger unsicher sind, gehört es auch zu den Aufgaben des

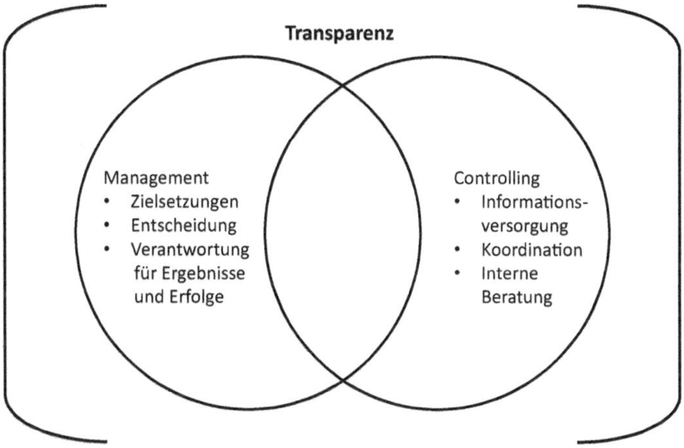

Abb. 1.12 Beziehung zwischen Management und Controlling. (Eigene Darstellung)

Managements, den Grad der als tragbar erachteten Unsicherheit zu bestimmen und dementsprechend den Umfang der einmalig oder laufend erforderlichen Informationen festzulegen (Oswald 2023, S. 23 ff.). Dabei muss jedoch auch berücksichtigt werden, dass ein Mehr an Informationen nicht gleichzeitig auch ein Mehr an Sicherheit bedeutet und nicht zwangsläufig zu richtigen Entscheidungen führt. Ob eine Entscheidung richtig oder falsch war, lässt sich in aller Regel erst ex post, also im Nachhinein beurteilen. Bevor das Ergebnis feststeht, also ex ante zum Zeitpunkt der Entscheidung, kommt es darauf an, Entscheidungen gut zu treffen. Das bedeutet, Entscheidungen sorgfältig vorzubereiten und so weit als möglich zu durchdenken.

In diesem Zusammenhang ist zum einen zu bedenken, wie groß die Unsicherheit zukünftiger Entwicklungen und damit auch Veränderungen ist. Zu erwartende Veränderungen können sicher, abschätzbar oder sogar gar nicht vorhersehbar sein. Zum anderen spielen mögliche Verhaltensweisen des Managements eine zentrale Rolle für die Informationen, die das Controlling bereitstellen muss. Ein Management kann rein reaktiv agieren, aber auch versuchen, sich proaktiv auf kommende Entwicklungen vorzubereiten, eventuell sogar kreativ innovative Konzepte für die Zukunft zu entwerfen. Dementsprechend wird das Controlling seine Aufgaben eher in Berichten, tiefer gehenden Analysen oder sogar Beratungen sehen (vgl. Abb. 1.13).

Nicht zuletzt spielen Quellen und Qualität der Informationen sowie die Aufbereitung und Darstellung eine wichtige Rolle. Somit gehört es auch zu den Aufgaben des Controllings, Informationsquellen offenzulegen und die verwendeten Informationen auf Richtigkeit zu überprüfen. Ebenso muss sich das Controlling bewusst sein, dass Informationen verständlich und übersichtlich aufbereitet werden müssen, ohne dadurch Inhalte zu verdecken, zu verfälschen oder gar zu manipulieren.

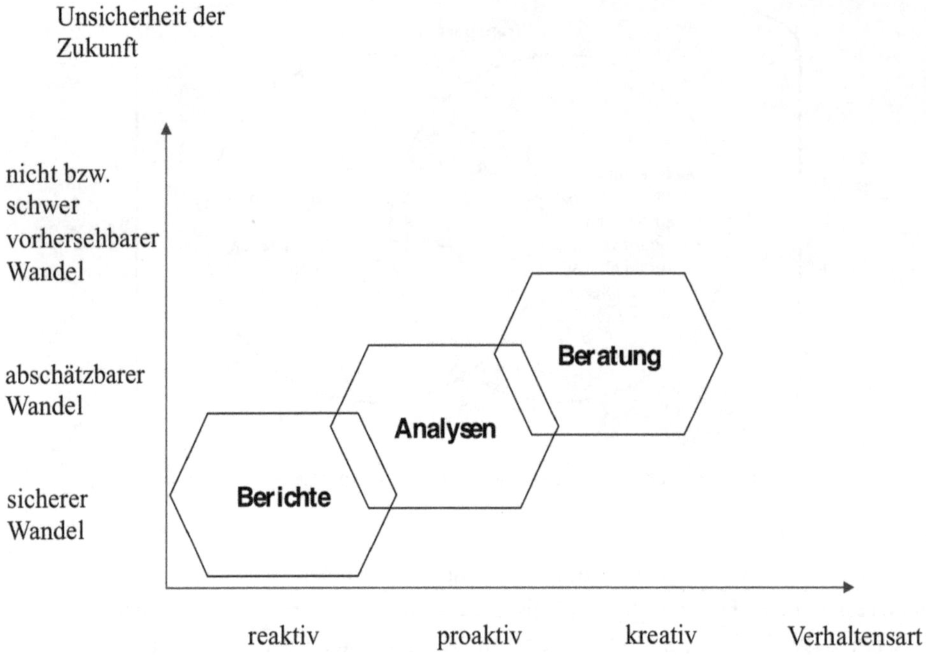

Abb. 1.13 Aufgaben des Controllings zur Unterstützung des Managements. (Eigene Darstellung)

Exkurs: **Medizincontrolling**

Mit der zunehmenden Digitalisierung von Behandlungs- und Abrechnungsdaten hat sich seit Ende der 90er Jahre des letzten Jahrhunderts das Medizincontrolling etabliert. Ausgehend von der Einführung des diagnosegestützten, pauschalierten Entgeltsystems für die Krankenhäuser war es für Krankenhäuser von existenzieller Bedeutung, eine zeitnahe und korrekte Übersicht über Fallzahlen, Diagnosen und Kosten zu erlangen. Einerseits bildeten diese von den sogenannten Kalkulationshäusern gesammelten Informationen die Grundlage für die Vergütung der Behandlung der versorgten Patienten. Andererseits entstand aber auch für Nicht-Kalkulationshäuser ein Anreiz, ihre Leistungen und die damit verbundenen Kosten zu analysieren, um Ursachen für erwünschte wie unerwünschte Entwicklungen zu ergründen. Neben der Fokussierung auf das Abrechnungssystem liegt ein wesentlicher Schwerpunkt des Medizincontrollings auf der Analyse und Weiterentwicklung der Struktur-, Prozess- und Ergebnisqualität medizinischer Leistungserstellungsprozesse (Frühauf 2003).

Anwendungs- und Vertiefungsaufgaben

1. Diskutieren Sie, bei welchen Einrichtungen des Gesundheitswesens es sich um Unternehmen handelt.

2. Überlegen Sie, welche Bereiche des Magischen Vierecks wie betroffen sind, wenn die Anzahl der aktuell in den Krankenhausplänen der Länder vorgesehenen Krankenhäuser reduziert wird.
3. Recherchieren Sie auf den Homepages verschiedener Einrichtungen des Gesundheitswesens, welche Basic Beliefs dort formuliert werden.
4. Erörtern Sie, wie das Zielsystem einer stationären Pflegeeinrichtung aussehen könnte, wenn das Problem des Fachkräftemangels berücksichtigt wird.
5. Diskutieren Sie, welcher Zusammenhang zwischen dem Ökonomischen Prinzip und der WANZ-Regel des § 12 SGB V besteht.
6. Erläutern Sie, was die Begriffe Effizienz und Effektivität im Gesundheitswesen bedeuten. Nutzen Sie dazu Beispiele aus unterschiedlichen Versorgungsbereichen.
7. Beschreiben Sie beispielhaft eine Situation aus einem beliebigen Versorgungsbereich, in denen es zum Konflikt zwischen Effizienz und Effektivität kommen kann.
8. Diskutieren Sie, ob ein MVZ unabhängig von seiner Größe ein Management braucht. Begründen Sie Ihre Ansicht.
9. Entwerfen Sie eine denkbare Struktur für das Management einer Praxisgemeinschaft, in der 5 Internisten mit insgesamt zwei Schwerpunkten (Kardiologie und Gastroenterologie), entsprechender medizin-technischer Ausstattung und insgesamt 20 Medizinischen Fachangestellten, davon die Hälfte in Teilzeit, tätig sind.
10. Stellen Sie sich vor, dass die Mitarbeiter*innen dieses MVZ über die zunehmende Bürokratisierung stöhnen, als ihnen mitgeteilt wird, dass man ab sofort auch ein Controlling einführen will. Sie befürchten, zunehmend kontrolliert zu werden. Überlegen Sie, wie Sie die Einführung begründen und die Sorge vor Kontrolle reduzieren können.

Literatur

Dahmen, J., Brettschneider, P., Poloczek, S., & al., e. (2021). *„Warum wird der Notruf 112 gewählt?" – Befragung zum Notrufverhalten der Berliner Bevölkerung"*. Von Notfall Rettungsmed: https://doi.org/10.1007/s10049-021-00954-1 abgerufen.

Duden (Hrsg.) (1989). Etymologie. Herkunftswörterbuch der deutschen Sprache, Bd. 7. 2. Auflage, Berlin: Duden.

Digitales Wörterbuch der Deutschen Sprache. (04. 08 2023). *Einrichtung – Schreibung, Definition, Bedeutung, Synonyme, Beispiele*. Von https://www.dwds.de/wb/Einrichtung#d-1-1-4 abgerufen.

Forschelen, B. (2017). *Kompendium der Zitate für Unternehmer und Führungskräfte*. Wiesbaden: Springer Gabler

Frühauf, G. (2003). Zwischen Ökonomie und Medizin. *Deutsches Ärzteblatt*(40), S. A 2599.

Gesundheitsberichterstattung des Bundes. (02. 08 2023). *Freigemeinnützige Träger*. Abgerufen am 08 2023 von gbe-bund: https://www.gbe-bund.de/gbe/abrechnung.prc_abr_test_logon?p_uid=gast&p_aid=0&p_knoten=FID&p_sprache=D&p_suchstring=8968.

Gutenberg, E. (1951). *Grundlagen der Betriebswirtschaftslehre* (Bd. 1). Berlin Heidelberg: Springer.

Horváth, P., Gleich, R., & Seiter, M. (2019). *Controlling*. Franz Vahlen.

Manzeschke, A. (2022).*Der Umgang mit finanziellen Anreizen als ethische* Herausforderung. In: Marckmann, G. (Hg.)(2015): *Praxisbuch Ethik in der Medizin*. Berlin: Medizinisch Wissenschaftliche Verlagsgesellschaft. S. 223 ff

Osterloh, F. (2022). *Kommerzialisierung: Entmenschlichung der Medizin*. In: Deutsches Ärzteblatt 2022; 119(6): A-213 / B-175

Oswald, J. (2023). Zusammenhang von Management und Controlling. In J. Oswald, & B. Schmidt-Rettig, *Management und Controlling im Krankenhaus*. Stuttgart: Kohlhammer.

Siller, H. (2019). Integriertes Management und Controlling. In J. S. Stierle, *Handbuch Strategisches Krankenhausmanagement*. Wiesbaden: Springer Gabler.

Tiemann, O. und Matusiewicz, D. (2017). *Finanzmanagement und Controlling in der Gesundheitswirtschaft*. In: Thielscher, C. (2017). . *Unternehmerische Praxis und Methodik*. 2. Auflage, Wiesbaden: Springer Gabler, S. 255 ff

Wehkamp, K. (2015). Ethik als Führungs- und Managementaufgabe. In G. Marckmann, *Praxisbuch Ethik in der Medizin* (S. 257–263). Berlin: Medizinisch Wissenschaftliche Verlagsgesellschaft.

2 Werteorientierte Unternehmensführung

Lernziele: Bedeutung der Begriffe „Wert" und „Werte" für die Unternehmensführung reflektieren – Ziele als Maßstab für den Erfolg formulieren – Erfolg als Ergebnis des Zusammenspiels unterschiedlicher Einflussgrößen verstehen – Kennzahlen für unterschiedliche Einflussgrößen auf den Erfolg definieren – Informationen vor dem Hintergrund angestrebter Ziele zu Kennzahlen verdichten und methodisch geleitet analysieren – Erfolg auf der Grundlage qualitativer und quantitativer Informationen mithilfe von Kennzahlensystemen messbar machen – Instrumente des Controllings beschreiben und anwenden – Transparenz schaffen durch Darstellung und Verdichtung von Informationen im Rahmen eines Management-Dashboards.

2.1 Werte

Der Begriff der werteorientierten Unternehmensführung lässt rein sprachlich unterschiedliche Interpretationen zu.

- Zum einen suggerieren die Begriffe „Wert" und „Werte" die Verknüpfung mit Zahlen, seien es Mengengrößen oder Geldbeträge, seien es prozentuale Anteile oder Relationen. Gemeinsam ist all diesen Werten, dass sie sich zählen, messen und vergleichen lassen auf der Grundlage eines allgemein anerkannten mathematischen Regelwerkes. Schwieriger wird es bei (Schul-)Noten oder Punkten, die sich – in Zahlen ausgedrückt – auch mathematisch verarbeiten lassen, die aber eine spezifische Definition der Aussagen des jeweiligen Zahlenwertes erfordern. Üblich ist dieses Vorgehen, wenn Unternehmensziele spezifisch definiert und mit einer Messgröße belegt werden. Der Betrag dieser Messgrößen ist orientierungsgebend für die Unternehmensleitung.

© Der/die Autor(en), exklusiv lizenziert an Springer-Verlag GmbH, DE, ein Teil von Springer Nature 2024

D. Ackermann, *Controlling im Gesundheitswesen*,
https://doi.org/10.1007/978-3-662-68802-1_2

- Zum anderen beschreiben die Begriffe „Wert" und „Werte" die positiven Eigenschaften, an denen das Handeln gemessen werden soll. Dazu ist ein gesellschaftlicher Konsens notwendig, der diese in akzeptierten Moralvorstellungen manifestiert. (vgl. Pieper 2017, S. 15 ff.) In diesem Sinne erfordert eine werteorientierte Unternehmensführung eine klare Aussage über den Basic Belief, also die grundlegenden Überzeugungen, die Ausgangspunkt der Zielpyramide für das Management sind. Auch wenn sich diese Werte weitgehend einer konkreten Messung in Zahlenwerten entziehen, bilden sie doch den Kompass, der der Unternehmensführung Positionierung und Orientierung ermöglicht (Wehkamp, Ethik als Führungs- und Managementaufgabe 2015) (Wittland 2023, S. 62 ff.)
  Gerade in Einrichtungen des Gesundheitswesens muss man sich immer wieder vor Augen führen, dass der Mensch besonders als Patient oder Pflegebedürftiger im Mittelpunkt des Handelns steht. Aber auch Angehörige und Mitarbeitende spielen in dem Prozess der Erstellung von Dienstleistungen eine wichtige Rolle. Die Dienstleistungen, die direkt am Patienten oder Pflegebedürftigen erbracht werden, erfordern eine Interaktion zwischen Leistungserbringern und Leistungsempfängern, die weit über die Kommunikation zwischen Verkäufern und Käufern physischer Produkte hinausgeht. Patienten und Patientinnen stimmen Untersuchungen und Eingriffen zu, sie nehmen verordnete Medikamente ein und beteiligen sich aktiv an Therapien, Angehörige unterstützen die Patienten und Pflegebedürftigen. Verschiedene Mitarbeitende erbringen Leistungen direkt an den Betroffenen, d. h. die Leistungen werden im Moment der Erbringung sofort konsumiert. Sie sind nicht lagerfähig und vor der Durchführung nicht vorzeigbar. Man bezeichnet dies als uno-actu-Prinzip, das bei allen Dienstleistungen von Bedeutung ist (vgl. (Haller und Wissing 2022, S. 9 ff. und 48)). Deshalb spielt das Vertrauen in ein wertorientiertes Handeln eine wesentliche Rolle.
  Doch auch in diesem Zusammenhang bemüht man sich um Messkonzepte, die Auskunft über das Ausmaß der erlebten Werte geben könnten. Für unterschiedliche Aspekte des Leistungserstellungsprozesses werden Zufriedenheitswerte bemessen in Noten oder Punkten abgefragt. Unter Inkaufnahme aller Individualität und Subjektivität der Antworten versucht man so zumindest einen Eindruck davon zu erhalten, inwieweit es gelingt, den formulierten Basic Beliefs auch gerecht zu werden.
- Häufig wird der Begriff „Wert" auch auf den Wert der Unternehmung bezogen und von einer wertorientierten Unternehmensführung gesprochen. Dahinter verbirgt sich die Vorstellung, dass das Handeln der Unternehmensleitung sich daran orientieren soll, wie sich der Wert des Unternehmens im Zeitverlauf entwickelt. Damit ist dann der Wert gemeint, den ein potenzieller Anteileigner oder Alleineigentümer für die Unternehmung zu zahlen bereit wäre, wenn er Anteile oder die Unternehmung als Ganzes erwirbt. Darin spiegelt sich dann der Wert des aktuellen Vermögens wider, aber auch die Chance auf zukünftige Gewinne, die mit der Unternehmung erwirtschaftet werden könnten. (Dillerup und Stoi 2016, S. 192 ff.).

Beispiel

Der Inhaber einer Arztpraxis plant, seine Praxis aus Altersgründen nach weiteren 10 Jahren Praxistätigkeit an einen Nachfolger abzugeben. Für seine Überlegungen spielt im Hinblick auf sein Einkommen im Ruhestand die Frage nach dem möglichen Verkaufserlös für die Praxis eine wichtige Rolle, da er in seine berufsständische Altersversorgung immer nur den Mindestbetrag eingezahlt hat. Je weniger die Praxis baulich und technisch-organisatorisch renovierungsbedürftig und je größer sein Patientenstamm ist, den ein Nachfolger oder eine Nachfolgerin übernehmen kann, desto mehr wird der aktuelle Inhaber für seine Praxis erhalten können. Deshalb macht es für ihn Sinn, die Praxis so zu führen, dass der Wert der Praxis sich im Laufe der Zeit nicht verringert, sondern nach einer Zeit von Anlaufjahren zumindest gleichbleibt, am besten weiter zunimmt. Das kann auch bedeuten, dass eine Renovierung wenige Jahre vor der Praxisübergabe ebenso bedenkenswert ist wie die Anschaffung eines neuen Gerätes oder einer aktualisierten Praxis-EDV. ◀

2.2 Erfolg und Erfolgsfaktoren

Unabhängig davon, welchem dieser Führungsansätze man folgt, steht für die Herstellung und Sicherung der Transparenz die Frage nach dem Erfolg und seinen Einflussgrößen, die auch als Determinanten bezeichnet werden, am Beginn aller Überlegungen. Auch hier gilt weitgehend der Satz, der Johann Wolfgang von Goethe zugeschrieben wird: „Man erblickt nur, was man schon weiß und versteht." (Gespräche. Gesellschaft bei Goethe, 24. April 1819). Insbesondere das Erkennen und Verstehen von Zusammenhängen ist von großer Bedeutung.

Es ist also zunächst die Frage zu klären, was unter Erfolg überhaupt zu verstehen ist und wodurch er beeinflusst wird. Allgemein bemisst sich Erfolg am Ausmaß der Zielerreichung, allerdings nur dann, wenn das Ergebnis der Bemühungen als positiv bewertet wird und das angestrebte Ergebnis erreicht wird. Dabei kann Erfolg aus sehr unterschiedlichen Perspektiven betrachtet werden,

- aus der Perspektive des Individuums lässt sich *individueller Erfolg* rein materiell oder auch ideell beschreiben
- aus der Perspektive einer Gemeinschaft kann der *soziale Erfolg* mit für die Person und die Gesellschaft betreffenden Komponenten definiert werden
- aus der Perspektive des Wirtschaftens kann *ökonomischer Erfolg* sowohl quantitativ als auch qualitativ betrachtet werden.

Die Abgrenzungen dieser Bestandteile des Erfolgs sind nicht immer eindeutig voneinander möglich. Es gibt eine Reihe von Überschneidungen. So kann der Aspekt einer

Abb. 2.1 Perspektiven des Erfolgs (Ackermann 2006, S. 172)

hohen Freizeit sowohl der ökonomischen als auch der individuellen Perspektive zugeordnet werden. Genau so kann das Ansehen sowohl für den individuellen als auch den sozialen Erfolg wichtig sein. Weitere Beispiele sind denkbar. Trotzdem ist es für das Management wichtig wahrzunehmen, welche Perspektive des Erfolgs bei den Zielformulierungen primär gemeint ist. Bereits bei der Betrachtung des Basic Beliefs geht es darum wahrzunehmen, ob man ökonomisch oder gesellschaftlich erfolgreich sein will oder ob der individuelle Erfolg der Personen im Vordergrund steht (vgl. Abb. 2.1).

Beispiel

Ein hausärztlicher tätiger Arzt in einer ländlichen Region mit einem hohen Anteil älterer Bewohner und einem nur wenig ausgebauten öffentlichen Personennahverkehr sucht einen Nachfolger/eine Nachfolgerin und will verdeutlichen, dass er in den vergangenen Jahren sehr erfolgreich gearbeitet hat. Der ökonomische Erfolg lässt sich leicht darlegen. Er ist der einzige Hausarzt in einem Umkreis von mehr als 30 km und er hat ein hohes Einkommen, mit dem er mehr als zufrieden ist. Sein sozialer Erfolg ist unbestritten. Er genießt ein hohes Ansehen in den von ihm versorgten Kommunen und er ist stolz darauf, dass er aus einer Reihe von Familien bereits drei Generationen versorgt und ihm alle vertrauen. Dies ist ihm in Bezug auf seinen individuellen Erfolg ideell besonders wichtig, schließlich versteht er seinen Beruf auch als Berufung, Menschen zu helfen. Allerdings muss er Abstriche an seinem individuellen Erfolg mit Blick auf materielle Komponenten machen. Wenig Freizeit im Wochenverlauf und eine geringe Zahl von Urlaubstagen sind die Folge der Versorgungssituation auf dem Land. ◀

Um zu verstehen, wie Erfolg zustande kommt, ist es erforderlich, sich mit den Determinanten des Erfolgs auseinanderzusetzen. Es müssen Überlegungen angestellt werden, was einen bedeutsamen Einfluss auf den Erfolg hat. Auch wenn sich diese Einflussfaktoren in den verschiedenen Sektoren der Gesundheitswirtschaft voneinander unterscheiden und in ihrer Ausprägung und Bedeutung von Einrichtung zu Einrichtung

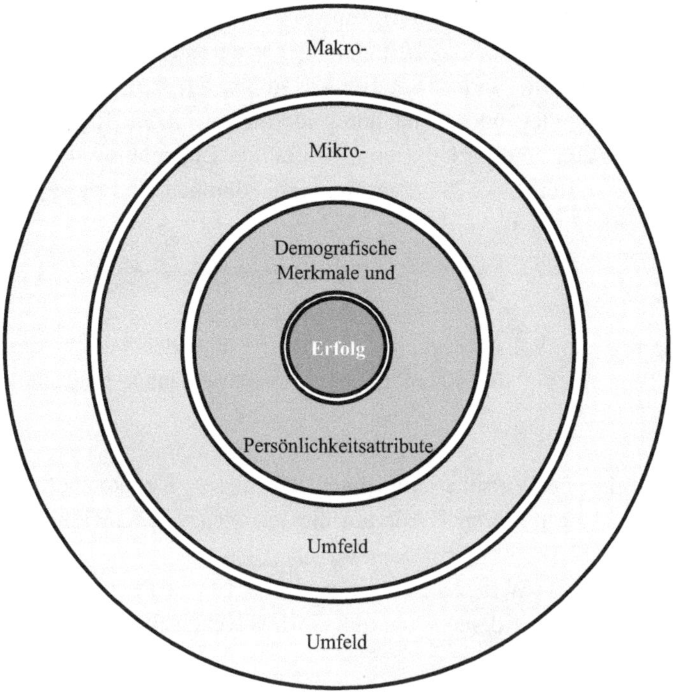

Abb. 2.2 Strukturmodell der Erfolgsfaktoren (vgl. Ackermann 2006, S. 57)

verschieden sein können, so lassen sich jedoch alle nach einem gemeinsamen Muster ordnen, das sich am besten auf der Grundlage eines Zwiebelmodells beschreiben lässt (vgl. Abb. 2.2).

Eng mit dem Erfolg verknüpft und deshalb auf der innersten Schale der Zwiebel sind zunächst einmal die Persönlichkeitsattribute und sozio-demografischen Merkmale der handelnden Personen. Dazu gehören neben der Ausbildung und dem Erfahrungsschatz auch Eigenschaften wie Motivation, Ausdauer und Überzeugungskraft.

Auf der nächsten Schale der Zwiebel sind alle Merkmale des Mikroumfelds, in dem die Einrichtung angesiedelt ist, anzutreffen. Hier spielen u. a. die technische Ausstattung nach Art und Alter der Ressourcen, die Organisation und Prozessabläufe innerhalb der Einrichtung sowie das Zusammenwirken mit Kooperationspartnern und die Beziehungen zu den direkten Mitbewerbern eine wesentliche Rolle.

Auf der äußersten Ebene nimmt das Makroumfeld Einfluss auf den Erfolg. Dazu gehören alle gesetzlichen und rechtlichen Rahmenbedingungen, Weiterentwicklungen in Medizin einschließlich Pharmakologie und Medizintechnik und nicht zuletzt sämtliche Entwicklungen im Kontext der Digitalisierung, die nicht nur Prozessabläufe verändern, sondern auch enorme Investitionen erfordern.

Soll also mithilfe des Controllings Transparenz für das Management geschaffen werden, um die Entscheidungsfindung zu unterstützen, ist es erforderlich, das Erfolgsverständnis zu klären und die wirksamen Einflussgrößen auf den Erfolg wahrzunehmen. Das erfordert ein grundlegendes Verständnis für die jeweiligen Eigenarten der zu betrachtenden Einrichtung und verlangt eine sorgfältige Betrachtung der relevanten Einflussgrößen. In einer Reihe von Studien und Abhandlungen sind diese Erfolgsfaktoren untersucht worden.

Beispiele

Ohne Anspruch auf Vollständigkeit werden im Folgenden verschiedene Veröffentlichungen genannt, die unterschiedlichen und interessanten Fragestellungen nachgehen:

- Leibniz-Institut für Wirtschaftsforschung RWI Essen: Krankenhaus-Rating-Report, jährliche Analyse mit dem Fokus auf die Insolvenzwahrscheinlichkeit und deren Gründe
- Leibniz-Institut für Wirtschaftsforschung RWI Essen: Pflegeheim-Rating-Report, jährliche Analyse mit dem Fokus auf die Insolvenzwahrscheinlichkeit und deren Gründe
- Wissenschaftliches Institut der AOK WIdO: Krankenhaus-Report, jährlich zu wechselnden aktuellen Themen
- Zentralinstitut der Kassenärztlichen Versorgung Zi: Zi-Praxis-Panel, jährlich, Erhebung wichtiger Praxis-Kennzahlen
- Institut für Handelsforschung IFH Köln: APOkix, monatlich, Einschätzungen der Apothekenleiter:innen zu Geschäftslage, Geschäftserwartungen und aktuellen Branchenthemen

Darüber hinaus gibt es zahlreiche punktuelle Einzeluntersuchungen zu Erfolg und Erfolgsfaktoren angefangen bei Krankenhäusern und niedergelassenen Ärzten, über Pflegeheime und Pflegedienste bis hin zu Therapeuten. ◄

Da es sich im Gesundheitswesen letztlich um Dienstleistungen handelt, die am Menschen erbracht und im Moment der Erstellung direkt genutzt werden, kommt dem Personal sowohl im Hinblick auf Anzahl und Qualifikation als auch Motivation und Kommunikation eine zentrale Rolle unter den Erfolgsfaktoren zu. Außerdem spielt die Ausstattung der Einrichtungen mit Sachmitteln eine wichtige Rolle. Angefangen bei der technischen Ausstattung sowohl im Hinblick auf Sicherheit als auch auf technische Aktualität bis hin zur Einrichtung und Gestaltung der Räumlichkeiten beeinflusst diese die Wahrnehmung der Dienstleistung und damit die Zufriedenheit der Leistungsempfänger. Dabei sind nicht nur hygienische Aspekte von Bedeutung, auch subjektive

Eindrücke wie Gefallen und Geschmack beeinflussen die Wertschätzung der Dienstleistung.

Zusätzlich ist zu bedenken, dass neben den primären Leistungen, die in der direkten Interaktion mit den Leistungsempfängern entstehen, noch zahlreiche sekundäre Leistungen erforderlich sind, die die primären Leistungen erst ermöglichen, diese im Hintergrund begleiten oder diese auch abschließen.

Beispiel

Werden Patienten danach befragt, wie sie ihren Krankenhausaufenthalt bewerten, werden neben der eigentlichen medizinischen und pflegerischen Versorgung (primäre Dienstleistungen) auch Aspekte wie die Schmackhaftigkeit des Essens, die Ausstattung der Zimmer oder auch die Wartezeiten auf Transporte oder die Organisationsabläufe (sekundäre Dienstleistungen) einbezogen. Nicht selten dominieren letztere die Gesamtbewertung. ◀

Alle Erfolgsfaktoren sind mehr oder weniger mit Ausgaben verbunden und beeinflussen somit die Kosten der Leistungserstellung. Es ist deshalb erforderlich, die Erfolgsdeterminanten nicht nur im Hinblick auf ihre angestrebte positive Wirkung für die Nachfrage und damit den Umsatz zu betrachten, sondern auch die durch sie verursachten Kosten zu analysieren. So ist es zu erklären, dass das Controlling einen konzeptionellen Fokus auf das Rechnungswesen legt, in dem

- *aus externer Perspektive* die Finanzbuchhaltung und Jahresabschlüsse betrachtet werden und
- *aus interner Perspektive* der Ressourcenverbrauch in der Kostenrechnung bewertet wird.

Deshalb spielen die Grundbegriffe des Rechnungswesens für das Management eine wichtige Rolle.

Grundbegriffe des Rechnungswesens

- *Einzahlungen und Auszahlungen* beschreiben die tatsächlichen Zahlungsmittelflüsse in einem Betrieb
- *Einnahmen und Ausgaben* umfassen alle schuldrechtlichen Forderungen (Ansprüche) und Verbindlichkeiten (Verpflichtungen).
- *Erträge und Aufwendungen* betrachten Einnahmen und Ausgaben einer Rechnungsperiode, die in aller Regel ein Jahr umfasst.
- *Leistungen und Kosten* stellen den in Geldeinheiten gefassten Wert einer Leistung und den bewerteten Ressourcenverbrauch dar, unabhängig davon, welcher Preis für die Leistung bei deren Verkauf am Markt erzielt werden kann.

Beispiele

Welche Bedeutung diesen Zusammenhängen zukommt, wird deutlich, wenn man bedenkt, dass z. B. die Vergütung der stationären Versorgung im Krankenhaus sich im DRG-System nach den durchschnittlich anfallenden Kosten einer bestimmten Diagnosegruppe richtet, in der ambulanten Versorgung die bewertete Arbeitszeit und der sogenannte technische Anteil mit Sachkosten und Kosten des angestellten Personals unter der Bezeichnung „technischer Anteil" eine zentrale Rolle spielen, wohingegen in der Arzneimittelversorgung die Steuerung über Festbeträge nach § 35 Abs. 5 SGB V oder Rabattverträge nach § 130 a SGB V, also getriggert durch Verkaufsmengen, erfolgt. ◀

Es muss jedoch betont werden, dass im Controlling für das Gesundheitswesen auch die verschiedenen Begrifflichkeiten aus Medizin und Pflege notwendiger Weise zur Anwendung kommen. Morbidität, Mortalität und Komplikationsraten, DRG und OPS, Pflegegrad und Pflegesatz sind nur einige Beispiele für die Interdisziplinarität im Controlling.

2.3 Informatorische Grundlagen

Mit der Funktion der Informationsversorgung des Managements fällt dem Controlling die Aufgabe zu, diejenigen Informationen zusammenzutragen, die nach der Festlegung des Erfolgsbegriffes und der Analyse der Erfolgsfaktoren als erforderlich erachtet werden. Bis zu diesem Punkt arbeiten Management und Controlling eng zusammen. Demzufolge soll das Controlling die Daten zusammenzutragen, die als maßgeblich zur Erfolgsbeurteilung erachtet werden und sich in Formen von Zeichen (Zahlen) verarbeiten lassen (Wohltmann 2018).

Die Digitalisierung hat das Controlling stark verändert. Wurden früher Informationen telefonisch abgefragt, Daten händisch erfasst und analog verarbeitet, so erfolgt die Erfassung und Weiterverarbeitung heute zunehmend elektronisch und automatisiert, auch wenn diese Entwicklungen immer noch mit zahlreichen Hürden und Unzulänglichkeiten verbunden sind. Neben dem reinen Datenmanagement werden im Controlling zukünftig weitere Kenntnisse und Fähigkeiten wie Agilität und Effizienz bis hin zu analytischen Methoden erforderlich sein (Schäffer und Weber 2016). Diese Entwicklung ist längst noch nicht abgeschlossen, wie die Erfahrungen der Corona-Pandemie und die Diskussionen um die elektronische Patientenakte zeigen.

Zwei Anforderungen müssen die Daten unabdingbar erfüllen: sie müssen valide und reliabel sein.

Validität und Reliabilität

- *Validität* von Daten liegt dann vor, wenn die genutzten Daten tatsächlich das beschreiben und messen, was sie beschreiben und messen sollen.
- *Reliabilität* ist dann gegeben, wenn die Datenerhebung zuverlässig ist, also eine andere Person unter denselben Bedingungen bei einer wiederholten Erhebung zu denselben Ergebnissen kommen würde.

Beispiele

Zum Schmunzeln: Die Anzahl der beobachteten Störche ist ein valides Maß für die Population dieser Vogelart innerhalb einer bestimmten Region. Sie ist aber kein valides Maß für die Anzahl an Geburten von Kindern in dieser Region.

Aus dem Krankenhausalltag: In einem Krankenhaus sollen die Umsätze gegliedert nach Fachabteilungen ermittelt werden, auch wenn die Patientinnen und Patienten in unterschiedlichen Fachabteilungen versorgt wurden. Deshalb müssen die DRG-Erlöse diesen angemessen zugerechnet werden. Denkbar sind unterschiedlich komplexe Verfahren von der einfachen Erlöszurechnung nach Verweildauertagen in der jeweiligen Fachabteilung oder die Zurechnung ausschließlich zur aufnehmenden oder entlassenden Abteilung bis hin zu Algorithmus basierten Verfahren, die abteilungsspezifische Aufwände berücksichtigen (Gruber und Ott 2022, S. 282 ff.). In diesem Zusammenhang liegt Reliabilität dann vor, wenn das Zurechnungsverfahren offengelegt wird und Vergleiche zwischen Abteilungsergebnissen nur dann angestellt werden, wenn für alle Abteilungen dasselbe Zurechnungsverfahren angewendet wird. ◀

Vielfach werden Daten nach ihrer Herkunft beschrieben und beurteilt. Daten können aus primären oder aus sekundären Quellen stammen, dementsprechend bezeichnet man die Erhebungsformen zusammenfassend auch als Primärerhebung oder Sekundärerhebung.

Datenquellen

- *Primäre Quellen* sind Quellen, die speziell für ein Informationsinteresse erschlossen werden. Die Daten werden neu generiert.
- *Sekundäre Quellen* beinhalten Daten, die bereits für andere Zwecke erhoben worden sind, die aber für das zu bedienende Informationsinteresse spezifisch genutzt werden können.

Den größten Anteil an den zu verarbeitenden Daten im Controlling machen Daten aus sekundären Quellen aus, seien es Daten des Statistischen Bundesamtes oder

der Landesämter oder von Verbänden, Daten aus der Patientendokumentation oder Leistungsabrechnung mit den Kranken- und Pflegekassen, seien es Daten aus der verpflichtenden Buchführung und den Jahresabschlüssen sowie der Personalverwaltung.

Immer wieder besteht aber auch ein Informationsinteresse, für das es keine sekundären Quellen gibt. Dann müssen Verfahren der Primärerhebung wie Befragungen, Interviews, Tests oder auch teilnehmende und nicht teilnehmende Beobachtungen angewendet werden, um geeignete Daten zu generieren. Es liegt auf der Hand, dass diese Formen der Erhebung zeitaufwendig und teuer sind. Deshalb sollte man immer überprüfen, ob geeignete Daten nicht bereits an anderer Stelle zu anderen Zwecken erhoben worden sind.

Beispiel

Ein zunehmend sensibles Thema ist die Mitarbeiterzufriedenheit in den verschiedenen Einrichtungen des Gesundheitswesens. Seien es Pflegekräfte und ärztliche Mitarbeitende in Krankenhäusern, seien es Pflegekräfte in Pflegeeinrichtungen und ambulanten Diensten, medizinische Fachangestellte in Arztpraxen oder Therapeutinnen und Therapeuten, alle beklagen mehr oder weniger schlechte Arbeitsbedingungen, Überlastungen und eine unzureichende Bezahlung. Es gibt neben verschiedenen Angeboten systematischer und wissenschaftlich fundierter Mitarbeiterbefragungen durchaus die Möglichkeit, einrichtungsintern Befragungen zu entwerfen und durchzuführen, die aber alle mit einem hohen Aufwand verbunden sind und bei denen die Gefahr besteht, dass die Rückläufe nicht ausreichend hoch sind, um zu validen Erkenntnissen zu gelangen.

Insofern ist zu überlegen, ob in einem ersten Schritt beobachtbare Sachverhalte als Anhaltspunkte für das Ausmaß der Mitarbeiter(un)zufriedenheit genutzt werden können. In Betracht kommen Aspekte wie die Fehltage, die Fluktuationsrate, aber auch Beschwerden der Patienten und Bewohner, die mit den im Zeitablauf zu beobachtenden Veränderungen und im Vergleich mit anderen Einrichtungen Anhaltspunkte liefern können. ◀

Unabhängig von der Herkunft der Informationen spielen ihre Erscheinungsformen als quantitative oder qualitative Informationen und damit die Möglichkeiten ihrer Verarbeitung eine wesentliche Rolle für die Schaffung von Transparenz.

2.3.1 Quantitative Informationen

Im Rahmen der Digitalisierung werden weitgehend Informationen bevorzugt, die als Zahlenwerte elektronisch erfasst und weiterverarbeitet werden können. Man bezeichnet sie auch als Daten.

Quantitative Informationen / Daten
liegen in alpha-numerischer Form vor und beschreiben Inhalte, die sich üblicherweise zählen, messen und/oder wiegen lassen. Sie können bei metrischer Skalierung mithilfe statistischer Methoden verarbeitet werden. Sie beruhen auf Beobachtungswerten aus der Vergangenheit oder zukunftsbezogen auf Berechnungen empirischer Wahrscheinlichkeiten.

Für solche Informationen gibt es sowohl interne als auch externe Quellen.

Eine der wichtigsten *internen Quellen* für jeden Betrieb ist das Rechnungswesen. Angefangen bei der Finanzbuchhaltung, die jeden Geschäftsvorfall erfasst, über die Kostenrechnung, in der der Ressourceneinsatz getrennt nach Art, Ort und erstellter Leistung zugeordnet und überwacht wird, bis hin zum Jahresabschluss mit Gewinn- und Verlustrechnung sowie der Bilanz werden hier die für die dauerhafte Existenzsicherung wesentlichen Informationen bereitgestellt. Hinzu kommen noch ergänzende Angaben aus dem Personalwesen, der Beschaffung und den Leistungsbereichen. Im Gesundheitswesen gibt es je nach Versorgungsbereich verschiedene Erfordernisse hinsichtlich der Leistungserfassung. In den Krankenhäusern, die ihre Leistungen im Rahmen der GKV abrechnen, sind dies die Datensätze, die nach dem Krankenhausentgeltgesetz zu erheben und zu übermitteln sind, in der ambulanten ärztlichen Versorgung die Patientendaten und Abrechnungsziffern gemäß EBM und GOÄ. In Apotheken müssen die Abgaben der verschreibungspflichtigen getrennt von den nicht verschreibungspflichtigen Medikamenten und den Abgaben auf Privatrezepten erfasst werden. Auch die weiteren Versorgungsbereiche wie Pflege und Therapie haben ihre speziellen Erfordernisse der Leistungsdokumentation, welche zu einem umfangreichen und komplexen Satz an internen Daten führt, der zahlreiche differenzierte Auswertungen zu verschiedenen Fragestellungen ermöglicht.

Darüber hinaus stehen verschiedene *externe Quellen* zur Verfügung. Angefangen bei den amtlichen Statistiken des Bundes und der Länder, des Instituts für das Entgeltsystem im Krankenhaus InEk und der Krankenhausgesellschaften, den Kassenärztlichen Vereinigungen und den Krankenversicherungen bieten eine Reihe von Verbänden und Interessenvertretungen nicht amtliche Statistiken an, die bei fehlenden internen Daten oder im Vergleich zwischen internen und externen Daten wertvolle Informationen liefern können.

Dadurch besteht aber auch durchaus die Gefahr einer ungezielten und übermäßigen Sammlung von Daten, die nicht mehr angemessen ausgewertet werden können und somit die Transparenz eher reduzieren als fördern („Datenfriedhöfe"). Der Nutzen und die Notwendigkeit zu erhebender Informationen muss eine der zentralen Leitmaximen des Controllings sein. Man muss sich im Vorfeld der Datenbeschaffung also sehr genau überlegen, wozu diese Daten dienen sollen.

2.3.2 Qualitative Informationen

Auch wenn die Digitalisierung das Augenmerk verstärkt auf quantitative Informationen lenkt, benötigt das Management durchaus auch qualitative Informationen.

Qualitative Informationen
beinhalten individuelle Aussagen und Einschätzungen von Menschen, ohne diese einer objektivierenden Messmethode unterziehen zu können. Gleichwohl können diese Aussagen bei Bedarf in Form von Nominal- oder Ordinalskalen kategorisiert werden, um sie versehen mit Zahlenwerten einer digitalen Verarbeitung wie der Darstellung von absoluten und relativen Häufigkeiten zugänglich zu machen. Statistische Berechnung verbieten sich jedoch in aller Regel.

Es gibt eine Reihe von Informationsbedarfen, die nicht nur oder auch gar nicht gemessen werden können, sondern qualitativ zu beschreibende Komponenten beinhalten. So spielen im Gesundheitswesen Zufriedenheitswerte eine wichtige Rolle, denkt man beispielsweise an Aspekte der Patientenzufriedenheit in Verbindung mit den Teilen der Qualität, die subjektiv bewertet wird, und der Mitarbeiterzufriedenheit.

Insbesondere im Bemühen, Transparenz im Hinblick auf zukünftige Entwicklungen herzustellen, tritt die Bedeutung qualitativer Informationen dann zutage, wenn man nicht auf die Fortschreibung bekannter Zeitreihen zurückgreifen kann oder auch Entwicklungsbrüche mit einbeziehen muss. Dazu werden insbesondere Experten um ihre Einschätzungen gebeten, um diese systematisch zu erheben und auszuwerten. Zum Einsatz kommen Methoden wie die qualitative Inhaltsanalyse (Mayring 2022), das Delphi-Verfahren (Niederberger und Renn 2019) oder auch die Retropolation (Zurückblickende Vorausschau) (Kolbusa 2012, S. 64 f.), die besonders im Kontext strategischer Fragestellungen angewendet werden.

Beispiele

Alle Statistiken weisen darauf hin, dass der Anteil älterer und hochbetagter Personen an der Gesamtbevölkerung in Deutschland in Zukunft steigen wird.

Es sind eine ganze Reihe von Studien veröffentlicht worden, die sich mit der Frage beschäftigen, welche Konsequenzen dies für die Gesundheits- und Pflegeversorgung haben wird. Für die Geschäftsleitung einer Einrichtung der stationären Langzeitpflege ist es im Hinblick auf strategische Entscheidungen wichtig, sich mit den Ergebnissen solcher Studien auseinanderzusetzen (qualitative Inhaltsanalyse). In der Konsequenz könnte man Wert auf die Weiterbildung von Mitarbeiterinnen und Mitarbeitern zur Demenzfachkraft oder die Etablierung eines Heimarztes legen.

Mit dem Blick auf Spezialisierung und Qualitätssicherung könnte für die Geschäftsführung eines Krankenhausverbundes die Befragung von Experten

(Delphi-Methode) eine wertvolle Entscheidungsunterstützung sein, wenn es darum geht, an welchem Ort und in welchem Umfang eine geriatrische Versorgung etabliert werden soll.

Die zukünftige Versorgung alter und hochbetagter Menschen betrifft aber nicht nur diese selbst und die Mitarbeiterinnen und Mitarbeiter in den Versorgungseinrichtungen, sondern auch ihre Angehörigen und Nachbarn, die Kommunen, religiöse Gemeinschaften bis hin zu Vereinen und Geschäften. Diese gemeinsam oder getrennt, in Präsenz oder auf Distanz zu befragen, wie sie sich die Versorgung in 10, 20 oder auch 30 Jahren vorstellen, soll die Informationsbasis für die zu treffenden Entscheidungen verbessern. Es soll bereits heute in einer fiktiven Rückschau (Retropolation) diskutiert werden, was auf den Weg gebracht werden müsste, um bereits heute neue Wohn- und Versorgungsformen zu entwickeln und dabei ggf. von bereits gemachten Erfahrungen anderer Länder zu lernen. ◀

2.4 Kennzahlen und Kennzahlensysteme

Die Mehrzahl der Informationen, die das Management vom Controlling benötigt, wird zu Kennzahlen und Kennzahlensystemen verdichtet. Der Schwerpunkt ihrer Verwendung liegt im operativen Controlling.

Kennzahlen
sind einzelne numerische Ausdrücke, mit denen zielorientiert und zusammengefasst Informationen bereitgestellt werden.

Kennzahlensysteme
verbinden Kennzahlen zu inhaltlich strukturierten Übersichten, sodass die für die Entscheidungen des Managements relevanten Zusammenhänge übersichtlich erfasst werden können.

Ohne auf die Vielzahl der in der Literatur allgemein und branchenspezifisch dargestellten Kennzahlen im Detail einzugehen – vgl. dazu auch (Schirmer, 2017; Maier & Tybussek, 2017; Thiele & Loewenguth, 2020; Wawrik & Wawrik, 2020, S. 105 ff.; Jung, 2019, S. 55 ff.) -, sollen einige grundlegenden Überlegungen vorangestellt werden.

- Kennzahlen verfolgen immer ein bestimmtes Informationsinteresse im Kontext des anwendenden Betriebs. Sie sind nie Selbstzweck.
- Jeder Betrieb ist frei, die Kennzahlen zu definieren, die er entlang seiner Zielpyramide für die Steuerung benötigt.

- Dementsprechend finden sich neben den allgemeinen Kennzahlen für Rentabilität und Liquidität für alle Controllingbereiche Kennzahlen, die die Besonderheiten der jeweiligen Bereiche in den Blick nehmen, angefangen beim Beschaffungscontrolling, über das Leistungs- und Qualitätscontrolling, dem Personal- und Kostencontrolling bis hin zum Finanz-, Liquiditäts- und Investitionscontrolling, um letztendlich die Risiken, die mit dem Betrieb verbunden sind, angemessen in den Blick nehmen und bewerten zu können.
- Die Auswahl der zu erhebenden Kennzahlen erfordert eine detaillierte Kenntnis der zu steuernden Strukturen und Zusammenhänge.
- In einem Betrieb müssen Kennzahlen mit gleicher Bezeichnung auch immer gleich ermittelt werden, auch wenn sie in unterschiedlichen Bereichen erhoben und verwendet werden.
- Es ist empfehlenswert, ein Glossar mit den Bezeichnungen, Definitionen und Ermittlungswegen der verwendeten Kennzahlen anzulegen, um interpersonal und intertemporal eine stringente Arbeit mit den Kennzahlen sicherzustellen.
- Im Gesundheitswesen haben sich in den verschiedenen Versorgungsbereichen betriebsübergreifend spezifische Kennzahlen etabliert, was den besonderen gesetzlichen Rahmenbedingungen insbesondere im Bereich der Finanzierung und der Qualitätssicherung geschuldet ist.
- Für die Arbeit mit Kennzahlen sind solide Kenntnisse statistischer Methoden unabdingbar. Statistische Methoden gehören zum grundlegenden Instrumentarium eines jeden Controllers. Das gilt bei der Erhebung und Auswertung insbesondere in Bezug auf die Methoden der deskriptiven Statistik, im Kontext der Analyse und Schlussfolgerungen aber auch für die Methoden der analytischen Statistik.

Im Anhang ist eine Übersicht über ausgewählte, allgemeine und spezielle Kennzahlen, wie sie in Einrichtungen des Gesundheitswesens genutzt werden, mit ihren Definitionen zu finden.

2.4.1 Arten von Kennzahlen

Harte Kennzahlen beruhen auf quantitativen Informationen und lassen sich gemäß ihrer Definitionen mit sehr konkreten Einheiten versehen. Das können Mengenangaben sein wie z. B. Anzahlen von Patienten, Verweildauertagen oder Verpackungseinheiten, Bewertungspunkte nach EBM oder GOÄ oder auch Geldbeträge in Euro.

Die Angabe erfolgt zunächst als *absolute Kennzahl.* Um die Bedeutung des ausgewiesenen Betrags einer Kennzahl sichtbar zu machen, werden *relative Kennzahlen* ermittelt. An ihnen lässt sich ablesen, welchen Anteil der Absolutwert an der Gruppe der zu derselben Gruppe gehörenden Werte hat. Sie werden üblicherweise in Prozent ausgedrückt.

Beispiele

Eine niederlassungswillige Ärztin interessiert sich für die Größe und damit das Einnahmepotenzial einer zur Übernahme angebotenen Praxis. Sie fragt den derzeitigen Praxisinhaber nach der Anzahl der insgesamt versorgten Patienten pro Quartal *(absolute Kennzahl gemessen in Köpfen).* Gleichzeitig interessiert sie auch der Anteil der Privatpatienten in dieser Praxis *(relative Kennzahl gemessen in Prozent).*

Gleichzeitig möchte sie sich ein Bild davon machen, wieviel Personal die Versorgung dieser Patienten erfordert und welche Kosten dadurch verursacht werden. Deshalb fragt sie nach den Umsatzerlösen der Praxis und der Summe der Ausgaben für Personal *(absolute Kennzahlen).* Daraus lässt sich ermitteln, welcher Anteil der Umsatzerlöse für Personal aufgewendet werden muss *(relative Kennzahl).* Insbesondere mit Vergleichswerten von anderen Arztpraxen derselben Fachgruppe, die das Zentralinstitut für die Kassenärztliche Versorgung in einem Panel jährlich erhebt und veröffentlicht, lassen sich so erste Rückschlüsse auf die wirtschaftliche Situation der betrachteten Praxis ziehen. ◀

Weiche Kennzahlen resultieren aus qualitativen Informationen. Sie erfordern ein Messkonstrukt, mit dem diese in Zahlenwerte transformiert werden.

Beispiel

Die Patientenzufriedenheit ist eine weiche Kennzahl. Sie wird in aller Regel dadurch ermittelt, dass Patienten ein Katalog von Fragen vorgelegt wird und sie gebeten werden, mittels einer Skala von sehr zufrieden bis überhaupt nicht zufrieden ihre Zufriedenheit zum Ausdruck zu bringen. Diese Skalen können unterschiedlich differenziert sein:

- Skalenbeispiel 1:
  sehr zufrieden – zufrieden – unentschieden – weniger zufrieden – gar nicht zufrieden
- Skalenbeispiel 2:
  ja – weiß nicht – nein

Zur Transformation in eine weiche Kennzahl werden den Skalenelemente Ziffern zugeordnet, in den o.g. Beispielen die Ziffern 1 bis 5 bzw. 1 bis 3. Zusätzlich muss definiert werden, ob die guten Bewertungen mit einer niedrigen Ziffer vergleichbar zu Schulnoten oder mit einer hohen Ziffer vergleich einer Punktevergabe versehen werden.

Weitere Skalen sind denkbar und werden zum Teil kontrovers diskutiert. Dabei wird zum einen die Spreizung der Skalen thematisiert zum anderen auch die Frage nach einer geraden oder ungeraden Anzahl der Skalenpunkte aufgeworfen. Für die Interpretation der ermittelten Ergebnisse ergeben sich daraus wichtige Hinweise. (vgl. Greving 2009, S. 65–78) ◀

Auch wenn weiche Kennzahlen als Zahlen in Erscheinung treten, muss man sich dessen bewusst sein, dass es sich dabei immer um Nominal- oder Ordinalskalen handelt und im Hinblick auf die Auswertung der gewonnenen Kennzahlen Einschränkungen zu beachten sind. So ist zum Beispiel anders als bei metrischen Skalen eine Durchschnittsbildung nicht zulässig (Steiner und Benesch 2021, S. 23 ff.).

2.4.2 Kennzahlensysteme

Einzelne Kennzahlen sind in Bezug auf die Transparenz ausgewählter Fragestellungen interessant, aber erst in ihrer Zusammenstellung zu zielbezogenen Systemen bilden sie die Grundlage der werteorientierten Unternehmensführung.

Die Systeme lassen sich entsprechend der ihnen zu Grunde liegenden Logik der Verknüpfung der Kennzahlen in zwei große Gruppen unterscheiden: Rechensysteme und Ordnungssysteme. Darüber hinaus gibt es die Möglichkeit, Elemente aus beiden Ansätzen zu gemischten Systemen zu verbinden.

2.4.2.1 Rechensysteme

Zunächst sind die sogenannten *Rechensysteme* zu betrachten.

> **Rechensysteme**
> basieren auf einer mathematischen Verknüpfung der enthaltenen Kennzahlen. Sie werden gebildet aus Summen, Differenzen, aber auch als Produkte oder Quotienten. Sie nutzen die logische Verknüpfung von Beobachtungswerten, die auf betriebswirtschaftlich relevanten Ursache-Wirkungs-Beziehung beruhen. Schrittweise werden einzelne absolute oder relative Kennzahlen zu einer einzigen Kennzahl verdichtet.

Das wohl älteste und eines der bekanntesten dieser Rechensysteme ist das RoI-Kennzahlensystem. RoI steht als Abkürzung für **R**eturn **o**n **I**nvestment und ist eine wichtige Kennzahl zur Beurteilung der Rentabilität eines Betriebs. Ursprünglich wurde es in der amerikanischen Industrieunternehmung DuPont bereits zu Beginn des letzten Jahrhunderts entwickelt, es lässt sich mit den entsprechenden Anpassungen aber auch in anderen Branchen wie in den verschiedenen Versorgungsbereichen des Gesundheitswesens nutzen.

Die grundlegende Fragestellung, über die das Management mit dieser Kennzahl Transparenz erlangen möchte, ist die Frage des Zustandekommens des Gewinns *(Return)* unter Berücksichtigung des investieren Kapitals *(Investment).*

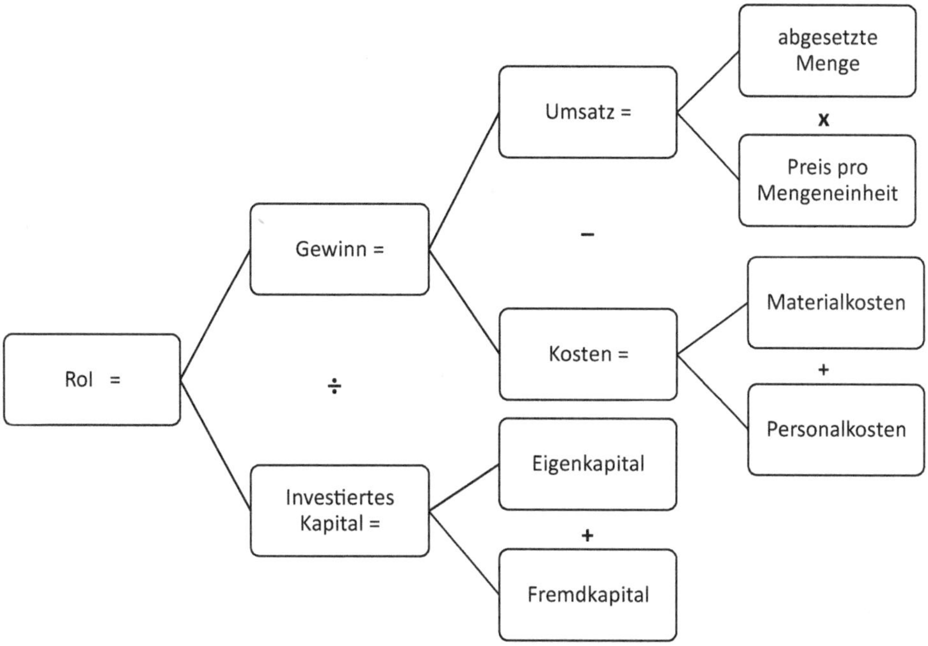

Abb. 2.3 RoI-Kennzahlensystem. (Eigene Darstellung)

Return on Investment
beschreibt das Verhältnis aus Gewinn und eingesetztem (investiertem) Kapital:

$$\text{RoI} = \frac{\textit{Gewinn}}{\textit{investiertes Kapital}}$$

Der Gewinn seinerseits ist definiert als Differenz aus Umsatz abzüglich der Kosten, wobei der Umsatz sich ergibt aus dem Produkt aus der abgesetzten Menge und dem dafür erzielten Preis pro Mengeneinheit. Das investierte Kapital setzt sich als Summe aus dem Eigenkapital und dem Fremdkapital zusammen. In dieser vereinfachten Form sieht das RoI-Kennzahlensystem aus, wie in Abb. 2.3 dargestellt.

Die Übertragung dieses Kennzahlensystems auf einen Versorgungsbereich des Gesundheitswesens erfordert nun spezielle Kenntnisse darüber, wie sich die Umsätze und Kosten sowie das investierte Kapital zusammensetzen.

Beispiel

Am Beispiel einer stationären Pflegeeinrichtung mit Langzeitpflege könnte das RoI-Kennzahlensystem folgendes Aussehen haben, wenn man die Besonderheiten von Umsatz und Kosten unter Berücksichtigung der Pflegegrade (PG) betrachten will (vgl. Abb. 2.4). ◀

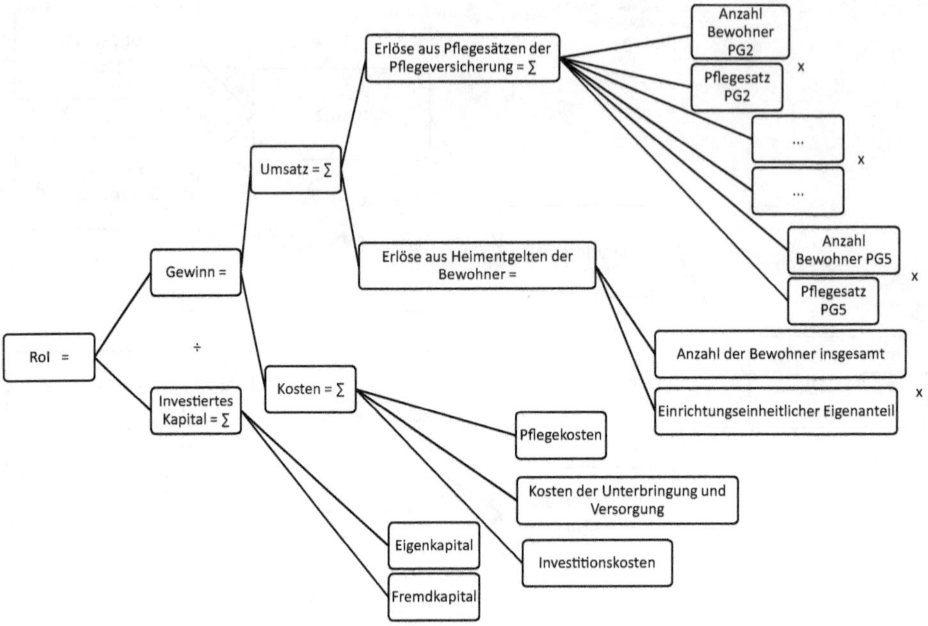

Abb. 2.4 RoI einer Einrichtung mit stationärer Langzeitpflege. (Eigene Darstellung)

Ein weiteres, häufig genutztes Rechensystem ist der **R**eturn **o**n **S**ales (RoS).

Return on Sales
gibt als Verhältnis aus Gewinn und Umsatz an, also wie hoch der Gewinn ist, der mit einer Einheit Umsatz erzielt werden kann.

$$\text{RoS} = \frac{\textit{Gewinn}}{\textit{Umsatz}}$$

Gerade im Krankenhaussektor, für den die duale Finanzierung zwischen der Betriebskostenfinanzierung durch die Krankenversicherungen und der Investitionskostenfinanzierung durch die Bundesländer unterscheidet, sind der RoS und die damit mathematisch verbundenen Kennzahlen wichtige Steuerungsgrößen, um die Betriebskostenfinanzierung in den Blick zu nehmen (vgl. Abb. 2.5). Das in Abb. 2.5 dargestellte Schaubild ist dann entsprechend zu modifizieren. So müssen in Bezug auf den Umsatz stationäre und ambulante Leistungen, Fallzahlen und Anzahl an Prozeduren, Case-Mix und Fallwerte in die Darstellung einfließen. Hinsichtlich der Kosten sollten u. a. Verweildauern der Patienten sowie Einsatzzeiten des Personals Berücksichtigung finden, um den Besonderheiten des Krankenhauses Rechnung zu tragen.

Insbesondere die Diskussionen um die Investitionslücken im Krankenhaussektor machen deutlich, dass selbst gemeinnützige Krankenhäuser Gewinne erwirtschaften müs-

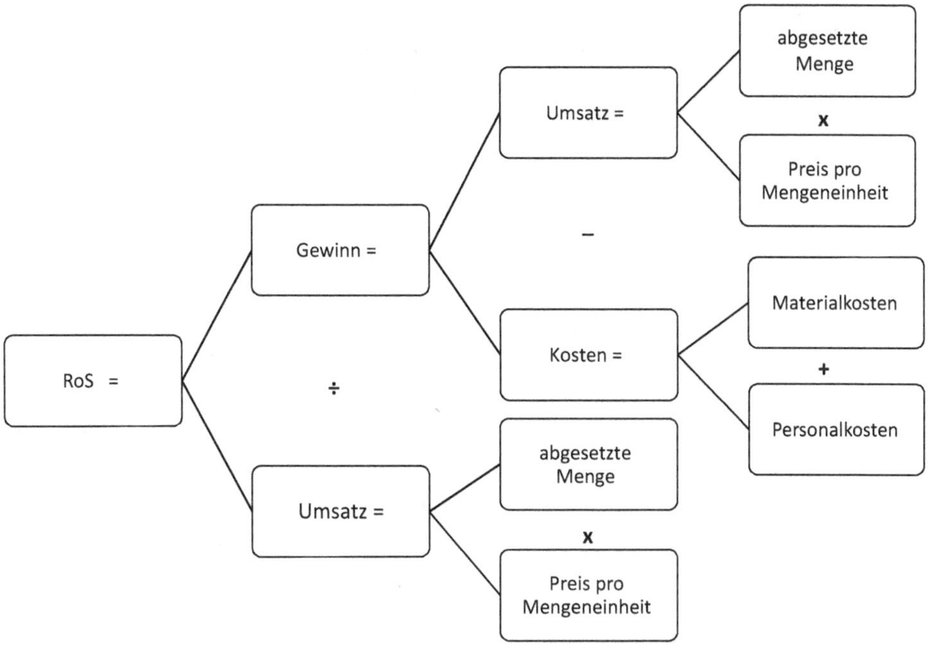

Abb. 2.5 RoS-Kennzahlensystem

sen, damit diese in Ersatzbeschaffungen und Instandhaltung investiert werden können um Qualität und Patientenzufriedenheit zu sichern und mit dem medizinischen Fortschritt Schritt halten zu können. Dabei wird das anzustrebende Ausmaß dieser Zielgröße sich nach der Versorgungsstufe (Level) des Krankenhauses und der jeweiligen Trägerschaft durchaus unterscheiden, aber zumindest im niedrigen einstelligen Bereich liegen.

2.4.2.2 Ordnungssysteme

Des Weiteren sollen *Ordnungssysteme* näher betrachtet werden.

> **Ordnungssysteme**
> beinhalten rechnerisch nicht verknüpfte und nicht verknüpfbare Kennzahlen unterschiedlicher Zielbereiche, die in einem sachlogischen Zusammenhang stehen. Sie vermitteln einen Überblick über die Entwicklung und den Zielerreichungsgrad unterschiedlicher Zielbereiche.

Das in der Management-Praxis des Gesundheitswesens wohl am stärksten beachtete Ordnungssystem ist die *Balanced Scorecard (BSC).* Sie nimmt – über die kurzfristige Sichtweise stärker operativ ausgerichteter Rechensysteme hinaus – die mittel- bis langfristige Entwicklung von Kennzahlen für verschiedene Unternehmensziele in den Blick und lenkt somit die Betrachtung auf strategische bedeutsame Entwicklungen. Die BSC geht zurück auf eine Studie zur Leistungsmessung in amerikanischen Unternehmen 1990 und wurde von Kaplan und Norton entworfen (Kaplan und Norton 1996). Dabei wurden zunächst 4 Perspektiven betrachtet:

- die Finanzperspektive
- die Kundenperspektive
- die Perspektive interner Prozesse und
- die Perspektive von Lernen und Entwicklung.

In der Praxis des Gesundheitswesens wird aufbauend auf diesen Grundideen den Besonderheiten der verschiedenen Versorgungsbereiche Rechnung getragen. So wird die Kundenperspektive in Abhängigkeit vom Versorgungsbereich ersetzt durch die Patienten- oder Bewohnerperspektive oder auch durch eine Klientenperspektive. Die interne Prozessperspektive berücksichtigt nicht nur die internen Schnittstellen zwischen den verschiedenen Berufsgruppen, sondern zunehmend auch die Schnittstellen zu externen Kooperationspartnern. Die Perspektive Lernen und Entwicklung fokussiert auf Mitarbeiter und Mitarbeiterinnen sowohl aus dem Pflegedienst als auch aus dem ärztlichen Dienst und dem Bereich der sekundären Dienste. Unter dem Aspekt der Entwicklung wird teilweise der Bereich Gesellschaft und Politik, Medizin und Technologie, Epidemiologie oder Digitalisierung in den Blick genommen.

Innerhalb jeder dieser Perspektiven werden Ziele und für diese geeignete Kennzahlen definiert. Für diese Kennzahlen werden anzustrebende Zielgrößen festgelegt, die regelmäßig mit den tatsächlich erreichten Zielwerten verglichen werden sollen. Ergänzt werden diese Betrachtungen um mögliche Maßnahmen, die zur Erreichung der Ziele führen können (vgl. Abb. 2.6).

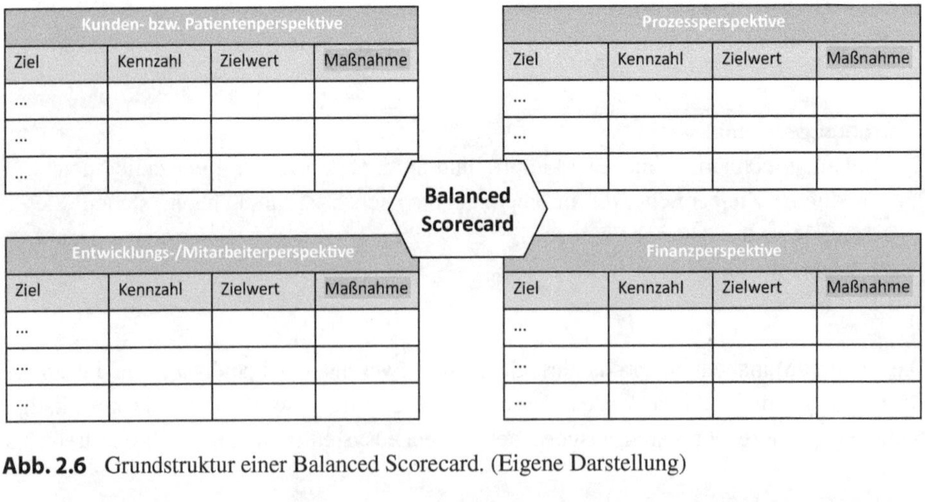

Abb. 2.6 Grundstruktur einer Balanced Scorecard. (Eigene Darstellung)

Beispiel

Die Ärzte einer Gemeinschaftspraxis wollen zur Verbesserung der Steuerung ihrer Berufsausübungsgemeinschaft eine Balanced Scorecard etablieren. In einer gemeinsamen Besprechung verabreden sie folgende Perspektiven mit den entsprechenden Kennzahlen, anzustrebenden Zielwerten und zu treffenden Maßnahmen, wie Abb. 2.7 zu entnehmen ist.

Sicherlich sind weitere Ziele innerhalb der einzelnen Perspektiven vorstellbar. Ebenso sind die genannten Zielwerte nicht allgemeingültig, sondern individuell zu diskutieren und festzulegen.

Wie an dem Beispiel auch zu erkennen ist, beinhaltet die Balanced Scorecard neben quantitativen absoluten und relativen Kennzahlen (Wartezeit in Minuten und Anteil Privatumsatz in Prozent) auch qualitative Kennzahlen wie Mitarbeiter- und Patientenzufriedenheiten. Entweder ist zu überlegen, welche quantitativen Kennzahlen Rückschlüsse auf die Zufriedenheiten erlauben (Wartezeiten und Dauer der Betriebszugehörigkeit), oder man führt Befragungen durch, die die Zufriedenheit auf der Grundlage verschiedener Items erheben.

Auch wenn es keine rechnerischen Verknüpfungen zwischen den Kennzahlen gibt, lassen sich doch Zusammenhänge erkennen:

- Zufriedene Patienten tragen zu einem guten Ruf der Praxis bei, was zu mehr Patienten und damit einem höheren Umsatz führt.
- Langjährige Mitarbeiterinnen sind älter und verursachen bei tariflicher Bezahlung höhere Personalausgaben, sie tragen aber auch zu einer besseren Patientenbindung bei, was sich auf den Umsatz auswirken kann. Darüber hinaus ist zu erwarten, dass sie erfahrener und weniger fehleranfällig sind.
- Stringente Prozesse können Raum für mehr IGeL schaffen.
- Eine Telefonsprechstunde kann auch ein attraktives zusätzlichen Angebot für die Patienten sein und damit deren Zufriedenheit erhöhen. ◀

2.4.2.3 Gemischte Systeme

Bedenkt man, dass gemäß der Insolvenzordnung sowohl die Zahlungsfähigkeit eines Betriebes sichergestellt werden muss als auch die Überschuldung zu verhindern ist, sind im Sinne eines Ordnungssystems sowohl die Liquidität als auch die Rentabilität mithilfe von Kennzahlen zu monitoren. Beide Perspektiven lassen sich ihrerseits mithilfe von Rechensystemen aufschlüsseln, sodass man zu einem gemischten Kennzahlensystem kommt.

Balanced Scorecard

Kunden- bzw. Patientenperspektive			
Ziel	Kennzahl	Zielwert	Maßnahme
Erhöhung der Patienten-zufriedenheit	Wartezeit in der Praxis bei geplanten Unter-suchungen	< 15 Minuten	Analyse der Untersuchungs dauern und ggf. Anpassung der geplanten Zeitslots
…			

Prozessperspektive			
Ziel	Kennzahl	Zielwert	Maßnahme
Reduzierung von Unter-brechungen	Wartezeit auf ein bestelltes Rezept	Abholung 1 Tag nach Bestellung	Einführung einer separaten Rezepthotline
	Anzahl telefonischer Beratungen während der Sprechstunde	0	Einführung einer Telefon-sprechstunde
…			

Entwicklungs-/ Mitarbeiterperspektive			
Ziel	Kennzahl	Zielwert	Maßnahme
Erhöhung der Mitarbeiter-zufriedenheit	Durchschnittl. Dauer der Praxiszuge-hörigkeit	8 Jahre	Einführung von Arbeitszeit-konten
…			

Finanzperspektive			
Ziel	Kennzahl	Zielwert	Maßnahme
Umsatz-steigerung	Anteil der Privat-einnahmen	> 20%	Individuelle Gesundheitsleis tungen(IGeL) ausweiten
Gewinn-steigerung	Anteil der Kosten am Umsatz	max. 42%	Überprüfung der Auslastung vorhandener med. Geräte
…			

Abb. 2.7 Ausgewählte Ziele einer Balanced Scorecard für eine Gemeinschaftspraxis. (Eigene Darstellung)

Gemischte Systeme
verbinden Elemente von Rechensystemen mit denen von Ordnungssystemen, um damit einen möglichst umfassenden Überblick über die Entwicklung der als maßgeblich erkannten Erfolgsfaktoren einer Unternehmung zu erhalten.

Auch andere Mischungen von Perspektiven sind vorstellbar. So gibt es beispielsweise mögliche Zusammenhänge zwischen der Personalausstattung und internen Abläufen sowie der Qualität der Patienten- oder Bewohnerversorgung, die sich einerseits in Pflegeschlüsseln niederschlagen, andererseits auch von der Zahl der Patienten und deren Diagnosen bzw. der Bewohner und deren Pflegegraden darstellen lassen. Für die Entwicklung solcher spezieller Systeme ist die fachliche Expertise der Akteure erforderlich.

2.5 Kennzahlenanalyse

Transparenz entsteht nicht allein durch das Sammeln von Informationen. Sie erfordert eine eingehende Analyse der gewonnen Daten.

Kennzahlenanalyse
ist eine methodisch fundierte Auswertung der gewonnen Daten zur Aufdeckung von strukturellen Besonderheiten und zur Gewinnung von Erkenntnissen über Ursache-Wirkungs-Beziehungen sowie von Entwicklungen im Zeitverlauf.

Dabei kann sich die Analyse rein auf innerbetriebliche Auswertungen beschränken. Wenn möglich können aber auch Kennzahlenvergleiche zwischenbetrieblich oder sogar branchenbezogen stattfinden.

2.5.1 Strukturanalysen

Den ersten Einstieg in die Kennzahlenanalyse stellen Strukturanalysen dar.

Strukturanalysen
untersuchen die absoluten und relativen Häufigkeiten definierter Merkmalsausprägungen innerhalb einer Grundgesamtheit.

Tab. 2.1 Ausgewählte Kennzahlen der Finanzstruktur

Eigenkapitalanteil	$\frac{Eigenkapital}{Gesamtkapital}$
Anspannungskoeffizient	$\frac{Fremdkapital}{Gesamtkapital}$
Rücklagenquote	$\frac{Rücklagen}{Eigenkapital}$
Selbstfinanzierungsgrad	$\frac{Gewinnrücklagen}{Gesamtkapital}$
Verschuldungskoeffizient	$\frac{Fremdkapital}{Eigenkapital}$

Tab. 2.2 Ausgewählte Kennzahlen der Liquidität

Deckungsgrad (A)	$\frac{Eigenkapital}{Anlagevermögen}$
Liquidität 1. Grades (Barliquidität)	$\frac{Zahlungsmittel}{kurzfristige Verbindlichkeiten}$
Liquidität 2. Grades	$\frac{Zahlungsmittel + kurzfristige Forderungen}{kurzfristige Verbindlichkeiten}$
Cashflow	$Einzahlungen - Auszahlungen$

Traditionell spielen Strukturanalysen seit jeher im Finanzmanagement eine bedeutsame Rolle. Die Betrachtung der Kapitalstruktur trägt zur Bonitätsbeurteilung bei und beeinflusst Finanzierungsregeln. Die Analyse der entsprechenden Kennzahlen gehört zu den Standardanalysen, die regelmäßig durchgeführt werden (vgl. Tab 2.1).

Genauso sollen regelmäßige Analysen der Liquidität zur Sicherung der Zahlungsfähigkeit dienen und für Transparenz im Finanzmanagement sorgen (vgl. Tab. 2.2).

Neben diesen genannten Kennzahlen gibt es noch weitere detaillierte Kennzahlen für das Finanzmanagement und die Jahresabschlussanalyse, auf die hier aber nicht näher eingegangen werden soll (vgl. dazu auch (Uskova und Thomas 2020)).

Im Gesundheitswesen werden zahlreiche weitere Strukturmerkmale untersucht, um Entwicklungen zu erkennen, zu verstehen und gegebenenfalls Maßnahmen zu treffen, falls die beobachtete Entwicklung in eine nicht erwünschte Richtung geht. Diese Strukturanalysen können sich sowohl auf Merkmale von Personen als auch auf Merkmale von Sachverhalten beziehen.

Merkmale von Personen sind für Fragestellungen im Gesundheitswesen u. a.

- demografische Merkmale wie das Alter und das Geschlecht
- soziografische Merkmale wie der Beruf, der Berufsabschluss und der Versichertenstatus
- geografische Merkmale wie die Herkunft und der Wohnort
- medizinisch relevante Merkmale wie Diagnosen
- pflegerisch relevante Merkmale wie der Pflegegrad.

Beispiele

Die in öffentlichen Verlautbarungen immer wieder anzutreffende Aussage „die Medizin wird weiblich" geht auf solche Strukturanalysen zurück. Sie beruht auf unterschiedlichen Beobachtungen, angefangen beim Anteil der Frauen an der Gesamtzahl der Medizinstudierenden bis hin zur Frauenquote in der ambulanten ärztlichen Versorgung und in den Krankenhäusern.

Auch die Problematik des Fachkräftemangels in der Pflege bedarf einer fortlaufenden Untersuchung der entsprechenden Strukturdaten. Es sind Fragen zu stellen nach der Anzahl von Fachpflegekräften insgesamt und in Relation zu den zu betreuenden Patienten in der Akutversorgung und Bewohnern in der Langzeitpflegeversorgung.

In beiden Fällen spielt auch die Analyse der Altersstruktur der entsprechenden Personengruppen eine wichtige Rolle. Je höher der Anteil älterer Ärztinnen und Ärzte sowie Pflegekräfte ist, desto eher werden sie aus dem Berufsleben ausscheiden und durch potenzielle Nachfolgerinnen und Nachfolger ersetzt werden müssen, sofern diese überhaupt vorhanden sind.

In Bezug auf die Diskussion um die Versorgungsstufen der Krankenhäuser wird die Zahl der unterschiedlichen DRGs, die das Behandlungsspektrum eines Krankenhauses widerspiegeln, analysiert (Bundeskartellamt 2021, S. 269) und der Gesamtzahl der zur Abrechnung möglichen DRG gegenübergestellt, um Rückschlüsse auf der Spezialisierungsgrad und die Versorgungstiefe zu ziehen. ◄

Als Merkmale von Sachverhalten stehen Häufigkeiten im Fokus der Analysen, so auch

- Häufigkeiten verordneter Medikamente und Therapien im Kontext des Managements der Leistungsbereiche
- Anzahl und Frequenz von Bestellvorgängen medizinischer oder sonstiger Verbrauchsgüter einschließlich der Zahl der Lieferanten im Kontext des Beschaffungsmanagements
- Anzahl und Orte bzw. Umstände des Auftretens von Fehlern bzw. Beinahefehlern im Zusammenhang von Risiko- und Qualitätsmanagement.

Eine Übersicht über weitere Kennzahlen, die für Analysen in den Einrichtungen des Gesundheitswesens häufig genutzt werden, ist im Anhang zu finden.

Im Rahmen der Strukturanalysen ist zudem häufig zu beobachten, dass bestimmte Ausprägungen eines Merkmals sich unterschiedlich auf die verschiedene Merkmalsträger einer Grundgesamtheit verteilen. Das für diese Fragestellung geeignete Instrument ist die ABC-Analyse. Mit ihrer Hilfe wird untersucht, ob es eine kleine Gruppe von Merkmalsträgern gibt, die in besonderem Maß zu dem in Frage stehenden Merkmal beitragen (A), es also eine Ungleichverteilung des Merkmals zwischen den Merkmalsträgern gibt. Zwei weitere Gruppen (B und C) sind zwar zahlenmäßig deutlich stärker vertreten, haben aber jeweils einen viel kleineren Anteil an dem beobachteten Merkmal (Kaufmann 2021, S. 209 ff.). Eine unter dem Namen Lorenzkurve bekannte Anwendung sind Analysen zur Einkommensverteilung innerhalb eines Landes.

Beispiel

Die Geschäftsführung eines Krankenhauses möchte vor dem Hintergrund der Neuausrichtung des Leistungsangebots wissen, welche Behandlungsfälle – beschrieben durch die zugeordneten Hauptdiagnosen (DRG) – in welchem Maße zum Umsatz des Krankenhauses beitragen. Dazu werden die abgerechneten DRG mit ihren Bewertungsrelationen und die dazu gehörigen Patientenzahlen erfasst und dem Wert nach geordnet. Im Rahmen der Analyse ist festzustellen, dass mit 20 % Prozent (80 DRG) der insgesamt zum Ansatz gebrachten 400 DRG 80 % des Umsatzes des Krankenhauses erwirtschaftet wird, mit weiteren 30 % der DRG (120 DRG) nur noch weitere 15 % des Umsatzes und mit den restlichen 50 % der DRG (200 DRG) schließlich die letzten 5 % des Umsatzes. ◀

Auch wenn vielfach als Prozentschritte für die Merkmalsauprägung 80 – 15 – 5 und 20 – 30 – 50 für die Merkmalsträger in Verfahrensanweisungen angegeben werden, so bleibt es doch dem Einzelfall überlassen, welche Werte festzustellen sind. Ihre Spreizung ist ein Ausdruck des Ausmaßes der Ungleichverteilung und damit eine für Entscheidungen des Managements wichtige Erkenntnis.

2.5.2 Verlaufsanalysen

Neben der auf einem bestimmten Zeitpunkt bezogenen Strukturanalyse sind auch ihre Veränderungen im Zeitablauf für die Entscheidungen des Managements von großer Bedeutung. Dazu werden Verlaufsanalysen durchgeführt.

Verlaufsanalysen
betrachten die Veränderungen von Kennzahlen im Zeitverlauf, um in der Retrospektive Trends oder systematische Schwankungen zu erkennen. Diese Muster werden genutzt, um Prognosen für zukünftige Entwicklungen zu erstellen, um eine Planungsgrundlage zu haben.

Trends gehen von einer mathematisch determinierbaren Funktion aus, seien es nun linear, exponentiell oder auch parabolisch verlaufende Trends. Systematische Schwankungen beruhen auf einem Zusammenhang mit einem Einflussfaktor, der sich seinerseits in kleineren oder größeren Zeitabständen verändert und damit Veränderungen der zu analysierenden Kennzahlen hervorruft.

Beispiele

Die steigende Lebenserwartung und damit ein Anstieg pflegebedürftiger Menschen ist ein Trend, der für alle Einrichtungen im Gesundheitswesen von Bedeutung ist.

Saisonale Schwankungen in der Patientenzahl sind u. a. auf das Auftreten von Grippeerkrankungen zurückzuführen. ◄

Um Schwankungen zu erkennen und zu verstehen, selbst wenn man von einem sichtbaren Trend ausgehen kann, wird die XYZ-Analyse angewendet. Sie beruht auf der Zerlegung der Zeitreihe von Beobachtungswerten, indem unterschiedliche Arten von Häufigkeitsschwankungen im Zeitverlauf identifiziert werden. Dabei stehen die Buchstaben für unterschiedliche Ausprägungen der Schwankungen:

- X bezieht sich auf sehr geringe Schwankungen, die eine hohe Vorhersagegenauigkeit haben, gut prognostizierbar und damit planbar sind
- Y beschreibt zyklisch wiederkehrende Schwankungen. Sie haben eine mittlere Vorhersagegenauigkeit und sind bedingt planbar
- Z steht für Schwankungen, die einen absolut unregelmäßigen Verlauf aufweisen und sich kaum vorhersagen lassen. Prognosen sind nicht möglich und Planungen ausgesprochen schwer.

Schwankungen in Zeitreihen sind aber nicht immer nur auf natürliche Ursachen wie z. B. Jahreszeitenwechsel zurückzuführen. Schwankungen entstehen auch durch wechselnde Verhaltensweisen der Menschen, die z. T. nur schwer vorhersagbar sind, trotz allem aber berücksichtigt werden müssen.

Beispiel

So stellt sich beispielsweise die Frage, wie sich die Nachfrage nach Pflegeplätzen in Altenpflegeeinrichtungen entwickeln wird. Einerseits gibt es den Trend zu einer größeren Zahl pflegebedürftiger Hochbetagter. Andererseits lassen sich gerade im Hinblick auf die Kurzzeitpflege saisonale Schwankungen (Urlaubszeiten) erkennen. Gleichzeitig muss bedacht werden, dass wirtschaftliche Rahmenbedingungen die Nachfrage beeinflussen. Sinkende Familieneinkommen bei steigenden Heimentgelten können familiäre Pflege begünstigen, aber auch mehr Tagespflege erforderlich machen, wenn alle im Berufsleben stehenden Familienmitglieder zum Einkommen beitragen müssen. Ändert sich die wirtschaftliche Lage, kann sich die Nachfrage nach Betreuungsplätzen wieder ändern. ◄

In einer Balanced Scorecard kann den Entwicklungsverläufen der enthaltenen Kennzahlen insofern Rechnung getragen werden, als mit Pfeilen gleichbleibende (→), sich verbessernde Werte (↑) oder sich verschlechternde Werte (↓) in Bezug auf die angestrebten Ziele markiert werden.

2.5.3 Soll-Ist-Vergleich

Ausgehend von der Zielorientierung ist es für das Management bedeutsam, in welchem Ausmaß die angestrebten Ziele erreicht oder sogar übertroffen werden. Dazu werden in unterschiedlichen Formen Soll-Ist-Vergleiche angestellt.

Soll-Ist-Vergleich
ist eine Analyse, bei der die angestrebten Soll-Werte der Zielgrößen mit den tatsächlich erreichten Ist-Werten dieser Zielgrößen verglichen werden. Abweichungen werden als absolute Differenzen oder als Über- bzw. Unterschreitungen in Prozent angegeben.

In der Regel werden die Soll-Ist-Vergleiche tabellarisch ausgewertet und dargestellt. Zur Visualisierung der Ergebnisse können die festgestellten Abweichungen farblich markiert werden, insbesondere werden Werte, die die Zielwerte unterschreiten, rot markiert.

Bei der Anwendung des sogenannten Ampel-Verfahrens werden die Farben Rot, Gelb und Grün genutzt:

- Rot steht für das Verfehlen eines Zielwertes im Sinne der Unterschreitung
- Gelb warnt vor einer möglichen Verfehlung des Ziels, allerdings bewegt sich die Unterschreitung in einem Rahmen, der noch toleriert werden kann
- Grün signalisiert die Zielerreichung.

Bei umfangreichen Auswertungen einer Vielzahl von Zielwerten ermöglicht diese Art der Darstellung einen schnellen Überblick.

Auch in einer Balanced Scorecard können Soll- und Ist-Werte der Zielgröße nebeneinander aufgeführt und Abweichungen dargestellt werden.

2.5.4 Benchmarking

In den letzten 20 Jahren hat sich für vergleichende Kennzahlenanalysen der Begriff Benchmarking etabliert. Über den reinen Vergleich hinaus soll das Benchmarking dazu führen, beste Werte zu identifizieren und zu hinterfragen, was zu diesen geführt hat. So soll ein „Lernen von den Besten“ angestoßen und ermöglicht werden.

Benchmarking
bezeichnet den kontinuierlichen oder fallweisen Vergleich ausgewählter Kennzahlen mit dem Ziel, Verbesserungspotenziale zu erkennen und auszuschöpfen.

Benchmarking kann innerbetrieblich erfolgen, indem erfolgsrelevante Größen einzelner Unternehmensbereiche miteinander verglichen werden, um Veränderungsprozesse in Gang zu setzen.

Beispiel

Ziel der Pflegedienstleitung eines Krankenhauses ist es, die Mitarbeiterzufriedenheit der Pflegekräfte zu erhöhen. Dazu soll in einem ersten Schritt in den verschiedenen Abteilungen und Stationen des Krankenhauses erhoben werden, wie hoch die krankheitsbedingten Fehltage und die Fluktuation der Pflegekräfte ist. Zwei Stationen werden identifiziert, in denen diese Kennzahlen abweichend von allen anderen Stationen besonders niedrige Werte aufweisen. Diese beiden Stationen bilden nun im zweiten Schritt die Vergleichswerte (Benchmarks), die von den anderen auch erreicht werden sollen. Voraussetzung dafür ist, die Ursachen für die festgestellten Unterschiede zu erkennen und zu überprüfen, ob die auf den beiden Stationen vorzufindenden Gegebenheiten und getroffenen Maßnahmen auch auf alle anderen Stationen weitgehend übertragen werden können. ◀

Über das Benchmarking in einem einzelnen Betrieb hinaus kann es auch im Rahmen der Steuerung eines Konzerns zwischen den verschiedenen Konzerntöchtern erfolgen.

Ein solches internes Benchmarking ist vergleichsweise einfach zu realisieren. Neben internen Vorgehensweisen werden Leistungsergebnisse, Kunden- bzw. Patienten- und Bewohnerstrukturen und deren Zufriedenheiten und sogar ganze Betriebsbereiche miteinander verglichen. Es öffnet jedoch nicht den Blick für Verbesserungsansätze, die über den eigenen Horizont hinausgehen und durch ein externes Benchmarking in einen Betrieb hineingetragen werden können.

Das externe Benchmarking vergleicht dazu Betriebe auf regionalen und/oder überregionalen Märkten, innerhalb einer Branche, manchmal sogar mit Wettbewerbern. Es setzt dafür voraus, dass

- die Benchmarking-Partner zu finden sind, mit denen man auf vertraulicher Basis zuverlässige Informationen austauschen kann
- die gewählten Fragestellungen sich als Benchmarking- Objekte eignen
- Inhalte, Prozesse und Betrachtungszeiträume überhaupt vergleichbar sind
- die zum Vergleich genutzten Parameter vergleichbar definiert sind.

Beispiel

Die Abrechnungsdaten, die niedergelassene Ärzte von ihrer zuständigen Kassenärztlichen Vereinigung erhalten, sind, ohne als solche explizit benannt zu werden, externe Benchmarks. Zunächst enthalten sie Informationen über die Summe der anerkannten EBM-Punkte zum einen im Vergleich zu dem zulässigen Punktevolumen der einzelnen Praxis (Soll-Ist-Vergleich). Darüber hinaus enthalten die Auswertungen auch

Gegenüberstellungen der Häufigkeiten einzelner Abrechnungsziffern im Vergleich zur durchschnittlichen Häufigkeit dieser Ziffern in der relevanten Facharztgruppe sowie Vergleiche von Häufigkeiten verordneter Therapien und besonderer Medikamente. Ist der Sinn dieser Vergleiche vor dem Hintergrund der Sozialgesetzgebung die Sicherung der Finanzierung und die Vermeidung von Verschwendung (vgl. § 12 SGB V), so kann der einzelne Arzt im Sinne des Benchmarkings diese Auswertungen nutzen, um seine Praxis im Vergleich zu den Mitbewerbern zu analysieren, um bestimmte Stärken und Schwächen seines Leistungsangebots zu erkennen und ggf. sein Leistungsangebot zu verändern. ◀

Die Initiierung eines externen Benchmarkings ist aufwendig und bedarf einer intensiven Planung, wenn es auf den eigenen Betrieb zugeschnitten durchgeführt werden soll. Teilweise wird es auch von Beratungsunternehmen für ihre Kunden angeboten. Im Gesundheitswesen gibt es zudem zahlreiche unterschiedliche Quellen für externes Benchmarking. Angefangen bei öffentlich verfügbaren Klinikführern und Bewertungen von Pflegeeinrichtungen über das im Detail nur für Teilnehmer einsehbare Praxis-Panel des Zentralinstituts für die Kassenärztliche Versorgung bis hin zu dem auch branchenübergreifenden Beratungsinstitut Great Place To Work stehen dem Management verschiedene Angebote für ein externes Benchmarking zu unterschiedlichen Fragestellungen zur Verfügung. wenn es nicht eigeninitiativ ein solches Benchmarking auf den Weg bringen will oder kann.

Selbst der Vergleich der InEk-Kostenmatrizen für einzelne DRGs mit den eigenen internen Kalkulationen von Behandlungspfaden ermöglicht externe Vergleiche für Krankenhäuser. Allerdings erfolgt der Vergleich nicht mit den „Besten", sondern nur mit den Durchschnittskosten, und auch nicht mit allen, da nur die Daten der sogenannten Kalkulationshäuser in die Berechnungen einfließen und deren Kostendurchschnitte ermittelt werden. Trotzdem entsteht ein erster Eindruck über die Kosteneffizienz des eigenen Hauses.

2.6 Portfolioanalyse

Die Portfolio-Analyse hat zum einen mit der systematischen Anlage- und Investitionsplanung im Finanzmanagement und zum anderen mit der strategischen Planung von Geschäftsfeldern in Unternehmen in der Darstellungsform der Boston Consulting Group (oft auch als BCG-Matrix bezeichnet) Einzug in das Controlling gehalten. Im letzteren Sinne versteht man unter einem Portfolio eine zusammenfassende Übersicht aller mehr oder weniger strategisch bedeutsamen Geschäftsfelder eines Betriebs zur Beurteilung ihrer zukünftigen Entwicklungspotenziale, gemessen am aktuellen Umsatz sowie Marktanteil und dem erwarteten Marktwachstum der Geschäftsfelder. Cash Cows und Poor Dogs, Question Marks und Stars sind Beschreibungen der Analyseergebnisse, die heute aus dem strategischen Management nicht mehr wegzudenken sind (vgl. Abb. 2.8).

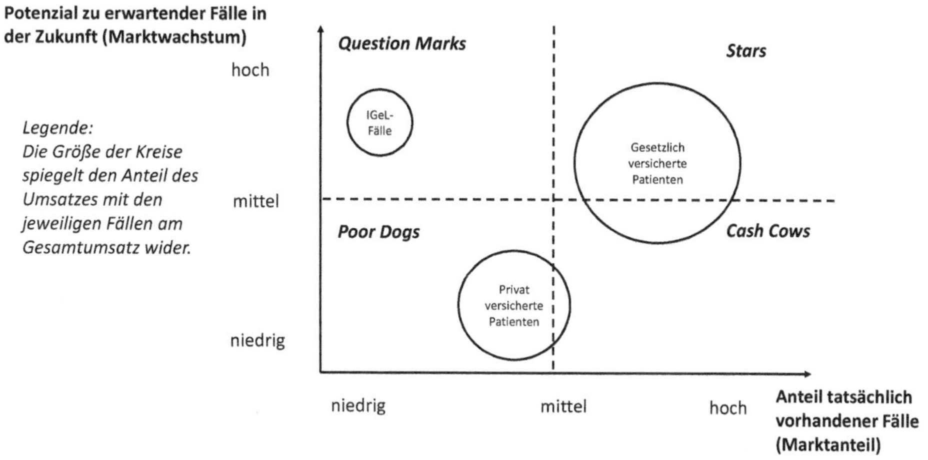

Abb. 2.8 Portfolio-Darstellung. (Eigene Darstellung)

In der Zwischenzeit ist die Verwendung des Begriffs deutlich vielfältiger geworden. So gibt es Risiko-Portfolios, Mitarbeiter-Portfolios, Zuweiser-Portfolios, Innovations-Portfolios, um nur einige Beispiele zu nennen. Allen gemeinsam ist die Idee, mithilfe von drei Messgrößen Chancen und Risiken zu beschreiben, die mit den jeweils betrachteten Themen verbunden sind. Zur technischen Umsetzung eignen sich Bubble-Diagramme, also Diagramme, mit deren Hilfe sich in einer zweidimensionalen Darstellung drei Parameter in ihren Zusammenhängen darstellen lassen.

Portfolio
ist eine Zusammenstellung erfolgsrelevanter Einflussgrößen auf der Grundlage von drei für Gegenwart und Zukunft bedeutsamen Kennzahlen.

Beispiel

Vor dem Hintergrund der veränderten Vorgaben für die Personalbemessung in der stationären Pflege stellt sich der Leitung einer Pflegeeinrichtung die Frage, womit das Personalmanagement sich strategisch auseinandersetzen muss. Ausgangspunkt kann die Personalstruktur sein, gegliedert nach Pflegefachkräften ohne Zusatzqualifikation, Pflegefachkräften mit Zusatzqualifikation, Hilfskräften mit einer einjährigen Ausbildung und Hilfskräften ohne Ausbildung. Des Weiteren könnte betrachtet werden der Abgang von Mitarbeiter*innen aufgrund von Alter und/oder Unzufriedenheit und die Zahl potenziell neu zu gewinnender Mitarbeiter*innen. Ein solches Portfolio könnte dann das in Abb. 2.9 dargestellte Aussehen haben, wobei Grenzwerte für die

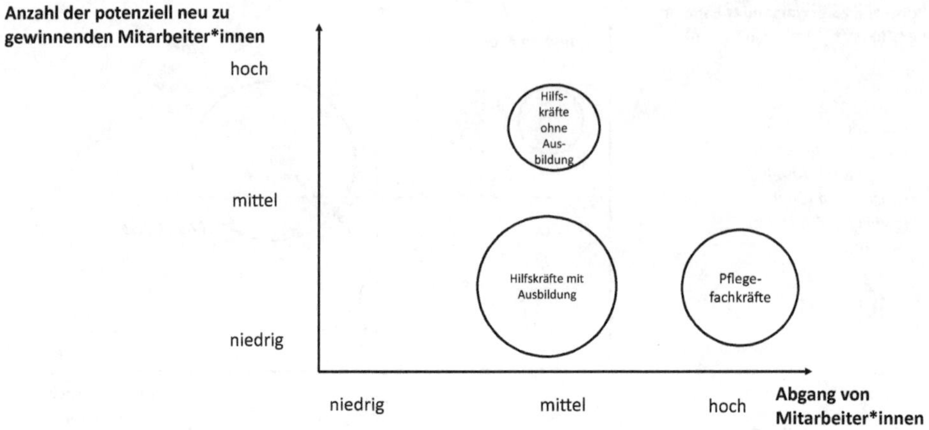

Abb. 2.9 Beispiel eines Personal-Portfolios einer stationären Pflegeeinrichtung. (Eigene Darstellung)

Beschreibungen „niedrig – mittel – hoch" einrichtungsspezifisch festgelegt werden müssen.

Für die Einrichtungsleitung lässt sich Folgendes erkennen:

- Die Gruppe der Hilfskräfte mit einer einjährigen Ausbildung ist zahlenmäßig am stärksten vertreten (größter Bubble), gefolgt von den Fachkräften und danach den Hilfskräften. Pflegekräfte mit einer Zusatzausbildung sind gar nicht vorhanden. Die größte Gruppe scheint auch die stärkste Bindung an die Einrichtung zu haben, da die Zahl der Abgänge vergleichsweise niedrig ist.
- Der Abgang der Fachpflegekräfte ist am höchsten.
- Am leichtesten werden voraussichtlich Hilfskräfte ohne Ausbildung zu gewinnen sein. Sie stellen allerdings auch die kleinste Gruppe der Mitarbeiter*innen dar.

Die Herausforderung für das Controlling besteht nun darin, durch weitere Analysen die Gründe für diese beschriebene Situation zu erforschen. Gleichzeitig zeigt das Bild aber auch der Einrichtungsleitung die Herausforderungen für die Zukunft auf: mehr Pflegefachkräfte zu gewinnen und ihnen Fortbildungen mit Spezialisierung anzubieten, Pflegehilfskräfte mit und ohne Ausbildung weiter zu qualifizieren und insgesamt Maßnahmen zu ergreifen, um die Abgänge zu reduzieren, sofern diese nicht ausschließlich auf ein hohes Durchschnittsalter der Mitarbeiter*innen zurückzuführen ist. Wenn dann noch einem solchen Portfolio das Portfolio der Bewohner*innen gegenübergestellt wird, können die Besonderheiten und zukünftigen Herausforderungen deutlich zutage treten. ◀

2.7 Budgetierung

Wenn im Gesundheitswesen der Begriff der Budgetierung verwendet wird, ist damit zumeist die Vorstellung von extern gesetzten Vorgaben als Obergrenzen verbunden, die nicht überschritten werden dürfen, um im Rahmen der gesetzlichen Kranken- und Pflegeversicherungen eine Vergütung der erbrachten Leistung auszulösen. Budgetierung spielt jedoch für das Management und im Controlling eine deutlich umfassendere Rolle.

Budgetierung ist ein Instrument, mit dessen Hilfe anvisierte Mengen- und/oder Geldwerte für definierte Planbereiche im Rahmen der kurz- bis mittelfristigen Planung festgelegt werden. Planwerte können extern von dazu berechtigten Stellen vorgegeben werden, sie können aber auch intern durch Vorgaben und Zielsetzungen der Betriebsleitungen determiniert sein.

Planwerte bauen auf festgestellten Vergangenheitswerten auf und schreiben diese unter Berücksichtigung von Veränderungen in die Zukunft fort. Dabei können diese Veränderungen auf bekannten Fakten beruhen, aber auch vorausschauend wahrscheinliche Entwicklungen in die Planung einbeziehen oder die Auswirkungen bereits getroffener Entscheidungen berücksichtigen. Ergebnis dieser Planungen ist ein Budget, das den mengen- und wertmäßigen Handlungsrahmen für einen Planungsbereich umfasst.

Budget
ist ein auf die kurze Sicht von i. d. R. einem Jahr ausgelegter Plan zur Steuerung der Ressourcen eines Betriebs.

Budgetierung
ist der Prozess zur

- Festlegung monetärer Größen
- orientiert an den formalen Unternehmenszielen
- für alle Planbereiche
- im Rahmen eines bestimmten Zeithorizontes.

Beispiele

Externe Budgets: Wenn niedergelassene Ärzte über ihre Regelleistungsvolumina diskutieren, so sind diese zunächst einmal nichts anderes als Mengenbudgets. Sie geben an, wie hoch die Anzahl der EBM-Punkte sein darf, die zur Abrechnung bei den Kassenärztlichen Vereinigungen eingereicht werden können. Bei einem in Cent festgeschriebenen Punktwert ergibt sich daraus ein monetäres Budget. Über alle Ärzte gerechnet und unter Berücksichtigung von Zahlungen für Leistungen, die nicht zu den Regelleistungen gerechnet werden wie z. B. Vorsorgeuntersuchungen und Impfungen, darf die Gesamtsumme der resultierenden Zahlungen das zwischen den GKVen und KVen vereinbarte Gesamtvolumen für die ambulante ärztliche Versorgung nicht übersteigen.

Interne Budgets: Plant der einzelne niedergelassene Arzt nun, welche Ausgaben für Personal und Räume im kommenden Geschäftsjahr auf ihn zukommen, welche Mehrausgaben daraus resultieren und wo Einsparungen möglich sind, entsteht daraus bei gleichzeitiger Berücksichtigung aller weiteren Auszahlungsströme sein internes Budget, das er so weit als möglich einhalten will. Da er parallel dazu auf der Grundlage der Zahl der zu erwartenden Patientinnen und Patienten seine voraussichtlichen Einnahmen plant, erhält er für die Steuerung seiner Praxis einen Überblick über seine Liquidität und damit den Umfang möglicher Entnahmen zur privaten Verwendung. ◀

Bei der Ausgestaltung eines Budgets sind folgende Punkte zu beachten.

- Das Budget steht im Bezug zu den Zielen und der Strategie des Betriebes. Mit ihm werden keine neuen Ziele aufgestellt und implizit andere Strategien implementiert.
- Die Budgetierung umfasst den Betrieb vollständig. Das Gesamtbudget wird aber in aller Regel aufgrund des Umfangs und orientiert an unterschiedlichen Verantwortungsbereichen in Teilbudgets differenziert.
- Die Festlegungen im Budget sind verbindlich. Sollten sich im Budgetzeitraum gravierende Abweichungen abzeichnen, so sind diese frühzeitig zu kommunizieren, um ggf. Anpassungen vorzunehmen.
- Die Budgethöhe muss realistisch und die geplanten Ansätze müssen realisierbar sein, da ansonsten das Budget seine Lenkungswirkung verliert.
- Die Umsetzung des Budgets und seine Überprüfung erfolgt anhand fester Leistungskenngrößen, die transparent kommuniziert werden. Die jeweiligen Verantwortlichen für Teilbudgets kennen diese Lenkungsgrößen und haben Zugriff auf ihre Werte.

2.8 Reporting

Bei allen Überlegungen, worüber und wie Transparenz hergestellt werden kann, spielt die Frage der Übermittlung und Darlegung der gewonnenen Erkenntnisse eine wichtige Rolle. Einerseits ermöglicht die elektronische Datenverarbeitung das Sammeln und Auswerten einer Vielzahl von Informationen. Andererseits ist darauf zu achten, dass das richtige Maß gefunden wird.

Dementsprechend werden in der Literatur mit unterschiedlichen Schwerpunkten verschiedene Anforderungen diskutiert, die ein Report erfüllen muss (Taschner 2013, S. 79 ff.) (Deutsche Vereinigung für Finanzanalyse und Asset Management 2006). Zusammengefasst lassen sich folgende Punkte nennen:

- Wahrheit: Die enthaltenen Informationen müssen inhaltlich korrekt sein und dürfen keine subjektiven Wertungen enthalten. Sollte doch eine Bewertung vorgenommen werden, muss diese als solche kenntlich gemacht werden.
- Klarheit: Reports müssen begrifflich eindeutig und verständlich gestaltet werden, ihr Detailierungsgrad, ihr Inhalt und die Aufbereitung der Informationen muss dem jeweiligen Nutzerkreis und Verwendungszweck angemessen sein.
- Sicherheit: Es sollte ein Berechtigungskonzepts für unterschiedliche Nutzergruppen vorhanden sein, das die Verteilung von Einsicht- und Änderungsrechten regelt. Es muss das Bundesdatenschutzgesetzes beachtet werden.
- Verbindlichkeit der Nomenklatur: Gleiche Begriffe sind gleich zu benennen, auch wenn sie an unterschiedlichen Stellen verwendet werden. Unterschiedliche Begriffe sind auch namentlich zu unterscheiden. Es ist dringend erforderlich sämtliche Tabellen und Abbildungen eindeutig und selbsterklärend zu beschriften. Das Hinterlegen eines Glossars zum Bericht bei größeren Auswertungen und der Verwendung von Abkürzungen ist ebenso empfehlenswert. Das fördert nicht nur das aktuelle Verständnis, sondern erleichtert auch neuen Adressaten die Einarbeitung.
- Drill-Down-Komponenten für Anwender: Für Standardberichte sollten Auswahl- und Vertiefungskomponenten vorgesehen werden, um den Anwendern die Möglichkeit einzuräumen, Objekte, Merkmale und/oder Werte im Rahmen sinnvoller Kombinationen frei zu wählen. Es sollten Möglichkeiten zu frei wählbaren Verdichtungen, Gruppierungen und Verfeinerungen auf der jeweils nächsttieferen Ebene vorgesehen werden.
- Integration: Empfehlenswert ist die Basierung der Berichte auf einem Data-Warehouse zur Sicherung der Konsistenz der verwendeten Daten und zur Eröffnung der Möglichkeit, Daten aus allen Unternehmensbereichen zu erfassen.

Vielfach werden in der Praxis für Standard-Reports Management-Dashboards genutzt, die sich auf die als wesentlich erachteten Erfolgsgrößen (Key Performance Indicators KPIs) fokussieren. Über eine tabellarische Aufbereitung von Kennzahlen hinaus bemühen sie sich nicht nur um deren grafische Aufbereitung und damit eine schnell erfassbare Visualisierung der zu gewinnenden Erkenntnisse. Vielmehr „... sind Prozessaspekte für erfolgreiches Dashboard Design mindestens ebenso wichtig." (Feldmann und Weller 2021, S. 8).

Management-Dashboard
ist eine IT-gestützte Darstellung ausgewählter, als besonders bedeutsam erachteter erfolgsrelevanter Kennzahlen (Key Performance Indicators KPIs), die dem Management laufend zur Verfügung gestellt wird.

Gerade im Controlling spielt die Frage der individuellen Informationserfassung und -verarbeitung durch die Personen, für die ein solches Dashboard gestaltet wird, eine wichtige Rolle. Manchen Menschen fällt es leichter, grafisch aufbereitete Inhalte zu erfassen, andere haben einen Blick für Zahlen und arbeiten deshalb lieber mit Tabellen. Unabhängig vom gewählten Weg müssen sich die Verfasser und Empfänger von Reports darüber bewusst sein, dass sich mithilfe jeder Darstellungsform unliebsame Inhalte mehr oder weniger verstecken lassen und erwünschte Aussagen in den Vordergrund gerückt werden können. Insofern macht es Sinn, sich im Kontext des Controllings auch mit den verschiedenen Aspekten des Kommunikationsdesigns zu beschäftigen und evtl. sogar professionelle Unterstützung in Anspruch zu nehmen (Feldmann und Weller 2021). Hinzu kommt die enorme Zunahme von Auswertung und Darstellungen unterschiedlichster Daten nicht nur in einzelnen Einrichtungen, sondern auch einrichtungsübergreifend und bezogen auf das Gesundheitssystem. Deshalb ist eine tiefer gehende Auseinandersetzung mit der Gestaltung von Dashboards dringend zu empfehlen. (vgl. dazu auch Weijers 2021; Bach et al. 2022).

Anwendungs- und Vertiefungsaufgaben

1. Rufen Sie die Homepage eines Ihnen bekannten Krankenhauses oder einer Pflegeeinrichtung auf. In welchem Zusammenhang nutzt die Leitung verschiedene Werte, um die Einrichtung zu führen? Richten Sie Ihr Augenmerk dabei sowohl auf Zahlen als auch auf positive Eigenschaften, an denen sich das Management orientiert.
2. Was bedeutet für Sie Erfolg und woran messen Sie Ihren Erfolg?
3. Eine Kirchengemeinde ist Trägerin eines Altenheimes. Im Kirchengemeinderat steht der Verkauf des Heimes an einen privaten Träger zur Debatte. Als Grund wird fehlender Erfolg des Heimes angegeben, aber nicht genauer spezifiziert. Welche Dimensionen des Erfolgs würden Sie im Hinblick auf das Altenheim betrachten wollen?
4. In der öffentlichen Diskussion wird immer von steigenden Kosten für medizinische Leistungen gesprochen. Überlegen Sie aus der Sicht einer Einrichtungsleitung, in welchem Zusammenhang man tatsächlich von Kosten sprechen kann und in welchem Zusammenhang eher von Ausgaben gesprochen werden müsste. Für wen verursachen diese sogenannten Kosten Auszahlungen?
5. Überlegen Sie, ob mit der einfachen Frage an Pflegekräfte, ob sie mit ihrer beruflichen Situation zufrieden sind, Daten generiert werden können, die valide und reliabel sind.
6. Krankenhäuser und Pflegeeinrichtungen müssen Qualitätsberichte veröffentlichen. Schauen Sie sich einen Qualitätsbericht Ihrer Wahl an. Welche Arten von Daten sind darin enthalten? Nennen Sie jeweils ein konkretes Beispiel aus dem Bericht.
7. Entwerfen Sie ein mögliches Kennzahlensystem als Rechensystem für eine Arztpraxis / eine Apotheke / eine Krankenversicherung, um die Entstehung und Zusammensetzung des Jahresergebnisses (Gewinn/Verlust) analysieren zu können.
8. Welche Vorteile bringt die Balanced Scorecard gegenüber einem Rechensystem, mit welchen Nachteilen ist sie verbunden?

9. Der Begriff Benchmarking hat sich so fest in der Sprache des Managements etabliert, dass selbst für das Verb „vergleichen" das Wort „benchmarken" genutzt wird. Diskutieren Sie, ob die beiden Verben gleichbedeutend sind oder ob wesentliche inhaltliche Unterschiede zwischen ihnen bestehen.
10. In einer hausärztlichen Gemeinschaftspraxis diskutieren die beteiligten Ärzte, ob eine regelmäßige Portfolioanalyse zur Steuerung des Leistungsangebots hilfreich sein könnte. Wie würden Sie diese Analyse gestalten, welche Parameter würde Sie dazu heranziehen? Nutzen Sie für den Aufbau Ihres Portfolios Abb. 2.8.
11. Diskutieren Sie, wie sich externe von internen Budgets unterscheiden und welche Zusammenhänge zwischen ihnen bestehen.
12. Nehmen Sie Stellung zu folgenden Aussagen:
    - Das Controlling soll sich auf die Darstellung vergangenheitsorientierter Daten beschränken. Prognosen sind ausschließlich eine Aufgabe des Managements.
    - Ein Controlling ist um so besser, je mehr Daten in Berichten kommuniziert werden.
    - Bevor für Controllingzwecke Primärerhebungen durchgeführt werden, sollte überprüft werden, ob nicht geeignete Daten vorliegen, die aufgrund anderer Zwecke bereits vorhanden sind.

Literatur

Ackermann, D. (2006). *Erfolgsfaktoren für Existenzgründung und Existenzsicherung freiberuflich tätiger Arzte.* Baden-Baden: Nomos.

Bach, B., et al., e. (2022). *Dashboard design patterns.* IEEE Transactions on Visualization and Computer Graphics 29 (1). 2022. S. 342–352.

Bundeskartellamt (Hg.)(2021). *Abschlussbericht der Sektoruntersuchung Krankenhäuser. Wettbewerb im Krankenhaussektor in Deutschland und Schutz durch die Fusionskontrolle. Darstellung und Analyse der Strukturen auf den Märkten der Akutkrankenhäuser in Deutschland.* Bonn.

Deutsche Vereinigung für Finanzanalyse und Asset Management. (2006). *DVFA-Grundsätze für Effektive Finanzkommunikation, Version 3.0 vom Mai 2008.* Abgerufen am 08.2023 von DVFA-Finanzschriften: https://www.dvfa.de/fileadmin/downloads/Publikationen/Standards/grundsaetze_effektive_finanzkommunikation.pdf

Dillerup, R., & Stoi, R. (2016). *Unternehmensführung – Management & Leadership.* München: Vahlen.

Feldmann, M., & Weller, R. (2021). Von Dashboards zu Dashboarding. *Controlling & Management Review*(4), S. 8–16.

Greving, B. (2009). Messen und Skalieren von Sachverhalten. In: Sönke Albers et al. (Hg.). Methodik der empirischen Forschung. 3., überarbeitete und erweiterte Auflage. Wiesbaden: Springer Fachmedien. 2009, S. 65–78.

Gruber, T., & Ott, R. (2022). *Rechnungswesen im Krankenhaus.* Berlin: Medizinisch Wissenschaftliche Verlagsgesellschaft.

Haller, S. & Wissing, C. (2022). *Dienstleistungsmanagement. Grundlagen – Konzepte – Instrumente.* Wiesbaden: Springer Gabler

Horváth, P., Gleich, R., & Seiter, M. (2019). *Controlling*. Franz Vahlen.

Jung, M. (2019). *Controlling in der Apotheke – Wirtschaftlicher Erfolg durch sinnvolle Steuerungsinstrumente* (Bd. 3. überarbeitete Auflage). Eschborn: Govi (Impront) in der Avoxa.

Kaplan, R. S., & Norton, D. P. (1996). *The balanced scorecard: translating strategy into action.* Boston: Harvard Business School Press.

Kaufmann, T. (2021). ABC-Analyse. In T. Kafmann, *Strategiewerkzeuge aus der Praxis* (S. 209–217). Berlin Heidelberg: Springer Gabler.

Kolbusa, M. (2012). *Der Strategie-Scout – Komplexität beherrschen, Szenarien nutzen, Politik machen.* Wiesbaden: Springer Gabler.

Maier, B., & Tybussek, K. (2017). *Management und Controlling in der Pflege, Handlungsoptionen infolge der neuen Pflegestärkungsgesetze.* Stuttgart: Kohlhammer.

Mayring, P. (2022). *Qualitative Inhaltsanalyse, Grundlagen und Techniken* (Bd. 13. Auflage). Weinheim: Beltz.

Niederberger, M., & Renn, O. (2019). Delphi-Verfahren in den Sozial- und Gesundheitswissenschaften – Konzepte, Varianten und Anwendungsbeispiele. Wiesbaden: Springer VS.

Pieper, A. (2017). *Einführung in die Ethik* (Bd. 7. Auflage). utb.

Schäffer, U., & Weber, J. (2016). Die Digitalisierung wird das Controlling radikal verändern. *Controlling und Management Review,*(Heft 6), S. 6–17.

Schirmer, H. (2017). *Krankenhaus-Controlling: Handlungsempfehlungen für Krankenhausmanager, Krankenhauscontroller und alle mit Controlling befassten Führungs- und Fachkräfte in der Gesundheitswirtschaft* (Bd. 5. überarbeitete und erweiterte Auflage). Renningen: expert.

Steiner, E., & Benesch, M. (2021). *Der Fragebogen – Von der Forschungsidee zur SPSS-Auswertung* (Bd. 6. aktualisierte und überarbeitete Auflage). Wien: utb facultas.

Taschner, A. (2013). *Management Reporting, Erfolgsfaktor internes Berichtswesen.* Wiesbaden: Springer Gabler.

Thiele, D., & Loewenguth, S. (2020). *Mit Kennzahlen effizient steuern: Controlling in Zeiten von Pflege 4.0.* Hannover: Vincentz Network.

Uskova, M., & Thomas, S. (2020). *Finanzplanung, Investitionscontrolling und Finanzcontrolling.* Wiesbaden: Springer Gabler.

Wawrik, P., & Wawrik, L. (2020). *Tagespflegen wirtschaftlich führen: Controlling, Kennzahlen und und Betriebswirtschaft für (Senioren-)Tagespflegen. Ein Praxishandbuch für Verantwortliche und Führungskräfte.* Hamburg: Tredition.

Wehkamp, K. (2015). Ethik als Führungs- und Managementaufgabe. In G. Marckmann, *Praxisbuch Ehik in der Medizin* (S. 257–263). Berlin: Medizinisch Wissenschaftliche Verlagsgesellschaft.

Weijers, M. B. (2021). *Designing a personalized health dashboard -interdisciplinary and participatory approach.* Von JMIR Formative Research, 5(2): https://formative.jmir.org/2021/2/e24061 abgerufen

Wittland, M. (2023). Werteorientriertes Controlling. In J. Oswald, & B. SChmidt-Rettig, *Management und Controlling im Krankenhaus.* Stuttgart: Kohlhammer.

Wohltmann, H.-W. (19. 02 2018). *Daten.* Von Gabler Wirtschaftslexikon: https://wirtschaftslexikon.gabler.de/definition/daten-30636/version-254213 abgerufen

Teil II
Anwendungsfälle

Problem-based Learning

3

Lernziele: die Bedeutung der Anwendungsorientierung im Rahmen der Erfahrungswissenschaften erkennen – Fallarten unterscheiden – Fälle als Trainingseinheiten wahrnehmen – Fallarbeit systematisch strukturieren

3.1 Erfahrungswissenschaften und Anwendungsorientierung

Die Kenntnisse von Begriffen und Methoden allein reichen nicht aus, um diese in der Praxis auch erfolgreich einsetzen zu können. Ebenso wichtig ist ein Training, in dem diese unter Beachtung unterschiedlicher Konstellationen angewendet werden (vgl. dazu Seebacher 2021, S. 1 ff.). Einerseits werden sich bestimmte Fragestellungen in ihren Grundmustern wiederholen, andererseits erfordert es die Praxis, sich immer wieder auf neue Gegebenheiten einzustellen. Was heute als „State of the Art" gilt, kann morgen veraltet und übermorgen bereits überholt sein. Trotzdem ist festzustellen, dass die grundlegende Methodik, also die prinzipielle Herangehensweise an die Problemlösung, bei Anwendung verschiedener Methoden und ihrer Weiterentwicklung mehr oder weniger unverändert bleibt. Diesem Training widmet sich der zweite Teil des Buches.

Sowohl die Sozialwissenschaften als auch die Medizin gehören zu den Erfahrungswissenschaften. Ausgehend von Beobachtungen der Realität setzen sie sich mit den Fragen auseinander, die aus der Lebensumwelt resultieren, ob in verschiedenen Situationen Gemeinsamkeiten entdeckt werden können und welche Gesetzmäßigkeiten sich daraus ableiten lassen (induktiver Erkenntnisgewinn). Ebenso muss überprüft werden, ob als gesichert geltende Erkenntnisse unverändert Bestand haben, wenn sich Wissen und/oder Rahmenbedingungen ändern (deduktiver Erkenntnisgewinn) (Töpfer 2012, S. 131).

Damit eng verknüpft ist die Anwendungsorientierung. Es geht im Grunde immer darum zu erkennen,

© Der/die Autor(en), exklusiv lizenziert an Springer-Verlag GmbH, DE, ein Teil von Springer Nature 2024

D. Ackermann, *Controlling im Gesundheitswesen*,
https://doi.org/10.1007/978-3-662-68802-1_3

- was
- wem
- wann
- unter welchen Umständen
- wozu nutzt und
- was aus Änderungen der Rahmenbedingungen folgt.

Dementsprechend wird in den Beschreibungen gerade realwissenschaftlicher Studiengänge und ihrer Module neben den Kompetenzbereichen Wissen und Verstehen auch der Kompetenzbereich Anwendung besonders beachtet. Als weitere Kompetenzstufen können noch Fähigkeiten der Analyse, Synthese und Evaluation dazukommen. Je nach anvisiertem Qualifikationsniveau bestimmen diese Stufen die Inhalte der Ausbildung (vgl. Deutsche Qualifikationsrahmen DQR (Bundesministerium für Bildung und Forschung 2023)).

Der Umsetzung der Anwendungsorientierung kommt eine besondere Bedeutung in der Hochschuldidaktik zu. Sie fördert nicht nur die Generierung von Wissen und Verstehen, sondern sie regt auch zu Analyse, Synthese und Evaluation an. Ihren Niederschlag findet dies im Problem-Based Learning PBL. „Das Problem-Based Learning ist eine didaktische Methode und ein empirisch gut erprobter Weg des situierten, erkenntnis- und problemorientierten Lernens. Erkenntnisorientierung meint die Genese eigener Erkenntnisse statt Reproduktion angeeigneter Inhalte." Die Studierenden lernen „nachhaltig, selbstgesteuert und transferorientiert" (Weber 2007, S. 13). Insofern eignet sich diese Methode ganz besonders dann, wenn in dem zukünftigen beruflichen Umfeld unterschiedliche Fachkulturen aufeinandertreffen und eine interdisziplinäre Zusammenarbeit erforderlich ist, wie es gerade im Gesundheitswesen der Fall ist. Wechselwirkungen zwischen den Zielsetzungen und Aufgaben unterschiedlicher Berufsgruppen und ihrer Interessen werden deutlich (Strittmatter-Haubold 2016). Wege zu einem gemeinsamen Lösungsansatz werden diskutiert, wobei individuelle Vorerfahrungen und unterschiedliche Lerngeschwindigkeiten den Lernprozess determinieren, was durch die Erkenntnisse der Neurobiologie und den daraus abgeleiteten Lehr-Lern-Prinzipien der ganzheitlichen Informationsverarbeitung im Gehirn (Arnold, S. 189, in: Hermann, Neurodidaktik) gestützt wird. Dementsprechend haben aktivierende Methoden in der Hochschullehre mehr Aufmerksamkeit auf sich gezogen. Die Rolle der Lehrenden wandelt sich zum Lernbegleiter. Sie unterstützen Lernende in ihrem Lernprozess und greifen steuernd ein, wenn der Prozess ins Stocken gerät oder eine falsche Richtung zu nehmen droht.

Insgesamt betrachtet führen diese Überlegung zu einer neuen Art des Lernens. Gerade in einer Welt des Wandels (vgl. VUCA) muss sich auch die Aus- und Weiterbildung ändern. Lernen ist nicht länger die fremdgesteuerte Rezeption von Wissen. Vielmehr sollte Lernen „ein möglichst aktiver und sozialer Prozess sein, der immer bestmöglich an ein konkretes Bedürfnis, an eine Problemstellung, eine Herausforderung oder Emotion gebunden sein sollte und vor allem das Ziel verfolgt, zu einer Verhaltensänderung zu führen." (Foelsing und Schmitz 2021, S. 107).

Zu den aktivierenden Methoden, die sich u. a. dieser Aufgabe verschrieben haben, gehört die Fallstudienmethode. Im Rahmen von Fallbeispielen werden reale Situationen geschildert, die es zu bearbeiten gilt. Dabei können aus didaktischer Sicht die Schwerpunkte unterschiedlich gesetzt werden. Entweder gilt es,

- die enthaltenen, nicht immer offensichtlichen Probleme überhaupt zu erkennen und die zu deren Beurteilung wichtigen Informationen zusammenzutragen oder
- die Situation zu analysieren und zu bewerten
- bis hin zu der Aufgabe, Entscheidungsgrundlagen für die beschriebenen Probleme zu entwickeln,
- ja sogar selbst Entscheidungen zu treffen (Friedrichsmeier 2020, S. 18).

Folgt man der daraus abgeleiteten Systematik verschiedener Fallarten, so bewegen sich die vorliegenden Fälle zwischen Problemfindungs- und Informationsfällen (Friedrichsmeier 2020, S. 19).

Anders als bei klassischen Übungsaufgaben, in denen die Verwendung einzelner Methoden bei isoliert betrachteten Fragestellungen geübt wird, gibt es keine Musterlösung. Bei Fallstudien steht der Prozess der Auseinandersetzung mit den beschriebenen Situationen im Vordergrund. Deshalb ist insbesondere das Arbeiten in einer Gruppe von zwei bis maximal 5 Personen zu empfehlen, um nicht zuletzt auch soziale Kompetenzen zu entwickeln, die gerade im Kontext interdisziplinärer Zusammenarbeit von Bedeutung sind. Für die vorliegenden Fälle haben sich in der Lehrpraxis 3er-Teams bewährt. Wesentliche Bestandteile sind die Diskussion über unterschiedliche Aspekte und Sichtweisen, das Abwägen und die Reflexion verschiedener Herangehensweisen an die Bearbeitung und letztlich eine fundierte Begründung für die erarbeitete Vorgehensweise. Auch wenn diese Vorgehensweise dem Wunsch vieler Studierender nach einer korrekten und damit erlernbaren Lösung entgegensteht, entspricht dies der Realität des Berufsalltags. Letztlich zeigt die Erfahrung, dass es durchaus mehrere angemessene Lösungen für ein Problem geben kann, die nicht zuletzt auch von den Persönlichkeiten der Beteiligten beeinflusst werden.

3.2 Praxisbezug der Anwendungsfälle

Die nachfolgenden Fälle beschreiben typische Fragestellungen, die so oder so ähnlich in der Realität zu bearbeiten sind. Acht der insgesamt dreißig Fälle kommen aus dem Bereich der stationären Akutversorgung und beziehen sich im Wesentlichen auf Krankenhäuser der Grund-, Regel- und Spezialversorgung. Ein Fall betrachtet ein Krankenhaus der Maximalversorgung. In weiteren acht Fällen werden Themen aus der ambulanten Akutversorgung betrachtet. Im Mittelpunkt stehen ärztliche Kooperationen wie Gemeinschaftspraxen und Medizinische Versorgungszentren MVZ, da diese als Geschäftsmodelle in Zukunft noch mehr Gewicht, als sie bereits heute haben, erlangen werden. Die stationäre und ambulante Pflegeversorgung ist mit sieben bzw. drei Fällen vertreten. In diesem

Sektor wird auf Kongressen und Tagung durchaus ein Management-Gap beklagt. Deshalb erscheint es erforderlich, auch für diesen Bereich Fragestellungen zum Controlling in den Blick zu nehmen. Die übrigen Fälle werfen ein Schlaglicht auf die Arzneimittel- und Reha-Versorgung sowie auf den Sektor der Gesetzlichen Krankenversicherungen.

Thematisch geht es in den Fällen um durchaus vergleichbare Handlungsfelder, zu denen das Management auf Informationen aus dem Controlling angewiesen ist und die sowohl operativ als auch strategisch betrachtet werden können. Angefangen beim Risiko- und Leistungscontrolling über Qualitäts- und Personalcontrolling, Erlös-, Kosten- und Finanzcontrolling bis hin zum Investitionscontrolling werden typische realitätsnahe Situationen in verschiedenen Einrichtungen des Gesundheitswesens beleuchtet. Die Tab. 3.1 gibt einen Überblick über die Fälle bezogen auf die Handlungsfelder des Controllings und die betrachteten Sektoren. Die enthaltenen Zahlen verweisen auf die Nummern in Kap. 4.

Sicherlich ließe sich diese Fallsammlung um weitere Themen ergänzen. Insofern erhebt die hier vorliegende Sammlung keinen Anspruch auf Vollständigkeit. Die Auswahl der Fälle ist subjektiv geprägt, spiegelt aber dennoch wichtige Themen wider, die in den vergangenen Jahren zur Diskussion standen und mit an Sicherheit grenzender Wahrscheinlichkeit auch in Zukunft diskutiert werden müssen (vgl. Tab. 3.1).

Kurzzusammenfassung der Fälle

Die anschließende Kurzzusammenfassung der Fälle ermöglicht einen ersten Einblick in die Fälle und gibt Hinweise auf mögliche Einsatzgebiete (vgl. Tab. 3.2).

4.1.1 *Zwischen medizinischen und ökonomischen Risiken*

Ein Krankenhaus der Regelversorgung im ländlichen Raum erhält einen neuen Geschäftsführer. Dieser muss sich angesichts der Reform der Krankenhauslandschaft einen Überblick über die Probleme des Krankenhauses verschaffen, die bewältigt werden müssen. Er befürchtet, dass es mehr Baustellen als erwartet gibt.

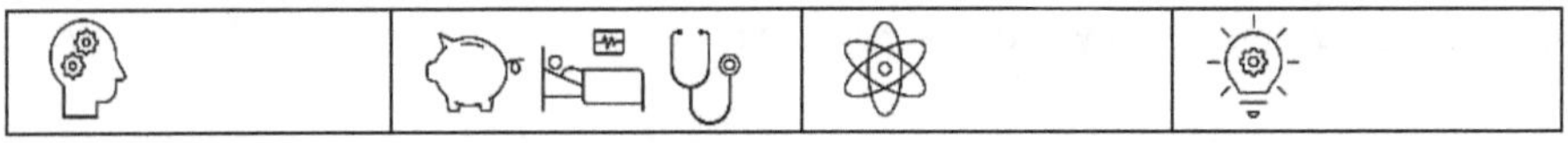

4.1.2 *Kooperation als Herausforderung*

Zwei Allgemeinmediziner mit je einem eigenen Kassenarztsitz haben sich für das Führen einer Gemeinschaftspraxis (Rechtsform Berufsausübungsgemeinschaft) entschieden. Sie wollen damit den zunehmenden Herausforderungen in der ambulanten Versorgung begegnen. Im Laufe des ersten Jahres ihrer Kooperation stellen sie fest, dass sie unterschiedliche Sichtweisen auf das Praxisgeschehen und Erwartungen in Bezug auf ihre berufliche Tätigkeit haben, die das Potenzial für zukünftige Konflikte in sich bergen.

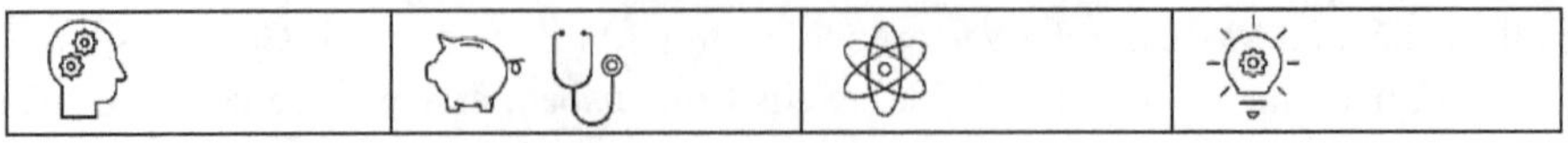

Tab. 3.1 Zuordnung der Fälle zu Versorgungsbereichen und Handlungsfeldern

Handlungsfelder	Versorgungssektoren						
	Stationäre Akutversorgung	**Ambulante Akutversorgung**	**Reha-Versorgung**	**Stationäre Pflegeversorgung**	**Ambulante Pflegeversorgung**	**Arzneimittelversorgung**	**Krankenversicherung**
Risikocontrolling	4.1.1	4.1.2					
Controlling der Leistungsmengen	4.2.1	4.2.2		4.2.3	4.2.4		
Controlling der Leitungsqualität	4.3.1	4.3.2		4.3.3			4.3.4
Erlöscontrolling	4.4.1	4.4.2		4.4.3		4.4.4	
Personalcontrolling	4.5.1	4.5.2		4.5.3	4.5.4		
Kostencontrolling	4.6.1	4.6.2		4.6.3	4.6.4		
Finanzcontrolling	4.7.1	4.7.2		4.7.3		4.7.4	
Investitionscontrolling	4.8.1	4.8.2	4.8.3	4.8.4			

Tab. 3.2 Legende der Einsatzgebiete der Fälle

Kriterium			
Komplexität	Komplex	fokussiert	---
Fachlichkeit	Ökonomie	Pflege	Medizin
Niveau	Grundlagen	Vertiefung	Weiterbildung
Schwerpunkt	Transparenz	Beratung	---

4.2.1 *Patientenströme steuern*
Das Krankenhaus A-Stadt ist ein Krankenhaus, das bisher der Regelversorgung zugeordnet wurde. Es steht wie viele andere auch vor den allenthalben diskutierten Herausforderungen der stationären Akutversorgung und strebt an, auch zukünftig an der medizinischen Versorgung mit weiteren spezialisierten Angeboten teilzunehmen. Nicht nur die Coronaviruspandemie hat deutliche Spuren hinterlassen. Auch die zunehmende Ambulantisierung der Patientenversorgung sowie der Anspruch auf eine gesicherte Behandlungsqualität erfordern ein tiefer gehendes Verständnis der Fallzahlentwicklungen und der möglichen Ursachen für Veränderungen.

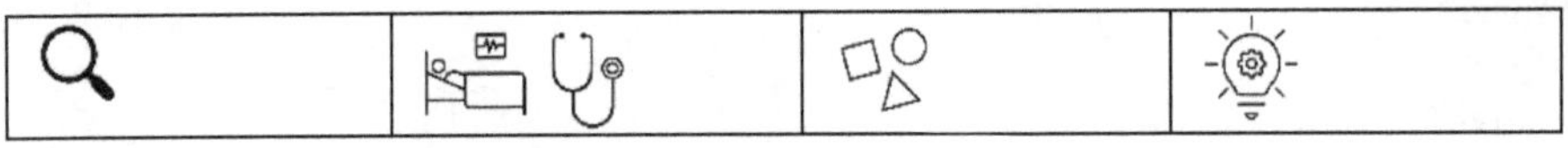

4.2.2 *Das Dilemma mit den Fallzahlen*
Drei Ärzte und eine Ärztin vereinen in einer Berufsausübungsgemeinschaft drei Kassenarztsitze. Alle bringen neben ihrer Persönlichkeit auch spezielle Fachlichkeiten in den Praxisalltag ein, gewinnen und binden Patienten und zeichnen für Behandlungsfälle verantwortlich. Somit bestimmen Fallzahlen das Arbeitsaufkommen der Ärztin und der Ärzte und haben einen Einfluss auf das Volumen der abrechenbaren Leistungen.

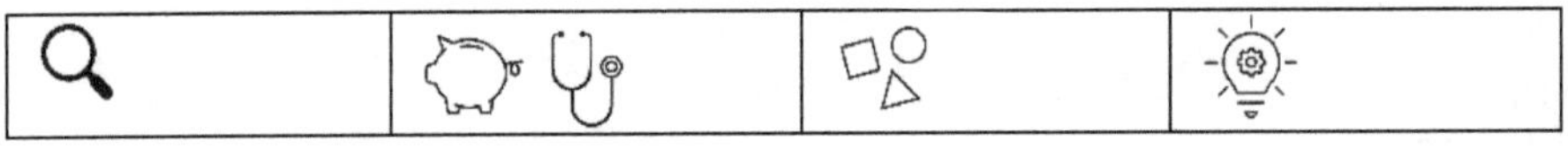

4.2.3 *Bewohner und ihre Bedürfnisse*
Im Altenpflegeheim Haus Abendrot leben Bewohnerinnen und Bewohner mit unterschiedlichen Pflegegraden und verweilen dort im Schnitt 2 Jahre. Neben den Anforderungen an das Pflegepersonal sind aber auch weitere Bedürfnisse der Bewohner und Bewohnerinnen sowie von deren Angehörigen zu berücksichtigen.

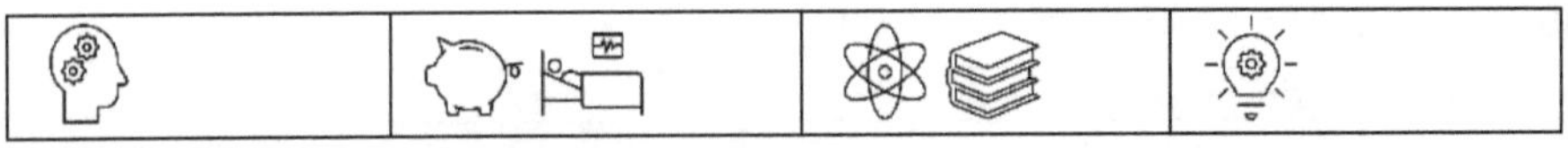

4.2.4 *Ambulant und mehr – vor stationär*
Der Wunsch vieler alter und pflegebedürftiger Menschen, so lange wie möglich in ihrem zu Hause zu wohnen, stellt den ambulanten Pflegedienst Homecare vor besondere Herausforderungen. Zum einen sind die typischen pflegerischen Leistungen gefragt, zum anderen werden aber auch zunehmend hauswirtschaftliche und insbesondere Betreuungsleistungen gewünscht.

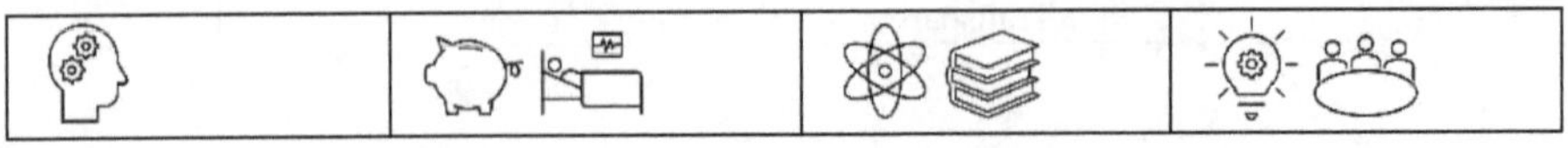

4.3.1 *Patientenversorgung im Fokus*

Qualitätssicherung und Patientenzufriedenheit sind wesentliche Aspekte für die Zukunftssicherung von Krankenhäusern, insbesondere dann, wenn der Krankenhaus-Atlas wie geplant seine Steuerungswirkung entfaltet. Träger des Krankenhauses X-Stadt ist die Kommune, deren Bewohner sich massiv für die Erhaltung des Krankenhauses vor Ort einsetzen wollen. Deshalb benötigt das Krankenhaus zunächst einmal einen möglichst zeitnahen Überblick über die dafür relevanten Aspekte.

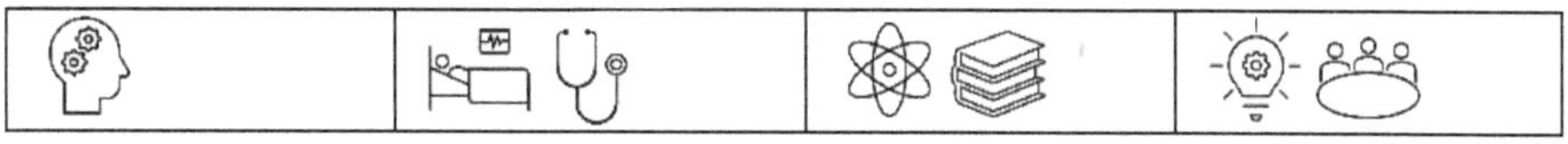

4.3.2 *Von guten und schlechten Pflegeeinrichtungen*

Die Leitung des Wohnstifts Abendrot muss das Qualitäts- und Prüfsystem für Pflegeeinrichtungen umsetzen. Gleichzeitig sieht sie sich immer wieder mit Schlagzeilen über ungenügende Zustände in Pflegeeinrichtungen allgemein und mit Nachfragen von besorgten und unzufriedenen Angehörigen konfrontiert. Sie will dem proaktiv durch gehaltvolle Informationen begegnen.

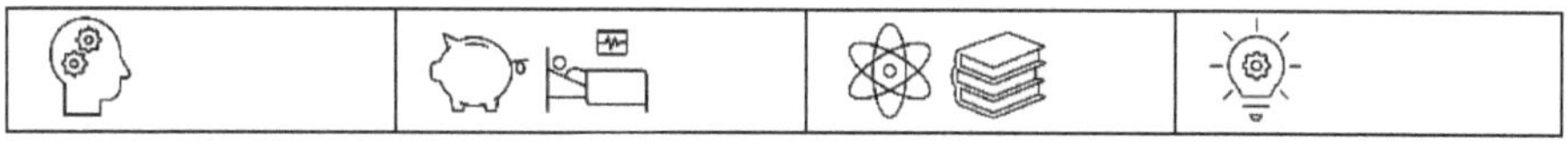

4.3.3 *Was ist ein guter Arzt und eine gute Praxis*

Ärzte sind im Rahmen der kassenärztlichen Tätigkeit hinsichtlich ihrer fachlichen Qualifikation zu regelmäßigen Fortbildungen verpflichtet. Gleichwohl kann jedermann in öffentlichen Bewertungsportalen subjektive Statements zu verschiedenen Aspekten der Behandlung innerhalb einer Praxis posten. Die Ärzte einer Gemeinschaftspraxis wollen zukünftig gezielt die Qualität ihrer Praxis steuern.

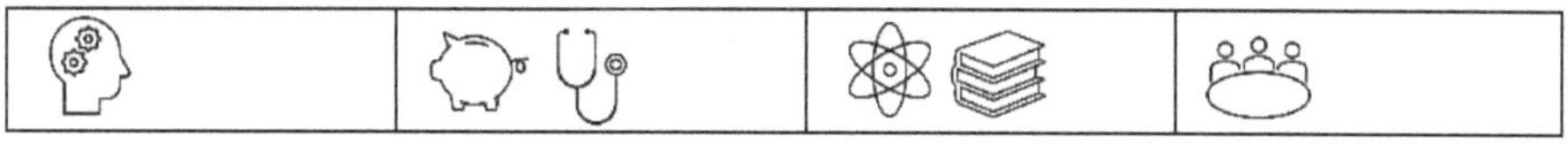

4.3.4 *Die Zukunft der Krankenkasse oder die Krankenkasse der Zukunft*

Auch für Gesetzliche Krankenkassen ist der Wettbewerbsgedanke präsent. Versicherte orientierten sich zwar im Wesentlichen an den erhobenen Zusatzbeiträgen, es spielen aber auch Service und Leistungen, die über den Standard-GKV-Leistungskatalog hinausgehen, eine gewisse Rolle, wenn ein Beitritt zu einer Kasse oder ein Kassenwechsel erwogen wird. Ein systematisches Monitoring wichtiger Kennzahlen ist erforderlich.

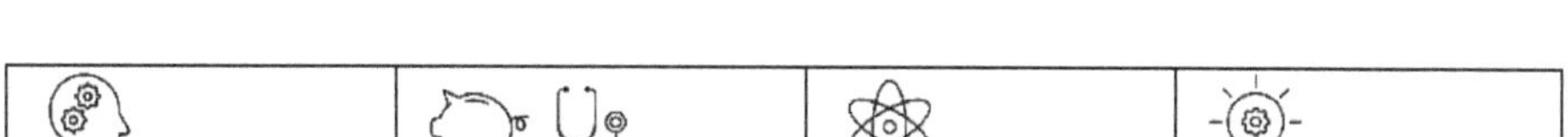

4.4.1 *Erlöse als Grundlage des Erfolgs*
In der Leitungskonferenz eines Krankenhauses der Maximalversorgung wird die Erlössituation der einzelnen Kliniken diskutiert. Einige Kliniken meinen, dass ihre Erlöse deutlich höher sein müssten als in den Quartalsberichten dargestellt. Andere fordern aufgrund ihres Erlöses eine bessere Personal- und Sachausstattung.

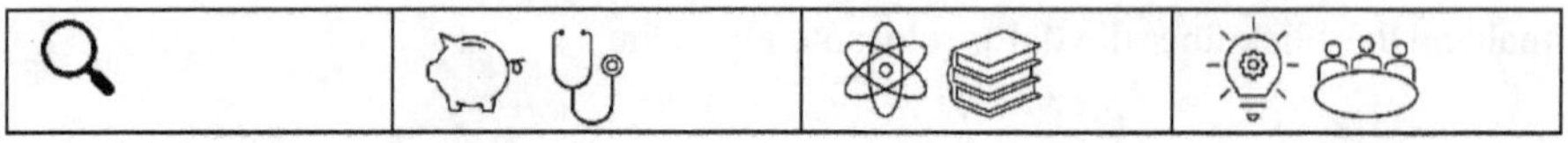

4.4.2 *Von Pflegesätzen und Heimentgelten*
Die Geschäftsleitung der Residenz Sonnenschein sieht sich aufgrund der allgemeinen Preissteigerungen gezwungen, das Heimentgelt zu erhöhen. Der Bewohnerbeirat steht dem ausgesprochen kritisch gegenüber. Man ist der Ansicht, dass selbst beim jetzigen Heimentgelt deutlich mehr Service geboten werden müsste. Ob die geplante Entgelterhöhung bei den Verhandlungen mit den Pflegekassen und Sozialhilfeträgern ausgehandelt werden kann, ist noch völlig offen.

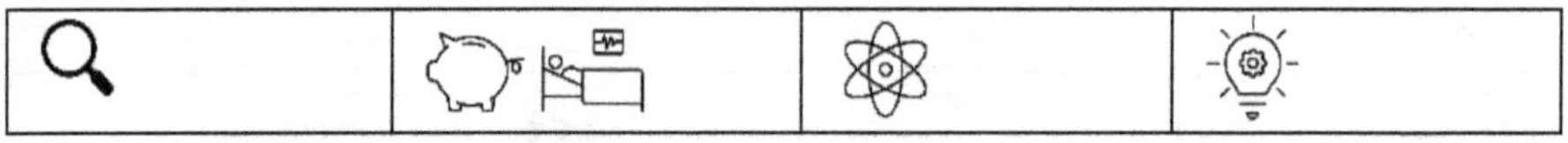

4.4.3 *Einzeln und doch gemeinsam*
Eine genossenschaftlich getragene Notdienstpraxis organisiert im Rahmen des Sicherstellungsauftrags die Patientenversorgung außerhalb der Sprechstundenzeiten. Die Entwicklungen der letzten Jahre haben gezeigt, dass damit zunehmend Probleme verbunden sind. Diese werden in der Genossenschaftsversammlung kontrovers diskutiert, hinsichtlich ihrer Auswirkungen fühlen sich die beteiligten Ärzte jedoch nicht ausreichend informiert.

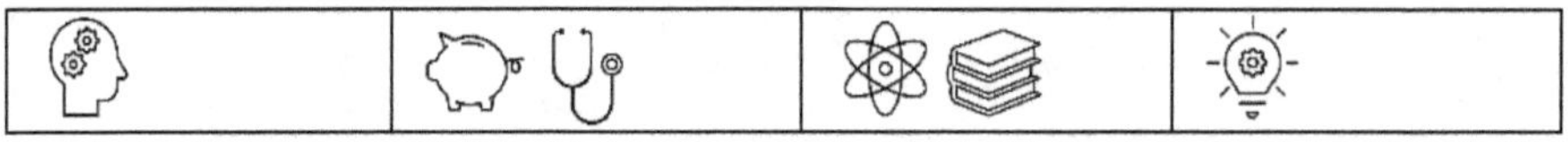

4.4.4 *Woraus sich der Umsatz speist*
Friedrike Fuchs, Inhaberin einer Apotheke in einer Kleinstadt im ländlichen Raum, sieht sich einer zunehmenden Konkurrenz von Apothekenketten, Online-Anbietern und Drogeriemärkten gegenüber. Sie fragt sich, ob sie mit ihrer Vorstellung von Arzneimittelversorgung weiterhin Erfolg haben kann. Bis jetzt hat sie sich nur im Rahmen des absolut Notwendigen um das Leistungsportfolio gekümmert.

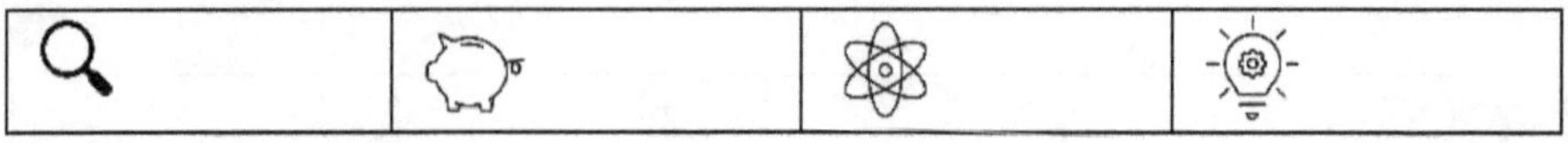

4.5.1 *Die Krux mit dem Personal*

Eine ausreichende Zahl von Mitarbeitenden in der Pflege ist für das Krankenhaus Unterheim, einem Krankenhaus der Grundversorgung, von existenzieller Bedeutung. Gleichwohl wird es immer schwieriger, angemessen qualifiziertes Personal zu gewinnen und zu halten. Nicht nur die kurzfristige Personaleinsatzplanung, sondern auch die mittel- und langfristige Personalstrukturplanung benötigt Klarheit.

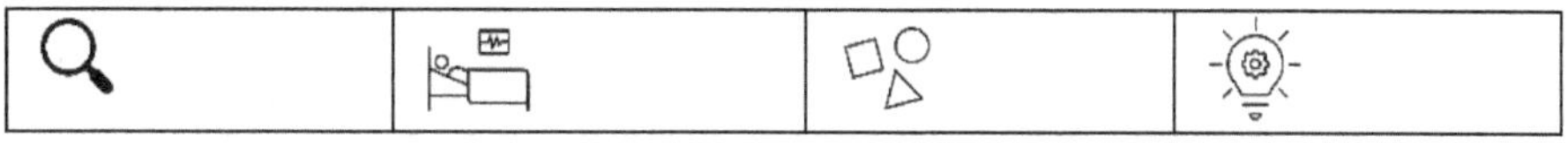

4.5.2 *Fachkräftemangel und kein Ende in Sicht*

Die Personalbemessung in der Pflege gehört für die Leitung des Wohnstifts Haus Wiesengrund zwar zu den täglichen Aufgaben. Es ist aber nicht damit getan, die geltenden Vorgaben zu berücksichtigen. Vielmehr müssen unterschiedliche einrichtungsspezifische Aspekte mitbedacht werden, um einerseits die erforderliche Versorgungsqualität zu sichern, andererseits aber auch vorhandene Mitarbeitende zu binden und bei Bedarf ausreichend neue zu finden.

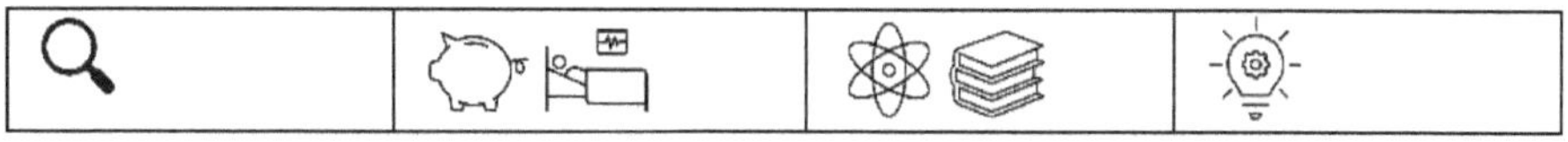

4.5.3 *Personal: Kosten- oder Erfolgsfaktor*

Im Kreis Maushausen bietet ein großes Medizinisches Versorgungszentrum der Bevölkerung diverse Gesundheitsleistungen an. Das setzt eine ausreichende Personalausstattung in allen medizinischen, therapeutischen und verwaltungstechnischen Bereichen voraus. Gerade in diesem ländlich geprägten Bereich stellt die Gewinnung und Bindung von Mitarbeitenden eine besondere Herausforderung dar. Dabei müssen sowohl Aspekte des familiengerechten Arbeitens und Wünsche nach Work-Life-Balance genauso berücksichtigt werden wie die Erwartungen von Patientinnen und Patienten.

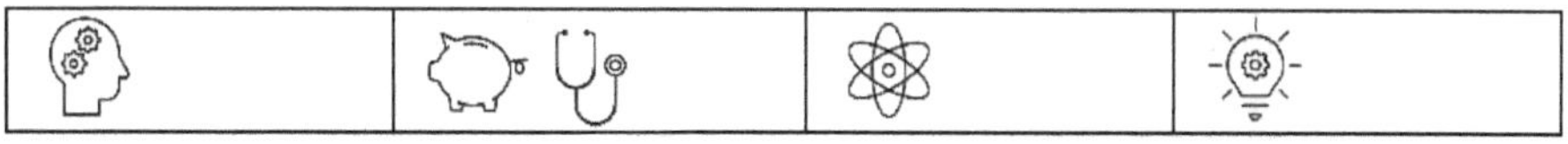

4.5.4 *Arbeit im Team und doch allein unterwegs*

Der ambulante Pflegedienst Homecare sieht sich einer steigenden Nachfrage nach seinen Leistungen gegenüber. Die Geschäftsführung muss sich deshalb intensiv mit der kurz- und mittelfristigen Personalbedarfsplanung auseinandersetzen, um den Personaleinsatz bedarfsgerecht und unter Berücksichtigung der Zufriedenheit der Mitarbeitenden steuern zu können.

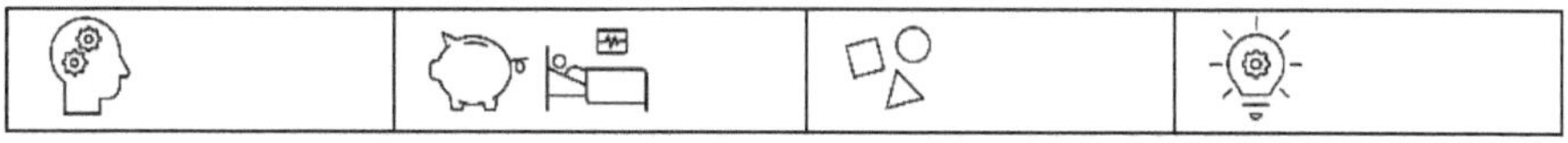

4.6.1 *Kostendruck oder Kostensteuerung*
Im Krankenhaus X-Stadt, einem Krankenhaus der Spezialversorgung soll die vorhandene, veraltete Kostenrechnung den Erfordernissen eines modernen Managements angepasst werden. Dabei wird deutlich, dass wichtige Aspekte der Kostenrechnung nicht ausreichend bekannt sind und deshalb auch keine Berücksichtigung finden.

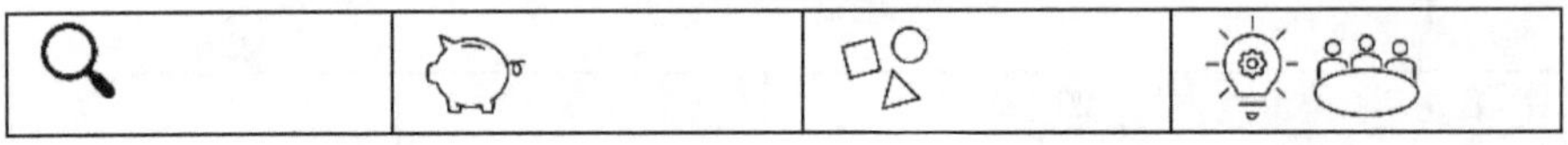

4.6.2 *Von Kosten und „Eh-da"-Kosten*
Die beiden Inhaber einer internistischen Gemeinschaftspraxis (Rechtsform Berufsausübungsgemeinschaft) haben das gesamte Rechnungswesen an ihren Steuerberater als externem Dienstleister ausgelagert. Um dessen betriebswirtschaftliche Auswertungen besser zu verstehen und zeitnah eine Übersicht über ihre Kosten zu haben, benötigen sie einen tiefer gehenden Einblick in ihre Kostensituation und deren Entwicklung.

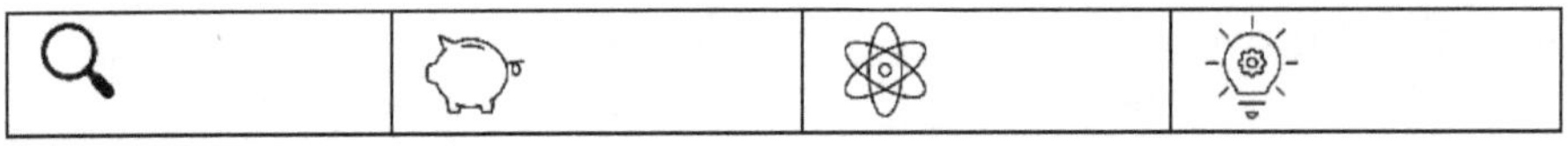

4.6.3 *Was die Pflege kostet*
Die Seniorenresidenz Sonnenschein hat den Anspruch, ihren Bewohnerinnen und Bewohnern eine gehobene Versorgung zu bieten. Die allgemeine Preisentwicklung stellt die Geschäftsführung nun vor das Problem, dass die erhobenen Heimentgelte die entstehenden Kosten nicht mehr decken. Eine tiefer gehende Kostenanalyse ist erforderlich, um strukturelle Schwachstellen zu erkennen.

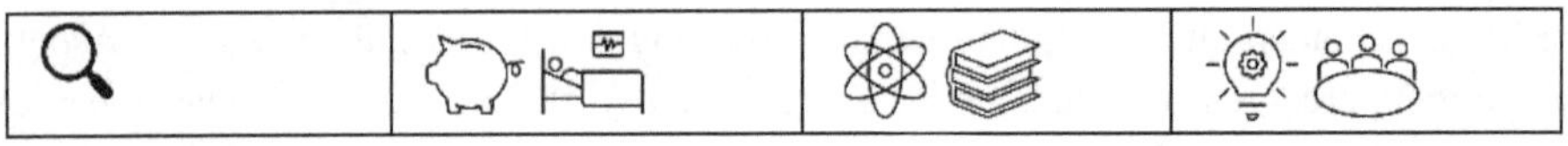

4.6.4 *Personalkosten sind nicht alles*
Die Leitung des ambulanten Pflegedienstes Homecare hat bisher ihr Augenmerk auf die Personalkosten gelegt. Allerdings haben die Diskussionen um die Klimakrise, die Versorgungssicherheit mit Energie und die Digitalisierung im Gesundheitswesen zu der Erkenntnis geführt, dass die Kostensituation weit differenzierter betrachtet werden muss als bisher gedacht.

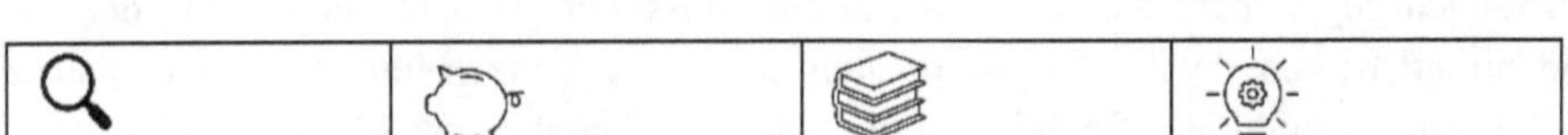

4.7.1 *Das Schreckgespenst der Zahlungsunfähigkeit*

Wie eine Reihe von Krankenhäusern sorgt sich die Geschäftsleitung des Krankenhauses X-Stadt, eines Krankenhauses der Regelversorgung um seine Zahlungsfähigkeit. Auch wenn man gegenüber den Vertretern der Mitarbeitenden immer wieder betont, dass die Löhne und Gehälter gesichert seien, wächst die Sorge um die Höhe der liquiden Mittel. Man braucht dringend einen Überblick über deren voraussichtliche Entwicklung.

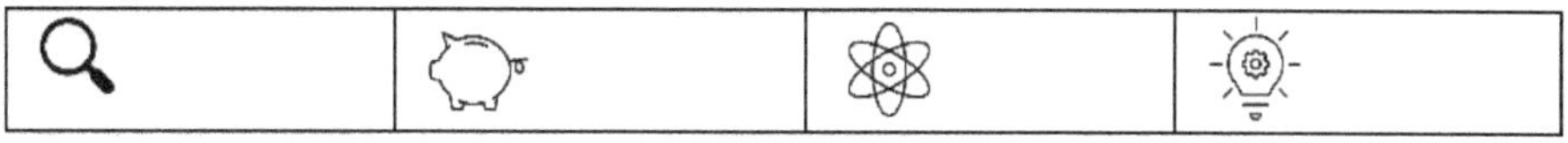

4.7.2 *Wo das Geld bleibt*

Die beiden Inhaber einer allgemeinmedizinischen Gemeinschaftspraxis haben für die Einrichtung und Modernisierung ihrer Praxis einen beträchtlichen Kredit bei ihrer Hausbank, bei der auch ihr laufendes Betriebsmittelkonto beführt wird, aufnehmen müssen. Wie von allen Unternehmern verlangt die Bank nun von ihnen einen Finanzplan. Bei genauerer Betrachtung stellt sich heraus, dass sie deutlich genauer als bisher planen müssen.

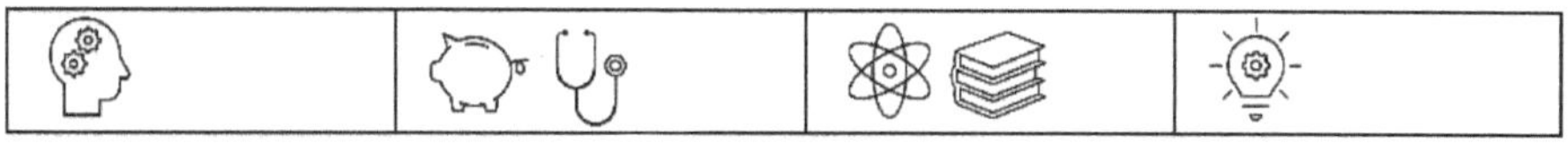

4.7.3 *Apotheke in der Rentabilitätskrise*

Nach seinem Studium der Pharmazie will sich Peter Pille als Apotheker selbständig machen. Trotz verschiedener Berichte über eine sinkende Rentabilität will er sich nicht entmutigen lassen. Er will von Beginn an die wirtschaftliche Entwicklung seiner Apotheke im Auge behalten, um ggf. rechtzeitig steuernd eingreifen zu können. Er braucht dafür ein geeignetes Instrumentarium.

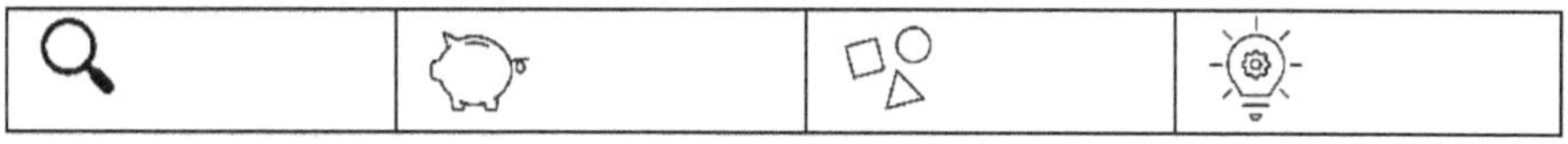

4.7.4 *Vorausschauende Planung*

Für die Leiterin des Wohnstifts Abendrot stehen die Budgetverhandlungen mit den Vertretern der Pflegekassen und der Sozialhilfe bevor. Um für die Diskussionen gewappnet zu sein, ist der belastbare Entwurf eines Budgets erforderlich, auch wenn nicht alle Entwicklungen des kommenden Planjahres mit Sicherheit vorausgesagt werden können.

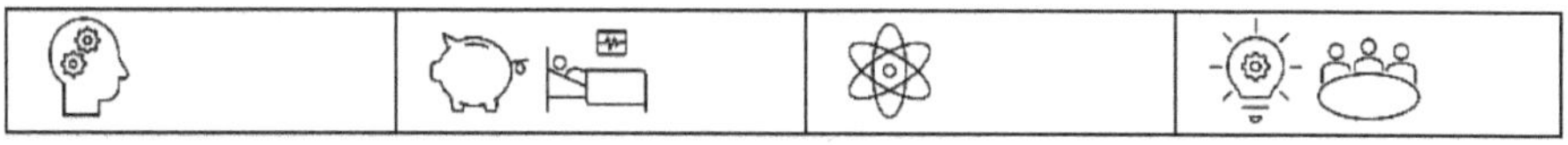

4.8.1 *Steuerung von Investitionen bei dualer Finanzierung*
In Anbetracht der Reform des Krankenhaussektors und fehlender Mittel aus der dualen Finanzierung sieht sich das Krankhaus X-Stadt, ein Krankenhaus der Grund- und Regelversorgung, vor der Aufgabe, seine Investitionen gezielter als bisher zu steuern. Es reicht nicht mehr aus, die Umsetzung von Investitionen kurzfristig zu monitoren. Vielmehr ist ein zukunftsweisendes Investitionscontrolling erforderlich, um die Existenz des Krankenhauses zu sichern.

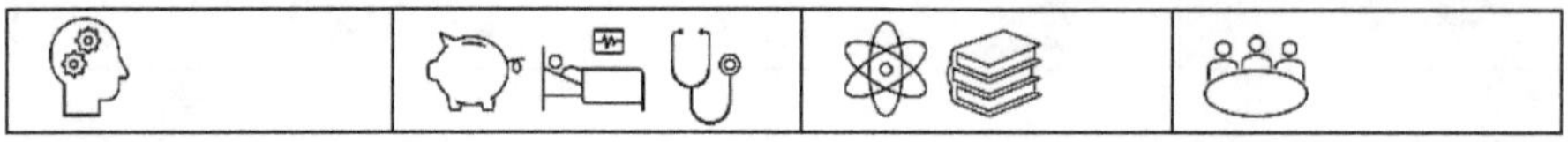

4.8.2 *Ein Blick in die Zukunft*
Die Strukturen der ambulanten Versorgung verändern sich tiefgreifend. Die Inhaber einer internistischen Gemeinschaftspraxis sind sich bewusst, dass auch ihre Praxis davon betroffen sein wird. Deshalb wollen sie den Wandel für ihren Bereich proaktiv gestalten. Ohne Investitionen wird dies nicht gehen, die einerseits Auswirkungen auf das Leistungsspektrum der Praxis haben, andererseits aber auch finanzielle Auswirkungen mit sich bringen. Ein Blindflug kommt dabei für sie nicht infrage.

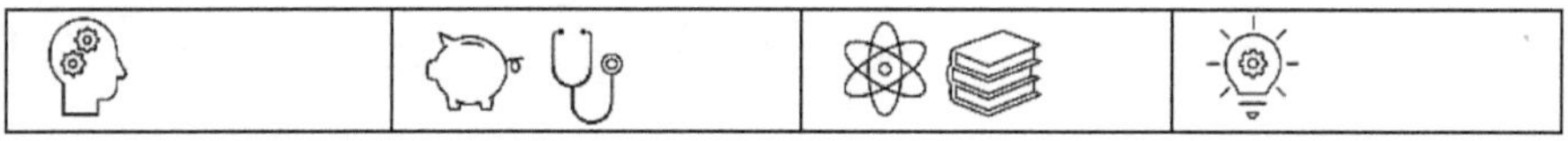

4.8.3 *Von kurz- und langfristigen Planungen*
Der Leiter der Residenz Sonnenschein will die Pflegeeinrichtung für Seniorinnen und Senioren zukunftssicher aufstellen. Neben sich ändernden Pflegebedarfen erwarten die Bewohnerinnen und Bewohner sowie ihre Angehörigen mehr als eine reine „Verwahrung". Dazu sind Investitionen erforderlich, die dem Träger transparent dargelegt und mit ihm abgestimmt werden müssen.

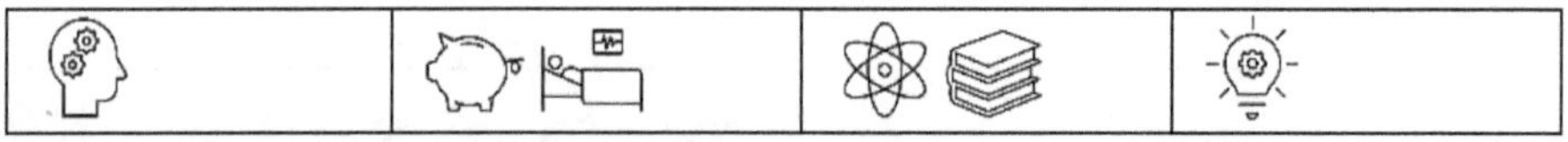

4.8.4 *Herausforderung „Fit für die Zukunft": Anlage- und Umlaufkapital*
Seit einigen Jahren hat LIFSAN, eine Einrichtung mit dem Angebot stationärer Rehabilitation, zunehmend mit wirtschaftlichen Schwierigkeiten zu kämpfen. Da auch in diesem Bereich der Grundsatz ambulant vor stationär gilt, denkt die Geschäftsleitung darüber nach, zusätzlich zu den stationären Angeboten auch ambulante Reha-Leistungen anzubieten. Dazu sind diverse Investitionen erforderlich.

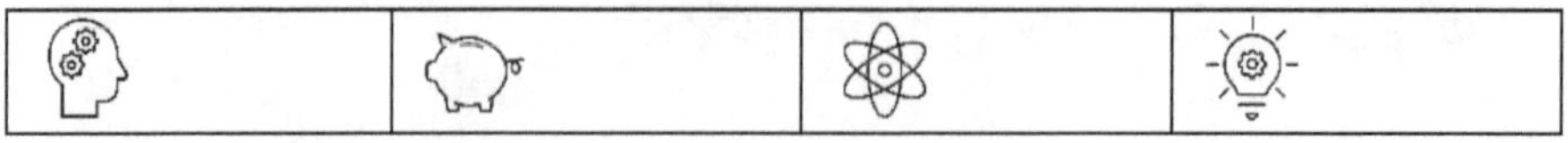

3.3 Anwendungsfälle verstehen und bearbeiten

Die vorliegenden Anwendungsfälle orientieren sich an der Konzeption eines systemischen Controllings (Bauer 2015, S. 57 ff.) Sie erfordern eine tiefer gehende Kenntnis der Rahmenbedingungen, denen die beschriebenen Betriebe unterliegen und in deren Kontext sie gesteuert werden müssen. Sie betrachten die Interessen und das Zusammenwirken verschiedener Akteure und nehmen sowohl Strukturen als auch Prozesse in den Blick. Es sollen Wirkungen von Maßnahmen erkannt und deren Ergebnisse erfasst und bewertet werden.

Sofern die dafür erforderlichen Kenntnisse der Rahmenbedingungen und Eigenarten der Versorgungsbereiche nicht vorliegen, ist es hilfreich, der Bearbeitung eine kurze allgemeine Einführung in den jeweiligen Versorgungsbereich voranzustellen. Dies kann entweder Inhalt einer gesonderten Lehrveranstaltung sein, aber auch im Selbststudium erarbeitet werden. Insbesondere sollten die gesetzlichen Grundlagen, die relevanten Regelwerke und die Besonderheiten der Leistungserstellung sowie der Finanzierung thematisiert werden. Hinweise zu entsprechender Literatur für das Selbststudium sind am Ende eines jeden Falles zu finden.

Die Bearbeitung selbst erfolgt in sechs Schritten:

1. *Lesen und Verstehen*
   Alle unbekannten Begrifflichkeiten und Sachverhalte aus dem Fall an sich sind zu klären.
2. *Identifizieren*
   Die in dem Anwendungsfall enthaltenen Probleme sollen erkannt und benannt werden. Es ist darauf zu achten, ob sich hinter den offensichtlichen Problemen noch weitere Herausforderungen verbergen. Die dazugehörenden Ziele des Managements werden spezifisch formuliert und mit theoretisch denkbaren Messwerten versehen.
3. *Eruieren*
   Es ist zu diskutieren, welche weiteren über die in den Anwendungsfällen explizit genannten Informationen zusätzlich beschafft werden sollten. Dabei ist darauf zu achten, dass der Nutzen in einem angemessenen Verhältnis zum Beschaffungsaufwand steht. Mögliche Quellen sind zu notieren.
4. *Definieren*
   Es werden geeignete Kennzahlen definiert. Diese werden hinsichtlich ihrer Zugehörigkeit zu den erkannten Zielen, ihrer Bedeutsamkeit und möglichen Ursache-Wirkungs-Zusammenhängen diskutiert. Auch wechselseitige Abhängigkeiten werden vermerkt.

Achtung: In den Fällen sind bewusst nur wenige Zahlen enthalten und wenn überhaupt, dann zu Strukturen und nicht zu Verläufen. Ziel der Fallbearbeitung ist nicht die Auswertung von vorgebenden Zahlen, sondern die Entwicklung von Konzepten zur Herstellung von Transparenz für das Management.

5. *Auswählen und strukturieren*
   Ausgehend von einzelnen, als bedeutsam erkannten Kennzahlen werden diese in geeigneten Systemen strukturiert. Dabei ist darauf zu achten, wie diese zunächst auf den Zeitpunkt der Fälle bezogenen Systeme für die Zukunft im Hinblick auf Verlaufsanalysen ausgebaut werden können.
6. *Gestalten*
   Den Abschluss bildet die inhaltliche Gestaltung eines Management-Dashboards, das für die jeweilige Leitung zur Unterstützung der Entscheidungsfindung eingesetzt werden kann. Ob dabei auch Aspekte des Kommunikationsdesigns zum Tragen kommen, bleibt den Vorkenntnissen und Fertigkeiten der Studierenden überlassen.

Wahlweise Ergänzung im Hinblick auf die Beratungsfunktion des Controllings

7. *Bewerten und Diskutieren*
   Bei Bedarf können die Fälle unter dem Aspekt der Beratungsfunktion des Controllings auch dazu genutzt werden, um verschiedene denkbare Entscheidungs- und Handlungsoptionen für das Management zu betrachten. Dabei sollte sichtbar werden, wie die Auswahl der vom Controlling bereitgestellten Informationen Managemententscheidungen beeinflusst. Gleichzeitig kann auch bedacht werden, wie vorgefasste Vorgaben des Managements die vom Controlling zu beschaffenden Informationen determinieren.

3.4 Teaching und Learning Notes

Im Anschluss an jeden Anwendungsfall sind Teaching und Learning Notes formuliert. Diese benennen die angestrebten Lernziele und setzen den theoretischen Bezugsrahmen zu den Themen, die der jeweilige Fall im Wesentlichen adressiert. Ergänzend dazu wird auf Literatur hingewiesen, die herangezogen werden kann, um sich vertiefend mit den für den Fall relevanten Grundlagen zu beschäftigen. Diese können entweder im Selbststudium wiederholt und ggf. ergänzt werden als Aufgabe in der Form eines Referates oder eines One-Pagers durch die Teilnehmer*innen erarbeitet oder auch als Key Note des Dozenten/der Dozentin der Fallbearbeitung vorangestellt werden.

Lernziele und *Theoretischer Bezugsrahmen* unterscheiden jeweils zwischen *Transparenz* und *Beratung*. Während *Transparenz* den Schwerpunkt vorwiegend auf Controlling und seine Methoden legt und damit überwiegend auf die kurz- bis mittelfristige Perspektive zielt, zieht *Beratung* die mittel- bis langfristige Perspektive in Betracht.

Dementsprechend kommen hier auch Ansätze zum Tragen, die ein vertieftes Verständnis von Problemlösungsalternativen im Rahmen der Fälle erfordern und diese evtl. auch miteinander vergleichen. Insofern können die Fälle ausschließlich aus der Perspektive der Transparenz bearbeitet werden oder auch vertiefend zur Diskussion möglicher strategischer Problemlösungsalternativen genutzt werden.

Die Fallbearbeitung selbst wird unterstützt durch mögliche Fragestellungen, die mit Blick auf Transparenz und Beratung geklärt werden sollten. Sie sollen den Einstieg in die Entwicklung eines Lösungsvorschlags erleichtern und sind keinesfalls vollständig im Hinblick auf alle denkbaren Aspekte. Es ist empfehlenswert, eigene und weitere Fragestellungen im Verlaufe der Fallbearbeitung zu entwickeln und mögliche Antworten zu entwerfen.

Zu den Fällen gibt es keine Musterlösung. Wie im Berufsalltag sind für jeden Fall unterschiedliche Herangehensweisen zur Problemlösung denkbar. Trotzdem haben sich bestimmte Muster etabliert, die bei ähnlichen Fragestellungen wiederzuerkennen sind. Um an diese Muster heranzuführen und trotzdem eine individuelle Gestaltung der Lösung zu ermöglichen, ist im **Anhang** eine Übersicht von Kennzahlen zu finden, gruppiert nach den Handlungsfeldern, auf die die Fälle schwerpunktmäßig Bezug nehmen. Es ist jedoch auf folgende Punkte zu achten:

- die aufgeführten Kennzahlen sind zwar häufig in der Praxis anzutreffen, aber nicht zwangsläufig vollständig; auf den jeweiligen Fall bezogene Erweiterungen sind gewünscht und teilweise notwendig
- es ist nicht notwendig und sinnvoll, immer alle im Anhang aufgeführten Kennzahlen zu nutzen, sondern eine überlegte Auswahl zu treffen
- das Bemühen um Transparenz erfordert es, auch Handlungsfeld übergreifende Aspekte und damit Kennzahlen zu berücksichtigen, die die es ermöglichen, die Komplexität der Zusammenhänge im Auge zu behalten
- Entwicklungen in den Rahmenbedingungen können es erforderlich machen, neue Kennzahlen zu definieren und zu etablieren.

Vor diesem Hintergrund gibt es keine richtigen und falschen Lösungen. Entscheidend für eine erfolgreiche Bearbeitung der Fälle ist die Sorgfalt, die aufgewendet wird.

Literatur

Arnold, M. (2009). Brain-Based Teaching and Learning – Prinzipien und Elemente. In U. Herrmann, *Neurodidaktik – Grtundlagen und Vorschläge für gehirngerechtes Lehren und Lernen* (S. 182–195). Weinheim und Basel: Beltz.

Bauer, G. (2015). *Einführung in das systemische Controlling.* Heidelberg: Carl Auer.

Bundesministerium für Bildung und Forschung. (02. 10 2023). *DQR-Niveaus.* Von dqr.de: https://www.dqr.de/dqr/de/der-dqr/dqr-niveaus/dqr-niveaus_node.html abgerufen

Foelsing, J., & Schmitz, A. (2021). New Learning – Fokusveränderung im Lernen. In J. Foelsing, & A. Schmitz, *New Work braucht New Learning – EIne Perspektivreise durch die Transformation unserer Organisations- und Lernwelten* (S. 105–185). Springer Gabler.

Friedrichsmeier, H. (2020). *Lehren und Lernnen mit der Fallstudienmethode.* Wien: utb facultas.

Müller Werder, C. (2013). Problem-based Learning erfolgreich gestalten. In H. Bachmann, *Hochschullehre variantenreich gestalten* (S. 69–109). Bern: hep-Verlag.

Seebacher, U. (2021). Datengetriebenes Management. Springer Gabler.

Strittmatter-Haubold, V. (2016). Problem based Learning – Eine Methode für wirksame Lernsettings in der wissenschaftlichen Weiterbildung? *DGWF – Hochschule und Weiterbildung*(1), S. 50–55.

Töpfer, A. (2012). Erfolgreich forschen: Ein Leitfaden für Bachelor-, Master-Studierende und Doktoranden. Springer.

Weber, A. (2007). *Problem-Based Learning Ein Handbuch für die Ausbildung auf der Sekundarstufe II und der Tertiärstufe.* Abgerufen am 08 2023 von https://www.hep-verlag.de/sites/999193.buchhandelsweb2.de/files/preview/problembasedlearning.pdf

Controlling und Management in Fällen

4

Übergeordnete Lernziele
Transparenz: Handlungsfelder des Controllings wahrnehmen – Zusammenhänge zwischen unterschiedlichen Handlungsfeldern erkennen – Informationsbedarfe des Managements identifizieren – Informationsquellen erschließen – Ansätze zur Verarbeitung zweckmäßiger Informationen entwerfen – geeignete Controllinginstrumente auswählen – Management-Dashboards inhaltlich gestalten.

Beratung: Problemlösungsalternativen erkennen und benennen – unterschiedliche Informationsbedarfe umreißen – vergleichende Analysen vornehmen und interpretieren.

4.1 Risikocontrolling

4.1.1 Risikocontrolling in einem Krankenhaus

4.1.1.1 Zwischen medizinischen und ökonomischen Risiken

Das Krankenhaus Mittelheim ist bisher bekannt als Krankenhaus der Regelversorgung in einem ländlichen Raum in der Trägerschaft eines Verbunds der ortsansässigen Kirchengemeinden, das seit einigen Jahren zunehmend Verluste und einen ständigen Rückgang der Patientenzahlen zu verzeichnen hat. Die Trägergemeinden sehen sich nicht länger in der Lage, die Verluste des Krankenhauses auszugleichen. Sie berufen einen neuen Geschäftsführer, der mit Jahresbeginn sein Amt angetreten hat und die Probleme des Krankenhauses lösen soll.

Mit besonderem Interesse verfolgt der neue Geschäftsführer diverse Krankenhausstudien, die unter anderem auch feststellen, dass viele Kliniken noch einen Nachholbedarf bei Risikoberichten haben. Zu einem solchen Statement kam bereits der Prüfbericht des Rechnungshofes des Bundeslandes Sachsen aus dem Jahr 2009.

© Der/die Autor(en), exklusiv lizenziert an Springer-Verlag GmbH, DE, ein Teil von Springer Nature 2024

D. Ackermann, *Controlling im Gesundheitswesen*,
https://doi.org/10.1007/978-3-662-68802-1_4

Bei seiner Begrüßung durch die Mitarbeiterinnen und Mitarbeiter des Krankenhauses wird er direkt mit dem Unmut über eine immense Arbeitsbelastung konfrontiert, die letztlich zu einer hohen Fluktuation nicht nur in der Pflege, sondern auch im ärztlichen Dienst und der Verwaltung führt. Nicht zuletzt wirft die Pflegepersonaluntergrenzenverordnung die Frage auf, ob weiterhin die davon betroffenen Abteilungen Behandlungskapazitäten überhaupt vorhalten können. Ebenso beklagen die Chefärzte, dass es zunehmend schwierig wird, Assistenzärzte zu gewinnen, sodass die Dienstbelastung steigt und Nacht- sowie Wochenenddienste mit jungen Ärzten ohne längere Berufserfahrung besetzt werden müssen, die dann überproportional häufig den Hintergrunddienst hinzuziehen müssen. Hinzu kommt noch die drängende Sorge um drei anhängige Schadensersatzklagen wegen angeblicher Behandlungsfehler, die schon jetzt dem Ruf des Krankenhauses schaden und bei Erfolg auch erhebliche Schadensersatzforderungen nach sich ziehen würden.

Ob das auch der Grund für die zurückgehenden Patientenzahlen ist oder dafür vielmehr die zunehmende Ambulantisierung der medizinischen Versorgung verantwortlich ist, wird im Krankenhaus kontrovers diskutiert. Der Trägerwechsel eines konkurrierenden Krankenhauses in der näheren Umgebung und die damit einhergehende Renovierung des Konkurrenzhauses sowie die Ansiedlung eines Medizinischen Versorgungszentrums an eben diesem Konkurrenzhaus kommen als weitere Gründe für die Entwicklungen im Krankenhaus Mittelheim in Betracht.

In Anbetracht der Krankenhausreform wird eine Analyse der vorgesehenen Leistungsgruppen und der damit in Verbindung zu bringenden personellen und sachlichen Ausstattung von großer Bedeutung sein. Die Chefärzte der Inneren Medizin und der Chirurgie haben die Einrichtung eines Bauchzentrums vorangetrieben, was unter dem Aspekt der Leistungsgruppen durchaus begrüßt wird. Nach Sichtung der vorliegenden Informationen entsteht bei dem neuen Geschäftsführer aber auch der Eindruck, dass das Zentrum bisher nicht ausreichend hohe Erlöse erwirtschaften konnte. Bei der derzeitigen Investitionskostenfinanzierung des Landes wären für die Refinanzierung der getätigten Investitionen deutlich höhere Erlöse erforderlich. An der Zertifizierung des Bauchzentrums wird zwar gearbeitet, es erscheint aber möglich, dass diese an nicht ausreichend abgestimmten Prozessen zwischen den beteiligten Abteilungen vorerst scheitert. Es wäre dringend erforderlich, ein Prozessmanagement zu etablieren, das auch allen anderen Abteilungen zugutekommen könnte. Dabei ist nicht zu verhehlen, dass dies weitere Belastungen und Ausgaben nach sich ziehen würde, die nicht sofort zu erhofften Einsparungen an anderer Stelle führen.

Zu allen Überfluss berichtet das Medizincontrolling dem neuen Geschäftsführer in der ersten Woche seiner Tätigkeit davon, dass die Fallzahlen und damit die zu erwartenden Erlöse insbesondere aus elektiven Behandlungen stark gesunken sind und dass mit horrenden Rückforderungen der Krankenkassen nach der Abrechnungsprüfung durch den MDK gerechnet werden muss. Wie es dazu kommen konnte, ist bis jetzt noch ungeklärt.

Darüber hinaus sind die Vertreter der Trägergemeinden im Aufsichtsrat sehr verunsichert über die Pläne zur Krankenhausreform. Man befürchtet, dass das Krankenhaus zu denjenigen gehören könnte, die aufgrund der Reform auf mittlere Sicht geschlossen werden. Deshalb drängt der Aufsichtsrat darauf, bereits heute die maßgeblichen Eckpunkte zu betrachten und auf ihre Relevanz für das Krankenhaus zu überprüfen.

4.1.1.2 Teaching und Learning Notes

Lernziele

Transparenz: Risiken erkennen und benennen – Risikoarten unterscheiden – Messgrößen für Risiken definieren – Risiken bewerten.

Beratung: Risikohaltung klären – verschiedene Risikostrategien unterscheiden – mögliche Auswirkungen einer Risikostrategie erfassen – Eckpunkte der Krankenhausreform kennen – mögliche Auswirkungen der Krankenhausreform prognostizieren.

Theoretischer Bezugsrahmen

Transparenz: Aufgaben und Inhalte des Risikomanagements – Darstellung von Risiken mithilfe von Risiko-Map bzw. Risikoportfolio – CIRS Critical Incident Reporting – Medizincontrolling.

Beratung: MDK-Abrechnungsprüfung – SOP Standard Operating Procedures – Lean Management im Krankenhaus – Bedeutung und Verfahren von Zertifizierungen – Krankenhausreformansätze aus dem Blickwinkel verschiedener Stakeholder / Interessensvertreter.

Mögliche Fragestellungen zur Fallbearbeitung

1. Welchen Risiken ist das Krankenhaus ausgesetzt? Zu welchen übergeordneten Gruppen lassen sich die Risiken zusammenfassen?
2. Bestehen Zusammenhänge zwischen den Risiken? Wenn ja, welche Zusammenhänge können angenommen werden?
3. Mithilfe welcher Kennzahlen lassen sich die identifizierten Risiken direkt oder auch indirekt erfassen?
4. Wie könnte eine übersichtliche Darstellung der Risikolage (Risiko-Map) für das Krankenhaus gestaltet werden?
5. Wie beeinflusst die Krankenhausreform den Informationsbedarf des Managements und damit mögliche Inhalte von Reports?
6. Welche Auswirkungen sind durch die Krankenhausreform für das Krankenhaus zu erwarten?

Begleitende Literatur

Berg, S.; Hellmann, W.; et al. (2020). Betriebswirtschaftliches Risikomanagement im Krankenhaus- Ein integrativer Bestandteil des Qualitätsmanagements. Stuttgart. W. Kohlhammer

Braun von Reinersdorff, A. (2007). Strategische Krankenhausführung. Vom Lean Management zum Balanced Hospital Management. 2. unveränderte Auflage. Bern. Huber

Brauweiler, HC. (2018). Risikomanagement in Unternehmen – Ein grundlegender Überblick für die Management-Praxis (essentials), Wiesbaden. Springer Gabler

Kahla-Witzsch, HA.; Jorzig, Alexandra; et al. (2019). Das sichere Krankenhaus. Leitfaden für das klinische Risikomanagement. Stuttgart. W. Kohlhammer

Liebscher, D., Reiss, HC. (2022). Risikomanagement und Risikocontrolling in Krankenhäusern – Implikationen zur Weiterentwicklung in Pandemiezeiten. In: Kümpel, T., Schlenkrich, K., Heupel, T. (Hrsg.) Controlling & Innovation. 2022. FOM-Edition. Springer Gabler. Wiesbaden.

Romelke, F. (2018). Risikomanagement (Studienwissen kompakt). Wiesbaden. Springer Gabler

Schmola, G., Rapp, B. (Hrsg.) (2016). Compliance, Governance und Risikomanagement im Krankenhaus. Rechtliche Anforderungen – Praktische Umsetzung – Nachhaltige Organisation. Wiesbaden. Springer Gabler

4.1.2 Risikocontrolling in einer Berufsausübungsgemeinschaft

4.1.2.1 Kooperation als Herausforderung

Die beiden Allgemeinmediziner Hurtig und Sorgsam haben unabhängig voneinander je einen Kassenarztsitz von zwei Kollegen übernommen, die ihre Praxen aus Altersgründen abgegeben haben. Diese Sitze haben sie in einer Berufsausübungsgemeinschaft[1] in neu eingerichteten Räumen an einem gemeinsamen Standort zusammengelegt und dabei auch die vorhandenen Medizinischen Fachangestellten übernommen.

Im Laufe des ersten Jahres tauchen Probleme auf, die zwar formal vertraglich geregelt sind, die aber doch immer wieder zu Diskussionen führen. Hurtig ist nicht mehr damit zufrieden, dass er denselben Anteil am Jahresüberschuss der Praxis erhalten soll wie Sorgsam. Er ist der Ansicht, dass er mehr Patienten pro Tag versorgt als sein Kollege. Sorgsam hält dagegen, dass die von ihm in Ansatz gebrachten Abrechnungsziffern mehr und höherwertig seien und Hurtig die MFAs in einem weitaus größeren zeitlichen Umfang zum Mitschreiben bei der Patientenuntersuchung einsetzt als er selbst. Hurtig habe deshalb auch mehr Personalkosten zu tragen.

Es sei auch nicht transparent, in welchem Umfang die Patienten aus den übernommenen Praxen der Gemeinschaftspraxis treu bleiben und wie sie auf die beiden Ärzte verteilt werden. Beide befürchten, dass die Zahl der in der Gemeinschaftspraxis versorgten Patienten unter der Zahl der in den vorherigen Einzelpraxen liegt und sie damit das externe Budget der möglichen Abrechnungspunkte nicht ausschöpfen. Außerdem habe Sorgsam beobachtet, dass Hurtig großen Wert darauf legt, neuen Patienten vorwiegend einen Termin bei ihm zu geben. Dadurch sänke im Laufe der Zeit die Zahl der Patienten, die sich eine Behandlung durch ihn wünschten. Das weist Hurtig weit von sich. Er hält dagegen, dass Sorgsam sich aus persönlichen Gründen mehrfach von einer Kollegin habe vertreten lassen, die dann tageweise in der Praxis mitgearbeitet hat.

---

[1] Vor Vertragsrechtsänderungsgesetz als Praxisgemeinschaft bezeichnet.

Neben den gesetzlich krankenversicherten Patienten haben in den übernommenen Praxen privat versicherte Patienten teilweise mehr als zwanzig Prozent des Umsatzes ausgemacht. Hurtig und Sorgsam haben aber den Eindruck, dass diese Patienten der Gemeinschaftspraxis entweder nicht treu geblieben sind oder aus persönlichen Gründen inzwischen wieder gesetzlich krankenversichert sind. Sie wollen deshalb zusätzliche Gesundheitsleistungen anbieten, sind sich aber auch bewusst, dass dies weitere Investitionen in Sachmittel und/oder Fortbildungen bedeutet. Während Sorgsam im Rahmen des DMP Asthma Patientenschulungen anbieten möchte, denkt Hurtig eher an reisemedizinische Beratungen sowie Reiseimpfungen.

Sorgsam ist auch der Ansicht, dass Hurtig mit der sowieso schon erforderlichen Fortbildung zur Qualitätssicherung nicht sorgfältig genug umgeht. Er befürchtet Kürzungen der Abrechnungsbeträge durch die Kassenärztliche Vereinigung, wenn nicht die erforderlichen Nachweise über Weiterbildungsverpflichtungen und Abrechnungskriterien erbracht werden.

Da die Praxis eine neue Praxisverwaltungssoftware angeschafft hat, können Patientinnen und Patienten zukünftig auch online Termine buchen, ohne anrufen zu müssen. Dazu müssen sowohl Zeitslots für die Dauer der einzelnen Termine festgelegt werden als auch Zeiten für einen akuten Behandlungsbedarf freigehalten werden. Allerdings gehen die Vorstellungen über die Zeitbedarfe weit auseinander. Hurtig ist der Ansicht, dass durch das online-Buchungssystem mindestens eine halbe Stelle für eine MFA eingespart werden kann. Obwohl er sehr IT-affin ist, befürchtet er aber eine Mehrbelastung der MFA durch zusätzliche administrative Tätigkeiten, die aufgrund der Entwicklungen in der ambulanten Versorgung auf die Praxen zukommen. Aufgrund dessen befürchtet er auch die Zunahme von Fehlern.

Der Berufsverband hat in diesem Zusammenhang angeregt, eine Tätigkeitsanalyse sowohl bei den Medizinischen Fachangestellten als auch bei den Ärzten selbst durchzuführen, um im politischen Raum mit Fakten argumentieren zu können. Es hat sich mehr als deutlich gezeigt, dass die Versorgung von Patientinnen und Patienten nur ein Teil der von den Ärzten selbst zu erledigenden Aufgaben ist. Angefangen bei der Vorbereitung der Buchhaltung über Tätigkeiten rund um Praxisorganisation und Personalmanagement bis hin zu Wartung und Instandhaltung fallen unterschiedlich zeitintensive Tätigkeiten an, die sich auf die tatsächliche Arbeitszeit der Ärzte auswirken. Es ist zu befürchten, dass die Unzufriedenheit über die Aufgabenverteilung wächst, wenn es nicht gelingt, annähernd eine Gleichverteilung der Arbeitsbelastung zu erreichen.

4.1.2.2 Teaching und Learning Notes

Lernziele

Transparenz: vorhandene Risiken erkennen – Risikoarten unterscheiden – Messgrößen für Risiken definieren – Risiken bewerten – Patientennahe und patientenferne Tätigkeiten erfassen und bewerten.

Beratung: Rolle der Ärzte als Unternehmer verstehen – Zusammenhang zwischen Planung und Risiko wahrnehmen – Risikohaltung klären – verschiedene Risikostrategien unterscheiden – Szenarien möglicher Auswirkungen einer Risikostrategie entwerfen.

Theoretischer Bezugsrahmen

Transparenz: Aufgaben und Inhalte des Risikomanagements – Darstellung von Risiken mithilfe einer Risiko-Map bzw. eines Risikoportfolios – Controlling der Abrechnungen – Arbeitszeiterfassung.

Beratung: Rechtsform Berufsausübungsgemeinschaft – Rechte und Pflichten des Kassenarztes – Leistungsabrechnung mit der Kassenärztlichen Vereinigung – Tätigkeitsanalyse.

Mögliche Fragestellungen zur Fallbearbeitung

1. Welche Risiken sind mit der Tätigkeit als niedergelassener Arzt an sich verbunden?
2. Welche medizinischen, organisatorischen, ökonomischen und individuellen Risiken könnten für die Gemeinschaftspraxis von Bedeutung sein?
3. Können die erkannten Risiken messbar gemacht werden und – wenn ja – wie?
4. Wie würden Sie für die erkannten Risiken vor dem Hintergrund von Eintrittswahrscheinlichkeiten und geschätzten Schadenshöhen im Sinne von entgehenden Gewinnen in eine Risikobewertung vornehmen?

Begleitende Literatur

Bierling, G., Engel, H., Mezger, A., Pfofe, D., Pütz, W., Sedlaczek, D. (2017). Alleine oder gemeinsam. In: Arztpraxis – erfolgreiche Übernahme. Erfolgskonzepte Praxis- & Krankenhaus-Management. Berlin, Heidelberg. Springer

Brauweiler, HC. (2018). Risikomanagement in Unternehmen – Ein grundlegender Überblick für die Management-Praxis (essentials). Wiesbaden. Springer Gabler

Frodl, A. (2022). Praxisführung für Ärzte. Wiesbaden. Springer Gabler

Kassenärztliche Bundesvereinigung (2023). Risiko- und Fehlermanagement. https://www.kbv.de/html/fehlermanagement.php. Downloaded 21.12.2023

Romelke, F. (2018). Risikomanagement (Studienwissen kompakt). Wiesbaden. Springer Gabler

4.2 Leistungsmengencontrolling

4.2.1 Controlling der Leistungsmengen in einem Krankenhaus

4.2.1.1 Patientenströme steuern

Das Krankenhaus A-Stadt ist ein Krankenhaus mit 480 Planbetten, die sich auf die Klinik für Innere Medizin, Allgemeinchirurgie, Unfallchirurgie und Orthopädie, Urologie,

Gynäkologie und Geburtshilfe sowie Pädiatrie verteilen. Man geht davon aus, dass es in den weiteren Krankenhausplanungen des Landes weiterhin einen bedeutenden Stellenwert im Rahmen einer erweiterten Regelversorgung haben wird.

Das Krankenhaus wird in der Rechtsform einer GmbH betrieben, die Anteile der GmbH hält die Stadt zu 100 %. Die Geschäftsleitung des Krankenhauses würde gerne das Leistungsspektrum weiter ausbauen, da im Umfeld des Krankenhauses kleinere Kliniken von der Schließung bedroht sind. Man hat den Eindruck, dass aufgrund des guten Rufes des Krankenhauses die Patientinnen und Patienten von immer weiter her herkommen. Allerdings vermutet man auch, dass einige niedergelassene Ärzte in A-Stadt ihren Patientinnen und Patienten mit Herzproblemen ein Krankenhaus in der Nachbarstadt empfehlen.

Wie bei vielen Krankenhäusern in Deutschland steigen die Patientenzahlen, gleichzeitig gehen die Belegungstage zurück. Patienten ziehen zunehmend elektive Behandlungen wenn möglich vor, nicht zuletzt aus Sorge vor möglichen Ansteckungen. Ob dies auch einen Einfluss auf den Casemix und den Casemix-Index hat, wird man beobachten müssen.

Somit sieht sich die Geschäftsleitung mit dem Problem konfrontiert, dass einerseits die Mitarbeiter über eine zunehmende Arbeitsbelastung klagen, andererseits Stationen nicht voll belegt sind. Auch konsiliarische Tätigkeiten und interne Verlegungen von Patientinnen und Patienten in andere Kliniken können zu einer Verzerrung im Vergleich der tatsächlichen Arbeitsbelastungen zwischen den Abteilungen führen. Zudem schätzt man in der Chefarztrunde, dass 30 % der Patientinnen und Patienten nicht länger als 3 Tage im Krankenhaus verweilen. Darüber hinaus stehen insbesondere zu Ferienzeiten und zwischen Weihnachten und Neujahr bis zu 60 % der Betten leer. Allerdings scheint es so zu sein, dass die Situation nicht in allen Fachkliniken gleich ist. Insgesamt wird jedoch von den chirurgisch tätigen Chefärzten berichtet, dass die Nachfrage nach ambulanten Operationen steigt. Erste Erfahrungen mit einer Kurzliegerstation, die an Wochenenden geschlossen wird, sammelt die Klinik für Unfallchirurgie und Orthopädie.

Die Chefärzte der Unfallchirurgie und Orthopädie sowie der Pädiatrie und der Gynäkologie legen der Geschäftsleitung dar, dass sie aufgrund ihrer Qualifikationen Kniegelenkstotalendoprothesen durchführen bzw. Früh- und Neugeborene mit einem Geburtsgewicht von <1250 g versorgen wollen, um die Attraktivität ihres Leistungsangebots zu steigern.

Besonders stark frequentiert ist die Notfallambulanz, die außerhalb der Sprechstundenzeiten der niedergelassenen Ärzte von bis zu 200 Patienten pro Tag aufgesucht wird. Von diesen Patienten wird nur ein Bruchteil zur stationären Behandlung aufgenommen oder erhält eine umfangreiche Diagnostik, die in einer Notfallpraxis nicht durchgeführt werden kann.

Da für die kommenden Jahre umfangreiche Sanierungsmaßnahmen der Gebäude dringend erforderlich sind, die auch eine finanzielle Beteiligung der Stadt erforderlich machen, muss sich der Geschäftsführer auf eine Anhörung im Stadtrat vorbereiten. Dabei möchte er auch anregen, Räumlichkeiten für ein Darmzentrum vorzusehen, da nach seinem Eindruck der Zahl der Patientinnen und Patienten mit entsprechenden Erkrankungen stark zugenommen hat und somit ein Bedarf für ein solches Spezialangebot vorhanden ist, das entsprechend personell und medizintechnisch ausgestattet werden muss. Gleichzeitig stehen die Budgetverhandlungen mit den Krankenkassen an.

4.2.1.2 Teaching und Learning Notes

Lernziele
Transparenz: Leistungsarten strukturieren – Leistungsmengen erfassen und Leistungsbereichen zuordnen – Verweildauern analysieren – Schwankungen der Leistungserstellung erkennen – zwischen Trends und saisonalen Schwankungen unterscheiden.

Beratung: verschiedene Verfahren der Leistungszurechnung kennen und vergleichen – Ursachen für Schwankungen der Leistungsmengen erforschen – Grundzüge der Landeskrankenhausplanung verstehen – Anforderungen an Versorgungslevel kennen – Zusammenhang zwischen Leistungsnachfrage und -angebot und Versorgungslevel verstehen.

Theoretischer Bezugsrahmen
Transparenz: Operatives Controlling und Medizincontrolling – Berichtspflichten der Krankenhäuser (§§ 136b, 301 SGB V) – Mindestmengenregelungen.

Beratung: Planung elektiver Operationen – Kurzlieger – Interdisziplinäre Behandlungszentren – Investitionskostenfinanzierung.

Mögliche Fragestellungen zur Fallbearbeitung

1. Welche Leistungen werden in dem Krankenhaus erbracht? Reicht es aus, sich auf die Erfassung der Häufigkeiten von DRGs zu beschränken?
2. Mithilfe welcher Kennzahlen lassen sich die Leistungsmengen beschreiben?
3. Welche Rolle spielen Casemix und Casemix-Index für die Steuerung der Leistungsmengen?
4. Welche Daten über Leistungsmengen müssen gemäß den Vorschriften des SGB V erfasst werden?
5. Welche Leistungsdaten sind darüber hinaus für die interne Steuerung des Krankenhauses von Bedeutung?

Begleitende Literatur
Bracht, M. (2023). Controlling von Angebotspolitik und Leistungsplanung. In: Oswald, J. / Schmidt-Rettig, B. (Hrsg.). Management und Controlling im Krankenhaus, Gestaltungsperspektiven und Beziehungsdynamik – Ansätze eines integrierten Konzepts. Stuttgart. W. Kohlhammer, (S. 171–183)

Ernst, M. & Bunzemeier, H. (2023). Medizin-Controlling. In: Oswald, J. / Schmidt-Rettig, B. (Hrsg.): Management und Controlling im Krankenhaus, Gestaltungsperspektiven und Beziehungsdynamik – Ansätze eines integrierten Konzepts. Stuttgart. W. Kohlhammer. S. 184–196

Leicht, SL. (2019). Fallmixorientiertes Controlling. In: Zapp, W. Hrsg.). Controlling im Krankenhaus. Das Zusammenspiel von Werten, Prozessen und Innovationen. Wiesbaden. Springer Gabler. S. 213–233

Oswald, J. & Frauenknecht, X. & Graf, M. (2023). Pflegecontrolling. In: Oswald, J. & Schmidt-Rettig, B. (Hrsg.). Management und Controlling im Krankenhaus, Gestaltungsperspektiven und Beziehungsdynamik – Ansätze eines integrierten Konzepts. Stuttgart. W. Kohlhammer. S. 196–214

Ott, R. & Maier, B. (2020). Controlling im Krankenhaus – Eine systematische Einführung in Fallstudien. Stuttgart. Schäffer Poeschel

4.2.2 Controlling der Leistungsmengen in einer Berufsausübungsgemeinschaft

4.2.2.1 Das Dilemma mit den Fallzahlen

Zwei Internisten, ein Allgemeinmediziner und eine Allgemeinmedizinerin betreiben zusammen eine hausärztlich tätige Berufsausübungsgemeinschaft, in der sich die Allgemeinmedizinerin und der Allgemeinmediziner einen Praxissitz teilen. Die beiden Internisten haben jeder einen Praxissitz. Aufgrund unterschiedlicher individueller Lebensplanungen wollen sie sich abstimmen, wer welchen Beitrag zur Patientenversorgung leistet. Dementsprechend wollen sie den Praxisgewinn aufteilen. Allerdings sind sie sich noch nicht einig, ob der Gewinn auf der Grundlage von Patientenzahlen oder Abrechnungsziffern erfolgen soll.

Die vier Ärzte haben verschiedene Zusatzbezeichnungen, die sie dazu berechtigen, auch Leistungen nach dem EBM-Katalog abzurechnen, die neben der fachärztlichen Spezialisierung ebenso eine Weiterbildung auf bestimmten Spezialgebieten erfordern. Dazu gehören Akkupunktur (2 Ärzte), Geriatrie (3 Ärzte), Palliativmedizin (1 Ärztin), Homöopathie (1 Arzt) und Diabetologie (2 Ärzte).

In der Praxis werden sowohl gesetzlich als auch privat krankenversicherte Patientinnen und Patienten versorgt. Die Praxisinhaber befürchten, dass der Anteil der privat Versicherten, der in den letzten Jahren deutlich gesunken ist, noch weiter zurückgehen wird. Daneben bieten die Ärzte auch Individuelle Gesundheitsleistungen (IGeL) an und engagieren sich in Patientenschulungsprogrammen für Diabetiker und Asthmatiker. Die Schulungsprogramme finden abends, mittwochs und/oder freitags nachmittags sowie an Samstagen statt und werden nicht auf die vereinbarte durchschnittliche Regelarbeitszeit der Ärzte angerechnet. Allerdings werden die Schulungen auch außerhalb des Regelleistungsvolumens vergütet.

Mit besonderer Spannung erwarten die Ärzte in jedem ersten Monat eines Quartals die Leistungsabrechnung der Kassenärztlichen Vereinigung für die gesetzlich krankenversicherten Patientinnen und Patienten. Einerseits ist man gespannt, ob das Regelleistungsvolumens als Ganzes eingehalten werden konnte bzw. wie hoch die Überschreitungen sind oder ob es sogar nicht ausgeschöpft wurde. Andererseits hofft man, dass die Leistungsmengen in einzelnen Ziffern nicht zu sehr den Fachgruppendurchschnitt übersteigen, weil dann evtl. Begründungen dafür schriftlich eingereicht werden müssen. Kommt man dem nicht nach, werden bestimmte Leistungsmengen gestrichen.

Darüber hinaus ist auch die Verordnung von Medikamenten sowie Heil-und Hilfsmitteln im Auge zu behalten, da hier bei Budgetüberschreitungen Regresse drohen.

Die Ärztin und die Ärzte sind verpflichtet, am ärztlichen Notdienst teilzunehmen, der mittwochs und freitags nachmittags sowie an Wochenenden und Feiertagen ganztags abzuleisten ist. Entsprechend der Notdienstordnung der für sie zuständigen Kassenärztlichen Vereinigung entfallen auf jeden Kassenarztsitz 8 Dienste im Jahr, die in einer Notdienstpraxis abzuleisten sind. Bei geteilten Kassenarztsitzen ist auch die Dienstverpflichtung geteilt. Die Abrechnung der Leistungen für die in dem Dienst behandelten Patientinnen und Patienten erfolgt über die Notdienstpraxis, die bisher zunächst die im Notdienst geleisteten Stunden mit einem Stundensatz vergütet und den ermittelten Betrag an die Berufsausübungsgemeinschaft überwiesen hat. Dadurch war es den Ärzten möglich, praxisintern die Aufteilung der Dienststunden nach individuellen Bedürfnissen zu regeln und sich z. B. auch in Diensten gegenseitig zu vertreten oder Dienste zu teilen. Allerdings hat eine Änderung der Notdienstorganisation dazu geführt, dass die erbrachten Leistungen nun arztindividuell zu dokumentieren sind und abgerechnet werden. In der Berufsausübungsgemeinschaft führt das zu einer heftigen Diskussion über die interne Dokumentation der geleisteten Notdienstzeiten und Verteilung der erzielten Einnahmen, da die Zahl der in den Diensten zu versorgenden Patientinnen und Patienten stark schwankt.

4.2.2.2 Teaching und Learning Notes

Lernziele

Transparenz: in einer Arztpraxis die Merkmale eines Unternehmens erkennen – Regelleistungsvolumina als Instrument der externen Steuerung wahrnehmen – Leistungsmengen als Verteilungsschlüssel für eine angemessene Gewinnverteilung aufbereiten – Produktivität in einer Berufsausübungsgemeinschaft darstellen.

Beratung: Schwankungen und Veränderungen von Fallzahlen analysieren und reflektieren

Theoretischer Bezugsrahmen

Transparenz: Dienstleistungen – Dienstleistungsmanagement – Leistungsabrechnung in der ambulanten Versorgung.

Beratung: Praxismarketing.

Mögliche Fragestellungen zur Fallbearbeitung

1. Welche Leistungsmengen können müssen unterschieden werden?
2. Zu welchen Zwecken werden Leistungsmengen erfasst?
3. Welche Maßeinheiten eignen sich zur Dokumentation der Leistungsmengen?
4. Welche Methoden bieten sich an, um die Verteilung der Leistungsmengen auf die Ärzte der Berufsausübungsgemeinschaft transparent darzustellen?

Begleitende Literatur
Frodl, A. (2022). Praxisführung für Ärzte. Wiesbaden. Springer Gabler
Kassenärztliche Vereinigung Nordrhein, Hrsg. (2023). Leseanleitung für die Abrechnungsunterlagen der Kassenärztlichen Vereinigung Nordrhein. https://www.kvno.de/fileadmin/shared/pdf/online/beratung/abrechnungsberatung/leseanleitung_abrechnungsunterlagen.pdf. Downloaded 10.10.2023

4.2.3 Controlling der Leistungsmengen in einer stationären Pflegeeinrichtung

4.2.3.1 Bewohner und ihre Bedürfnisse

Das Wohnstift Haus Abendrot ist eine privatwirtschaftlich getragene Einrichtung der Altenpflege. Sie bietet 80 Bewohnerinnen und Bewohnern einen Platz in der stationären Pflege. Drei Viertel der Bewohnerplätze befinden sich in Einzelzimmern, die übrigen in Zweibettzimmern. Alle Zimmer sind zu Wohneinheiten zusammengefasst. Jede Wohneinheit besteht aus 6 Einzel- und 2 Zweitbettzimmern, einem Gemeinschaftsraum mit Küchenzeile sowie den notwendigen Sanitäreinrichtungen. Darüber hinaus gehören zum Wohnstift noch 40 Wohnungen zwischen 60 und 100 qm Fläche, verteilt auf zwei separate Gebäude. Die Bewohnerinnen und Bewohner der Wohnungen können Leistungen des betreuten Wohnens in Form von Essen, haushaltsnahen Dienstleitungen und Pflegeleistungen für den Pflegegrad 1 bei Bedarf in Anspruch nehmen. Daneben gibt es ein Gebäude mit Gruppenräumen, Sanitär- und Kücheneinrichtungen, in denen pro Tag 20 Personen in der Form der Tagespflege betreut werden. Am Abend werden die Räume auch für Vortrags- und Musikveranstaltungen genutzt, die allen Bewohnerinnen und Bewohnern angeboten werden und auch von deren Angehörigen besucht werden können. Im Schnitt werden diese Veranstaltungen für eine Teilnehmerzahl von 30 bis 50 Personen geplant, damit die Kosten gedeckt werden können. Häufig nehmen aber nur wenige Bewohnerinnen und Bewohner an den Veranstaltungen teil. Abgerundet wird das Angebot des Wohnstifts durch eine Station mit 15 Zimmern, untergebracht im Haus der stationären Pflege, in die Pflegebedürftige zur Kurzzeitpflege aufgenommen werden. Hier geht man von einer starken Schwankung der Auslastung im Jahresverlauf aus, hat aber keine genaue Vorstellung, wie sich diese gestaltet.

Bedingt durch die Vorgaben des Pflegestrukturreformgesetzes erwartet die Leitung der Einrichtung, dass die Zahl der Bewohnerinnen und Bewohner mit dem Pflegegrad 5 steigen, die der Bewohnerinnen und Bewohner mit Pflegegrad 1 und 2 sinken wird. Sollte dies der Fall sein, so die Einrichtungsleitung, wird der Personalschlüssel überdacht werden müssen. Wilfried Weise, der stellvertretende Einrichtungsleiter, befürchtet, dass damit auch die Zahl der Krankenhauseinweisungen von Bewohnerinnen und Bewohner steigen wird. Das hätte dann einen Rückgang der Pflegevergütung zur Folge, da für Abwesenheitstage ab dem 4. Tag kein Pflegegeld von den Pflegekassen übernommen wird. Darüber hinaus muss der Platz für die Bewohnerin oder den Bewohner bis zu 42 Tagen Abwesenheit freigehalten werden (vgl. § 87a SGB XI). Außerdem interessiert es den stellvertretenden Einrichtungsleiter, wie groß der Anteil der Bewohnerinnen und Bewohner ist, die auf Sozialhilfe angewiesen sind.

Ein besonderes Ärgernis ist für Weise der jährlich zu erstellende Bericht zur Pflegestatistik gemäß § 109 Abs. 1 SGB XI, die ihm jedes Jahr durch das Zusammentragen der erforderlichen Informationen eine Menge Arbeit macht. Darüber hinaus muss in NRW noch zusätzlich beachtet werden, dass die Zahl der Wohnplätze in Einzelzimmern ab dem 1. August 2018 80 % betragen soll, andernfalls droht den Einrichtungen ein Belegungsstopp.

In einer Sitzung der Einrichtungsleitung mit dem Träger der Einrichtung äußert ein Aufsichtsratsmitglied die Ansicht, dass in Anbetracht des demografischen Wandels und der zunehmenden Zahl von Demenzerkrankten die Auslastung der Kapazitäten annähernd bei 100 % liegen müsse. Man habe aber gehört, dass es so gut wie keine Wartezeit gibt, wenn eine neue Bewohnerin oder ein neuer Bewohner in die Pflegeeinrichtung aufgenommen werden möchte. Dagegen sei die Wartezeit bei den Wohnungen des Betreuten Wohnens sehr lang.

4.2.3.2 Teaching und Learning Notes

Lernziele
Transparenz: verschiedene Angebote der stationären Pflegeversorgung unterschieden – die Bewohnerstruktur auf der Grundlage der Pflegegrade beschreiben – den Unterschied zwischen Belegungs- und Berechnungstagen erkennen und deren Entwicklungen sichtbar machen – sozio-ökonomische Hintergründe der Bewohner transparent machen.

Beratung: Kapazitäts- und Auslastungsplanung vornehmen

Theoretischer Bezugsrahmen
Transparenz: demografischer Wandel – Morbidität und Mortalität – Analyse der potenziellen und tatsächlichen Nachfrage – Kapazitätsplanung – Berechnung des Heimentgelts.

Beratung: demographischer Wandel.

Mögliche Fragestellungen zur Fallbearbeitung

1. Worin bestehen die Leistungen des Pflegeheims? Welche Struktur hat das Leistungsangebot der Einrichtung? Welche Kern- und Nebenleistungen lassen sich erkennen?
2. Wie lassen sich die Leistungsmengen messen?
3. Was unterscheidet die tatsächliche von der potenziellen Nachfrage und wie kann letztere nachvollziehbar erfasst und dargestellt werden?
4. Warum sollten Morbidität und Mortalität in die Analyse der Leistungsmengen einbezogen werden?
5. Für welche Handlungsfelder hat die Bewohnerstruktur eine immense Bedeutung?

Begleitende Literatur
Kutzner, J. & Räker, M. (2021). Stand und Perspektive der Kurzzeitpflege. In: Jacobs, K. et al. Pflegereport 2021. Sicherstellung der Pflege: Bedarfslagen und Angebotsstrukturen. Berlin, Heidelberg, Springer. S. 131–144

Maier, B. & Tybussek, K. (Hrsg.) (2017). Management und Controlling in der Pflege. Handlungsoptionen infolge des neue Pflegestärkungsgesetzes. Stuttgart. Kohlhammer

4.2.4 Controlling der Leistungsmengen in einem ambulanten Pflegedienst

4.2.4.1 Ambulant und mehr – vor stationär

Der ambulante Pflegedienst Homecare GbR hat seinen Sitz in Mittelstadt, einer Stadt im ländlichen Raum mit ca. 30.000 Einwohnern. Das wirtschaftlich relevante Einzugsgebiet umfasst ca. 70.000 Einwohner in einem Umkreis von 25 km rund um Mittelstadt. Gründer und Geschäftsführer sind die beiden gelernten Kranken– und Gesundheitspfleger Florian Fleißig und Friedrich Flott, die auch beide eine Zusatzqualifikation zur Pflegedienstleitung haben. Homecare beschäftigt 49 Mitarbeiterinnen und Mitarbeiter, von denen 33 ebenfalls geprüfte Gesundheits- und Krankenpflegerinnen und Krankenpfleger sind. Davon arbeiten 20 Mitarbeitende in Vollzeit, d. h. 40 h/Woche, die anderen arbeiten in Teilzeit (20 h/Woche). Weitere 12 Mitarbeiterinnen sind Krankenpflegehelferinnen, von denen 3/4 in Teilzeit tätig sind und 4 Mitarbeiterinnen haben eine Qualifikation zur Betreuung demenziell erkrankter Personen ohne eine weitere pflegerische Ausbildung. Von ihnen arbeiten alle in Teilzeit, 2 sind mit 50 % einer Vollzeitstelle (40 h/Woche) beschäftigt, zwei mit 25 %.

Homecare versorgt zurzeit 160 Personen. Allerdings unterscheiden sich die Pflegebedürftigen teilweise sehr stark hinsichtlich der in Anspruch genommenen Leistungen. Neben der Grundpflege, die den wesentlichen Bestandteil des Leistungsangebots ausmacht, werden auch Leistungen in der Behandlungspflege durchgeführt, die je nach Art der notwendigen Behandlungen sehr unterschiedliche Zeitbedarfe aufweisen. Zunehmend steigt die Nachfrage nach hauswirtschaftlichen Leistungen und Leistungen der Betreuung wie Einkaufen, Spaziergänge, Gespräche u. ä., da immer mehr Pflegebedürftige noch zu Hause leben, ohne dass Familienangehörige in der Nähe wohnen bzw. im Haus lebende Familienangehörige berufstätig und tagsüber außer Haus sind. Die hauswirtschaftlichen Leistungen wie Reinigung der Wohnräume (insbesondere Küche und Bad) und Erledigung von Einkäufen werden von den Mitarbeiterinnen ohne pflegerische Ausbildung übernommen. Weitere Betreuungen können zurzeit nicht angeboten werden. Da nach dem In-Kraft-Treten des PSG II die Nachfrage nach Betreuungsleistungen angestiegen ist, stellt sich für Flott und Fleißig die Frage, ob für die Bereiche Betreuung und Hauswirtschaft nicht noch mehr Personal eingestellt werden muss.

Eine besondere Herausforderung ist für Homecare die Tourenplanung, da sich die Kunden auf das gesamte Einzugsgebiet verteilen. Die Mitarbeiter klagen darüber, dass sie ihrer Ansicht nach viel zu viel Zeit im Auto verbringen. Sie sind der Ansicht, dass die Einstellung weiterer Kolleginnen und Kollegen dringend notwendig sei, um weiterhin eine qualitativ hochwertige Pflege durchführen zu können. Eine besondere Schwierigkeit ist es, die Terminwünsche der zu Pflegenden zu berücksichtigen und zu koordinieren, da auch insbesondere die Anzahl der Besuche pro Tag je Pflegebedürftigem unterschiedlich ist. Die Mitarbeiter und Mitarbeiterinnen beklagen, dass sie kaum Zeit für ein persönliches Gespräch mit den Pflegebedürftigen und deren oft auch alten nahen Angehörigen hätten.

Da es neben der Homecare noch zwei weitere allerdings etwas kleinere Pflegedienste in Mittelstadt gibt, die geschätzt jeweils ca. 80 Personen versorgen, und es Gerüchte gibt, dass demnächst ein überregional vertretener Pflegedienst in Mittelstadt eine weitere Niederlassung eröffnen will, sind Flott und Fleißig unsicher, ob sie weitere Mitarbeiter einstellen können, da dies auch zwangsläufig eine Ausweitung des Fuhrparks erforderlich machen würde.

Zusätzlich erschwert der Fachkräftemangel die Situation, da die Hälfte der nicht examinierten Mitarbeiterinnen aus Polen und Tschechien stammt. Sie übernehmen insbesondere Aufgaben der allgemeinen Pflege und Betreuung und genießen einen sehr guten Ruf bei den zu Pflegenden. Sie arbeiten jeweils für 3–4 Monate am Stück in Deutschland, kehren anschließend für 6 Wochen in ihre Heimat zurück und beginnen dann einen neuen Turnus. Allerdings ist auch unter diesen Mitarbeiterinnen aufgrund der persönlichen Belastungen die Fluktuation groß.

4.2.4.2 Teaching und Learning Notes

Lernziele

Transparenz: Leistungsarten voneinander abgrenzen – Leistungsportfolio erfassen und auswerten – wertschöpfende Tätigkeiten von nicht wertschöpfenden Tätigkeiten unterscheiden – Zeitbedarfe erfassen.

Beratung: Leistungsportfolio planen – Kapazitätsbedarfe ermitteln und planen.

Theoretischer Bezugsrahmen

Transparenz: Grund- und Behandlungspflege – Kapazitätsberechnung und -planung – Marktanalyse.

Beratung: Marktentwicklungsprognose – Tourenplanung – Personaleinsatzplanung.

Mögliche Fragestellungen zur Fallbearbeitung

1. Welche Leistungen bietet der ambulante Pflegedienst an?
2. Welche Tätigkeiten werden im direkten Kontakt mit den Pflegebedürftigen ausgeführt? Wie und warum müssen diese erfasst werden?
3. Welche Tätigkeiten sind darüber hinaus unerlässlich?
4. Welcher Zusammenhang besteht zwischen den angebotenen Leistungen und den vorzuhaltenden Kapazitäten?

5. Welche Rolle spielen die Qualifikationen der Mitarbeitenden für das Leistungsportfolio?
6. Welche Parameter beeinflussen die Zeit- und Tourenplanung?

Begleitende Literatur

Bundesministerium für Gesundheit (2023). Pflegeleistungen zum Nachschlagen. 13. Aktualisierte Auflage. https://www.bundesgesundheitsministerium.de/fileadmin/Dateien/5_Publikationen/Pflege/Broschueren/BMG_Ratgeber-Pflegeleistungen_zum_Nachschlagen_2023_bf.pdf. Downloaded 03.01.2024

Heiber, A. & Nett, G. (2021). Handbuch ambulante Einsatzplanung. Grundlagen, Abläufe, Optimierung. 3. überarbeitete Auflage. Hannover. Vincentz Network, insbesondere S. 105 ff

Kämmer, K. & Link, J. (2022). Management in der ambulanten Pflege. 3. aktualisierte Auflage. Hannover. Schlütersche

Schlürmann, B. (2018). Controlling für ambulante Pflegedienste, Mit Kennzahlen den Pflegedienst erfolgreich steuern. Berlin, Heidelberg. Springer

Verband der Ersatzkassen vdek (2021). Übersicht über vereinbarte ambulante Leistungskomplexe in den Bundesländern (Stand: 01.07.2021). https://www.bundesgesundheitsministerium.de/fileadmin/Dateien/3_Downloads/P/Pflegebericht/siebter_pflegebericht_anlage_7_ambulante_leistungskomplexe_bf.pdf. Downloaded 03.01.2024

4.3 Qualitätscontrolling

4.3.1 Qualitätscontrolling in einem Krankenhaus

4.3.1.1 Patientenversorgung im Fokus

Das Krankenhaus X-Stadt ist ein Krankenhaus der Regelversorgung mit 480 Planbetten, die sich auf die Klinik für Innere Medizin, Allgemeinchirurgie, Unfallchirurgie und Orthopädie, Urologie, Gynäkologie und Geburtshilfe sowie Pädiatrie verteilen. Das Krankenhaus wird in der Rechtsform einer GmbH betrieben, die Anteile der GmbH hält die Stadt zu 100 %. Die Geschäftsleitung des Krankenhauses möchte in Anbetracht der zu erwartenden Krankenhausreformen frühzeitig einen Überblick frühzeitig einen Überblick über die für das Krankenhaus in Frage kommenden Leistungsgruppen erhalten. Man erwartet, dass demnächst mehr Patienten gewonnen werden können, da im Umfeld des Krankenhauses kleinere Kliniken von der Schließung bedroht sind. Schließlich ist die Geschäftsleitung selbst mit der Auslastung des Krankenhauses nicht zufrieden.

Einerseits hat man den Eindruck, dass aufgrund des guten medizinischen und pflegerischen Rufes des Krankenhauses die Patienten von immer weiter weg herkommen. Die Zimmer seien modern und freundlich und das Essen gut. Andererseits mehren sich auch kritische Stimmen, die von einer Behandlung im Krankenhaus X-Stadt abraten. So vermutet man, dass einige niedergelassene Ärzte in X-Stadt ihren Patienten mit Herzproblemen ein Krankenhaus in der Nachbarstadt empfehlen. Das könnte darin begründet sein, dass in den vergangenen Jahren die Zahl der Todesfälle von Patienten, die mit einem Herzinfarkt eingeliefert worden sind, gestiegen ist. Allerdings weist der Oberarzt der kardiologischen Abteilung den im Raum stehenden Vorwurf einer schlechten medizinischen Versorgung weit von sich. Darüber hinaus sieht sich die Geschäftsleitung mit mehreren Klagen wegen fehlerhafter Operationen konfrontiert, die Patienten erlitten z. T. schwerwiegende Komplikationen. Es kann auch nicht ausgeschlossen werden, dass Komplikationen im Rahmen der Narkose immer wieder auftreten.

Außerdem stellt man sich die Frage, ob die pflegerische Versorgung weiterhin den hohen Standard halten kann. So kam es vermehrt zu Wundinfektionen. Besonders bedenklich stimmen sporadische Berichte von Mitarbeiterinnen und Mitarbeitern über Verwechslungen von Patienten in der OP-Vorbereitung und bei der Gabe von Medikamenten, die jedoch in der Regel gerade noch rechtzeitig bemerkt worden sind. Es kann nicht ausgeschlossen werden, dass gerade solche Berichte auch außerhalb des Krankenhauses verbreitet werden und zu einer steigenden Unzufriedenheit führen. Es ist jedoch nicht bekannt, welches Ausmaß solche Ereignisse haben.

Besonders dramatisch ist der in der regionalen Presse ausführlich dargestellte und diskutierte Fall eines 74-jährigen Patienten, der als Notfall mit akuten Atembeschwerden eingeliefert wurde und noch während der Aufnahme verstarb. Die Angehörigen machen sowohl den pflegerischen als auch den ärztlichen Mitarbeitenden der Notaufnahme schwere Vorwürfe, da sie ihrer Ansicht nach die Dramatik der Situation nicht richtig eingeschätzt haben und erst eine halbe Stunde nach Ankunft im Krankenhaus mit der Versorgung des Patienten begonnen hätten. Sie äußern die Vermutung, dass das Personal in der Notaufnahme nicht ausreichend qualifiziert gewesen sei, da der Arzt ja „nur Assistenzarzt" und die Ansprechperson in der Aufnahme keine Pflegekraft, sondern medizinische Fachangestellte gewesen sei.

Bei der Entlassung aus dem Krankenhaus erhalten alle Patientinnen und Patienten einen Fragebogen mit Fragen zu ihrer Zufriedenheit mit den Ärztinnen und Ärzten und dem Pflegepersonal, der Unterbringung und der Verpflegung. Die Fragebögen werden einmal im Monat von den ärztlichen und pflegerischen Stationsleitungen gesichtet. Auffälligkeiten sollen in den Dienstbesprechungen erörtert werden. Für die Patientinnen und Patienten, die während ihres Aufenthaltes ein akutes Problem haben, gibt es auf jeder Station einen „Kummerkasten". Es liegen keine Informationen darüber vor, in welchem Maße Fragebögen und Kummerkästen genutzt werden. Noch weniger ist eine krankenhausweite Auswertung der Inhalte vorhanden.

4.3.1.2 Teaching und Learning Notes

Lernziele

Transparenz: Qualität definieren – objektive und subjektive Qualität unterscheiden – Struktur-, Prozess- und Ergebnisqualität erfassen und Zusammenhänge verdeutlichen – geeignete Messgrößen für Qualität auswählen – Qualitätsindikatoren benennen und erfassen.

Beratung: Messkonzepte für Qualität benennen und beschreiben – Patientenzufriedenheit erfassen – Fehler und Critical Incidents erkennen und erfassen.

Theoretischer Bezugsrahmen

Transparenz: Qualitätsmodell nach Donabedian – Qualitätsindikatoren und Qualitätsberichte – Critical Incident Reporting System CIRS – Beschwerdemanagement.

Beratung: Dienstleitungsqualität – Kano-Modell – Weisse Liste – Patientenzufriedenheit – Fehlerkultur.

Mögliche Fragestellungen zur Fallbearbeitung

1. Welche Aspekte medizinischer Qualität werden thematisiert?
2. Welche Gesichtspunkte subjektiver Qualität spielen eine Rolle?
3. Welche gesetzlichen Rahmenbedingungen gibt es, um die Qualität der Versorgung in einem Krankenhaus zu monitoren?
4. Aus welchen internen Quellen, die in einem Krankenhaus vorhanden sind, können Qualitätsindikatoren abgeleitet werden?
5. Was beeinflusst neben der medizinischen Qualität die Patientenzufriedenheit und damit die subjektive Qualität der Versorgung?
6. Werden möglicherweise wichtige Aspekte der Qualität von den Akteuren übersehen? Wenn ja, welche?

Begleitende Literatur

Deutsche Krankenhausgesellschaft (Hrsg.)(o.J.). Qualität, Hygiene & Sicherheit, https://www.dkgev.de/themen/qualitaet-hygiene-sicherheit/. Downloaded 12.10.2023

Haeske-Seeberg, H. (2021). Handbuch Qualitätsmanagement im Krankenhaus. Stuttgart.

W. Kohlhammer Hellmann, W. (2022). Qualitätsmanagement ist Aufgabe der medizinischen Fachabteilung. Ein Konzept zur Zukunftssicherung des Krankenhauses. 1. Auflage. Wiesbaden. Springer

4.3.2 Qualitätscontrolling in einer stationären Pflegeeinrichtung

4.3.2.1 Von guten und schlechten Pflegeeinrichtungen

Das Wohnstift Haus Sonnenschein ist eine privatwirtschaftlich getragene Einrichtung der Altenpflege. Sie bietet 80 Bewohnerinnen und Bewohnern einen Platz in der stationären Pflege. Drei Viertel der Bewohnerplätze befinden sich in Einzelzimmern (60 Einzelzimmer), die übrigen in Zweibettzimmern (10 Zweibettzimmer). Alle Zimmer sind zu Wohneinheiten zusammengefasst. Jede Wohneinheit besteht aus 6 Einzelzimmern und einem Zweitbettzimmer, einem Gemeinschaftsraum mit Küchenzeile sowie den notwendigen Sanitäreinrichtungen. Darüber hinaus gehören zum Wohnstift noch 40 Wohnungen zwischen 60 und 100 qm Fläche, verteilt auf zwei separate Gebäude. Die

Bewohnerinnen und Bewohner der Wohnungen können Leistungen des betreuten Wohnens in Form von Essen, haushaltsnahen Dienstleitungen und Pflegeleistungen für den Pflegegrad 1 bei Bedarf in Anspruch nehmen. Daneben gibt es ein Gebäude mit Gruppenräumen, Sanitär- und Kücheneinrichtungen, in denen pro Tag 20 Personen in der Form der Tagespflege betreut werden. Am Abend werden die Räume auch für Vortrags- und Musikveranstaltungen genutzt, die allen Bewohnerinnen und Bewohnernangeboten werden. Häufig nehmen aber nur wenige Personen an den Veranstaltungen teil. Abgerundet wird das Angebot des Wohnstifts durch eine Station mit 15 Zimmern, untergebracht im Haus der stationären Pflege, in die Pflegebedürftige zur Kurzzeitpflege aufgenommen werden.

In den letzten Monaten hat die Leiterin der Einrichtung Walburga von Waldhausen zahlreiche Gespräche mit Angehörigen von potenziellen Bewohnerinnen und Bewohnern geführt, die Auskunft über die Pflegequalität der Einrichtung haben wollten. Insbesondere seit der Coronaviruskrise sind Angehörige sehr besorgt über die hygienischen Standards des Hauses sowie im Hinblick auf einen häufigen Mitarbeiterwechsel und den Einsatz von Zeitarbeitskräften. Bei den Gesprächen ging es drüber hinaus auch um Fragen wie Ernährung von demenziell erkrankten Angehörigen, Umgang mit Sturzgefährdungen, ärztliche Versorgung sowie pflegerische Versorgung ihrer bettlägerigen Angehörigen. Andererseits hatte Frau von Waldhausen auch den Eindruck, dass Atmosphäre und der Umgangston im Haus von Pflegekräften mit den Bewohnerinnen und Bewohnern sowie zwischen den Mitarbeiterinnen und Mitarbeiter eine wichtige Rolle spielten. Ebenso kritisch wurde der Zustand der Räumlichkeiten und Einrichtungsgegenstände betrachtet. Einige Angehörige legten großen Wert darauf, dass es außerhalb des Wohnraumes Räumlichkeiten gibt, in denen zu besonderen Anlässen sich auch eine größere Personenzahl mit dem zukünftigen Bewohner bzw. der zukünftigen Bewohnerin aufhalten und Speisen einnehmen kann.

Besondere Sorgen bereitet Frau von Waldhausen die Tatsache, dass in den vergangenen Wochen mehrere Berichte über „untragbare Zustände im Haus Abendrot“ in der regionalen Presse veröffentlicht worden sind. „Keime in der Nachspeise“ über „Bewohner gestürzt – niemand kümmert sich“ bis hin zu „Keiner hat Zeit“ und „Nicht genug gegessen und zu wenig getrunken: Verhungern und verdursten die Bewohner im Haus Abendrot?“ lauten die Überschriften einiger besonders kritischer Artikel.

Gleichzeitig muss das Qualitäts- und Prüfsystem für Pflegeeinrichtungen mit der Erhebung von Qualitätsindikatoren, einer Prüfung durch den MD und der vorgeschriebenen Qualitätsdarstellung umgesetzt werden. Frau von Waldhausen, die die Leitung erst seit einem halben Jahr übernommen hat, möchte sicherstellen, dass alle für das Qualitäts- und Prüfsystem relevanten Informationen vorliegen. Sie möchte auf jeden Fall dafür sorgen, dass die bisher sehr guten Bewertungen, die veröffentlicht werden, nicht durch die negativen Zeitungsberichte in diesem Jahr schlechter ausfallen.

4.3.2.2 Teaching und Learning Notes

Lernziele

Transparenz: Qualität definieren – objektive und subjektive Qualität unterscheiden – Struktur- und Prozessqualität erfassen und Zusammenhänge verdeutlichen – Ergebnisqualität im Kontext der Langzeitpflege beschreiben – geeignete Messgrößen für Qualität auswählen – Qualitätsindikatoren benennen und erfassen.

Beratung: unterschiedliche Messkonzepte für Qualität benennen – verschiedene Dimensionen der Bewohnerzufriedenheit erfassen.

Theoretischer Bezugsrahmen

Transparenz: Qualitätsmodell nach Donabedian – Qualitätsindikatoren und Qualitätsprüfung – Beschwerdemanagement.

Beratung: Pflegemodelle – Dienstleitungsqualität – Kano-Modell – Weisse Liste – Bewohnerzufriedenheit.

Mögliche Fragestellungen zur Fallbearbeitung

1. Welche gesetzlichen Rahmenbedingungen gibt es, um die Qualität der Versorgung in einer Einrichtung der stationären Pflege zu monitoren?
2. Welche Qualitätsindikatoren sieht das Qualitäts- und Prüfsystem für Pflegeeinrichtungen vor?
3. Welche Aspekte von Struktur-, Prozess- und Ergebnisqualität sollten in der Pflegeeinrichtung betrachtet und mit geeigneten Kennzahlen überwacht werden?
4. Welche Qualitätsdimensionen sollten neben der Pflegequalität in dem Pflegeheim noch berücksichtigt werden?
5. Welche Rolle spielt die räumliche Aufteilung und Gestaltung des Hauses für die Qualitätswahrnehmung von Bewohnern und Bewohnerinnen sowie deren Angehörigen?

Begleitende Literatur

Brandl, P. & Ehrenmüller, I. (2019). pQMS extended: Neues Qualitätsmanagementsystem für die Langzeitpflege. Regensburg: Walhalla

Hinrichs, S. & Rommel, U. (2019). Ergebnisqualität erfassen – so geht´s. Hannover. Vincentz Network

Hößl, I. (2017). Pflegecontrolling – Steuern durch Zahlen. In: Bechtel, P., & Smerdka-Arhelger, I. & Lipp, K. (Hrsg.). Pflege im Wandel gestalten – Eine Führungsaufgabe. Berlin, Heidelberg. Springer

Medizinischer Dienst Bund (Hrsg.) (2023). Qualitätsprüfungen von Pflegeeinrichtungen. Das neue Qualitätssystem in der vollstationären Pflege. https://md-bund.de/themen/pflegequalitaet/qualitaetspruefungen.html. Downloaded 16.10.2023

4.3.3 Qualitätscontrolling in einer Arztpraxis

4.3.3.1 Was ist ein guter Arzt und eine gute Praxis

Zwei Internisten, ein Allgemeinmediziner und eine Allgemeinmedizinerin betreiben zusammen eine hausärztlich tätige Berufsausübungsgemeinschaft, in der sich die Allgemeinmedizinerin und der Allgemeinmediziner einen Praxissitz teilen. Die beiden Internisten haben jeder einen Praxissitz. Die vier Ärzte haben verschiedene Zusatzbezeichnungen, die sie dazu berechtigen, auch Leistungen nach dem EBM-Katalog abzurechnen, die neben der fachärztlichen Spezialisierung ebenso eine Weiterbildung auf bestimmten Spezialgebieten erfordern. Dazu gehören Akkupunktur (2 Ärzte), Geriatrie (3 Ärzte), Palliativmedizin (1 Ärztin), psychosomatische Beratung (1 Arzt) und Diabetologie (2 Ärzte). Bei der letzten Teambesprechung sind verschiedene Fragestellungen und Probleme zum Teil recht kontrovers diskutiert worden. Die Anzahl der Patienten pro Quartal konnte trotz aller Bemühungen nicht gesteigert werden.

Gemäß den Vorgaben des § 95d SGB V müssen Ärzte regelmäßig an Fortbildungen teilnehmen und dies durch dokumentierte Fortbildungspunkte nachweisen (250 Punkte innerhalb von 5 Jahren). Die beiden Internisten bevorzugen den Besuch großer Kongresse, die Allgemeinmedizinerin und der Allgemeinmediziner engagieren sich besonders in regionalen Qualitätszirkeln. Nicht immer ist es möglich, an diesen Fortbildungen teilzunehmen. Darüber hinaus gibt zwar auch die Möglichkeit, über zertifizierte Webinare Fortbildungspunkte zu erwerben, allerdings wird das nur wenig bis gar nicht von den Ärzten genutzt. Auch einige Tagungen und Symposien werden als Fortbildungen anerkannt. Alle Praxispartner lassen die zu erwerbenden Punkte bei den jeweiligen Veranstaltungen dokumentieren, was inzwischen weitgehend digital erfolgt und an die zuständige Kassenärztliche Vereinigung weitergeleitet wird. Es gibt jedoch keine praxisinterne Übersicht über die Anzahl der erworbenen Punkte. Vielmehr befürchtet man, dass die Punktezahl nicht ausreichen könnte, um das erforderliche Maß an Fortbildung nachzuweisen und dass dies in Zukunft zu Umsatzeinbußen führt. Gerade hat einer der Praxispartner eine Mahnung mit der Ankündigung von Konsequenzen erhalten, sollte er nicht innerhalb der nächsten zwei Monate die entsprechenden Fortbildungspunkte beleghaft nachweisen können. Außerdem ist eine heftig geführte Diskussion über die Eignung mancher Fortbildungsveranstaltungen für die Realisierung der Praxisziele entstanden. Die Kollegen werfen einem der Internisten vor, Kongresse nach dem Lustprinzip auszusuchen.

Mit Sorge beobachten die Ärzte, dass die Telefonate zur Vereinbarung von Terminen mit den Medizinischen Fachangestellten (MFA), die für die Organisation zuständig sind, immer länger dauern, weil die Anruferinnen und Anrufer mit den angebotenen Terminen nicht zufrieden sind. Gleichzeitig wächst der Zeitbedarf pro Behandlungsfall. Darüber hinaus haben in den vergangenen Monaten mehrere Patientinnen und Patienten die Praxis verlassen, weil sie sich medizinisch falsch und/oder unfreundlich behandelt gefühlt haben. Die Zahl der Patientinnen und Patienten, die sich über zu lange Wartezeiten beklagen, sei es auf einen freien Termin und am Termin selbst trotz Terminvereinbarung, nimmt zu. Besonders markant sind zwei Vorfälle. Ein Privatpatient schreibt an den Beschwerdeausschuss der Ärztekammer, dass seine Erkrankung nicht richtig erkannt und er falsch behandelt worden sei, könne man schon daran erkennen, dass die Rechnung des Arztes, zum dem er gewechselt habe, doppelt so hoch sei wie die aus der Berufsausübungsgemeinschaft. Ein anderer Patient macht in einem Patientenbewertungsportal seinen Unmut über Fließbandmedizin, fehlende Empathie und fehlende Bereitschaft zu Aufklärung und Erläuterungen Luft. Stattdessen bekomme man Informationszettel und Broschüren in die Hand gedrückt, die ein medizinischer Laie sowieso nicht verstehe.

Der Betreuer der Website der Praxis macht darauf aufmerksam, dass außer dem Leistungsangebot der Praxis und den Öffnungszeiten keine Informationen über die besondere Qualität der Praxis zu entnehmen seien. Er regt an, die für Patienten wichtigen Qualitätsindikatoren zu veröffentlichen.

Leider ist es nach dem Ausscheiden zweier langjährig beschäftigter MFAs wiederholt zu Verwechselungen von Patienten und damit von Verordnungen gekommen, sodass Rezepte falsch ausgestellt und von Apotheken Nachfragen erforderlich wurden. Zwei Mal konnte die Verabreichung einer falschen Impfung gerade noch verhindert werden, anscheinend mehrfach wurde Patienten unnötigerweise Blut abgenommen und/oder falsche Blutuntersuchungen bei dem Gemeinschaftslabor, dem die Praxis sich angeschlossen hat, in Auftrag gegeben.

4.3.3.2 Teaching und Learning Notes

Lernziele

Transparenz: Anforderungen an das Qualitätsmanagement in der ambulanten Versorgung kennen – verbreitete Kennzahlen für Qualität reflektieren und erfassen – zwischen medizinisch-fachlicher Qualität und subjektiver Qualität aus Patientensicht unterscheiden –

Beratung: Qualitätsziele formulieren – Zielerreichungsgrade messbar machen und darstellen – Qualitätsprofil im Rahmen des Basic Belief darstellen.

Theoretischer Bezugsrahmen

Transparenz: PDCA-Zyklus – Patientenbefragungen – Bewertungsportale.

Beratung: Benchmarking – Dienstleistungsmanagement – Praxismarketing – RADAR-Logik im EFQM-Modell.

Mögliche Fragestellungen zur Fallbearbeitung

1. Was bedeutet „gut“ im Zusammenhang mit der Beurteilung der Qualität aus der Sicht der Patienten?
2. Ist die Größe der Praxis gemessen an der Zahl der Patienten ein hinreichendes Merkmal für eine gute Qualität?
3. Welche externen Vorgaben zur Qualitätssicherung müssen niedergelassene Ärzte berücksichtigen?

4. Auf welche Qualitätsdimension richten sich die externen Vorgaben hauptsächlich?
5. Welcher Zusammenhang besteht zwischen der Organisation der Praxisabläufe und der Qualitätsbeurteilung?

Begleitende Literatur

Frodl, A. (2016). Praxisqualität, in: Frodl, A.: Praxisführung für Ärzte – Kosten senken, Effizienz steigern. Wiesbaden. Springer Gabler. S. 327–348

Gemeinsamer Bundesausschuss (2023). Qualitätsprüfung und -beurteilung im ambulanten Bereich, https://www.g-ba.de/themen/qualitaetssicherung/datenerhebung-zur-qualitaetssicherung/datenerhebung-qualitaetspruefung-ambulant/. Downloaded 16.10.2023

Gemeinsamer Bundesausschuss (2020). Qualitätsprüfungs-Richtlinie vertragsärztliche Versorgung. Richtlinie zu Auswahl, Umfang und Verfahren bei Qualitätsprüfungen im Einzelfall nach § 135b Abs. 2 SGB V in Verbindung mit § 92 Abs. 1 Satz 2 Nummer 13 SGB V (QP-RL). https://www.g-ba.de/downloads/62-492-2020/QP-RL_2019-10-17_iK-2020-01-14.pdf. Downloaded 16.10 2023

Hensen, P. (2019). Qualitätsmanagement im Gesundheitswesen. Grundlagen für Studium und Praxis. 2. Auflage. Wiesbaden. Springer Gabler

Kassenärztliche Bundesvereinigung (2023). Qualität – Qualität in der ambulanten Versorgung, https://www.kbv.de/html/qualitaet.php. Downloaded 16.10.2023

Rischer, R. & Emmert, M. & Palmowski, S. & Mezsmer, N. (2017). Arztbewertungen, in: Spotlight Gesundheit, Daten – Analysen – Perspektiven Nr.3 2017, https://www.bertelsmann-stiftung.de/fileadmin/files/BSt/Publikationen/GrauePublikationen/VV_SpotGes_Arztbewertung_dt_web.pdf. Downloaded 16.10.2023

4.3.4 Qualitätscontrolling in einer gesetzlichen Krankenversicherung

4.3.4.1 Die Zukunft der Krankenkasse oder die Krankenkasse der Zukunft

Dieter Demut ist seit kurzem Leiter des Controllings einer gesetzlichen Krankenversicherung. Laut Stellenbeschreibung liegt der Fokus seiner Tätigkeit auf der Bearbeitung und Bereitstellung der Daten für den morbiditätsorientierten Risikostrukturausgleich.

Noch bevor er sich näher mit den Notwendigkeiten auseinandersetzen kann, die diese Aufgabe mit sich bringt, liest er in verschiedenen Veröffentlichungen über die Herausforderungen, denen sich eine gesetzliche Krankenversicherung stellen muss. Darin wird auf folgende Aspekte eingegangen:

- Der Wettbewerb zwischen den Kassen wächst. Auch wenn die Servicequalität wichtiger wird, spielen der Preiswettbewerb und damit die zu erhebenden Zusatzbeiträge eine entscheidende Rolle für die Wahl der Versicherung.

- Durch die Öffnung der Krankenkassen verliert die Bindung der Versicherten an ihre regionale, branchenspezifische oder berufsständische Versicherung an Bedeutung.
- Über die Standardleistungen hinaus werden kassenindividuelle Leistungen von den Versicherten erwartet.

Darüber hinaus berichtet ihm die Leiterin des Versichertenservice über verschiedene Klagen, mit denen sich die Mitarbeiterinnen und Mitarbeiter besonders in der Hotline, aber auch mittels elektronischer Anfragen und Beschwerden auseinandersetzen müssen.

- Es gibt Beschwerden darüber, dass die Ausgaben für bestimmte Leistungen wie Akkupunktur, Teilnahme an einer Rückenschule oder auch bestimmte empfohlene Impfungen sowie manche Vorsorgeuntersuchungen nicht übernommen werden, obwohl andere Krankenkassen von Freunden oder Nachbarn dies tun.
- Außerdem ergeben sich Nachfragen nach Disease Management Programmen und den Voraussetzungen zur Teilnahme.
- Es entsteht regelmäßig großer Ärger, wenn vorab zu beantragende Therapien nicht zeitnah bearbeitet und genehmigt werden.
- Zunehmend gehen in der Beschwerdeabteilung auch schriftliche Beschwerden über zu lange Wartezeiten in der Hotline auf einen freien Mitarbeiter sowie unfreundliche und inkompetente Berater und Beraterinnen ein. Diese hingegen stöhnen über die Anzahl der Kundenkontakte und über immer längere Kontaktzeiten wegen ausufernder Kundengespräche. Dagegen scheint die Anzahl der persönlichen Besuche von Versicherten in den Geschäftsstellen zu sinken.

Die Versicherten beteiligen sich anscheinend gerne an Bonus- und Prämienprogrammen, möglicherweise finden aber nicht alle den gleichen Anklang. Bei einer weiteren Zunahme des Anteils älterer Versicherter und Verschlechterung der wirtschaftlichen Lage droht allerdings ein Anstieg der Anträge auf Befreiung von Zuzahlungen.

Die Einführung der Elektronischen Gesundheitskarte ist auch für die Krankenversicherung eine Herausforderung. Sie steht zwar allen Versicherten zur Verfügung, wird jedoch sehr unterschiedlich genutzt. Während sie als Versicherungsnachweis bei der Inanspruchnahme von Leistungen etabliert ist, wird sie als elektronische Patientenakte bisher nur wenig genutzt. Zumindest sind bis jetzt nur relativ wenige Persönliche Identifikationsnummern (PIN) beantragt worden.

Nach diesen Überlegungen ist Demut davon überzeugt, dass im Controlling wesentlich mehr beachtet werden sollte als ausschließlich der Risikostrukturausgleich, wenngleich seine Bedeutung für die Zukunft der Krankenkasse nicht zu vernachlässigen ist.

4.3.4.2 Teaching und Learning Notes

Lernziele

Transparenz: die für den morbiditätsorientierten Risikostrukturausgleich erforderlichen Daten erfassen und aufbereiten – kassenindividuelle Leistungen quantifizieren – Servicequalität mithilfe geeigneter Kennzahlen erfassen.

Beratung: Soziodemografische Struktur der Versicherten reflektieren – Leistungsportfolio steuern – Serviceprozesse transparent darstellen.

Theoretischer Bezugsrahmen

Transparenz: Aufbau und Funktionsweise des morbiditätsorientierten Risikostrukturausgleichs – Aufgaben der gesetzlichen Krankenversicherung – Unterscheidung von Standardleistungen und kassenindividuellen Leistungen.

Beratung: Servicequalität und ihre Erfassung – elektronische Gesundheitskarte – elektronische Patientenakte.

Mögliche Fragestellungen zur Fallbearbeitung

1. Welche Daten müssen zur Berechnung des morbiditätsorientierten Risikostrukturausgleichs aus dem Gesundheitsfonds bereitgestellt werden?
2. Aus welchen Komponenten setzt sich Qualität einer Krankenkasse zusammen?
3. Was erwarten Versicherte vom Service eine Krankenkasse und wie können sich diese Erwartungen im Controlling niederschlagen?
4. Welche harten und welche weichen Kennzahlen lassen sich zur Erfassung der Zufriedenheit der Versicherten mit ihrer Krankenkasse nutzen?

Begleitende Literatur

Boroch, W. (2016). 20 Jahre GKV-Organisationsreform:Was sich bei den Krankenkassen geändert hat. In: GGW Gesundheit+Gesellschaft Wissenschaft. 2016, Jg. 16, Heft 1 (Januar). S. 7–14

Evers, K. & Körfer, R. (2015). Die Entdeckung des Kunden – Verbesserung der Servicequalität in einem Versicherungsunternehmen. In: Zimmermann, G. (Hrsg.). Change Management in Versicherungsunternehmen. Wiesbaden. Springer Gabler

Langmann, K. (2018). Servicequalität in internen und externen Kunden-Lieferanten-Beziehungen: Antezedenzien und Effekte in einer modifizierten Service-Profit Chain. 1. Auflage. Baden-Baden. Nomos.

Matusiewicz, D. (2016). Die zwei großen Herausforderungen der Krankenkassen. In: focus online. http://www.focus.de/finanzen/experten/matusiewicz/krankenkassen-die-zwei-grossen-herausforderungen-der-kassen_id_5604575.html vom 08.06.2016. Downloaded 18.10.2023

Töpfer, A., Delater, N., Silbermann, St. & Maertins, A. (2017). Steuerung der Servicequalität in Echtzeit (SQE)®, in: Bruhn, M., Hadwich, K. (Hrsg.): Dienstleistungen 4.0. Wiesbaden. Springer Gabler

4.4 Erlöscontrolling

4.4.1 Erlöscontrolling in einem Krankenhaus

4.4.1.1 Erlöse als Grundlage des Erfolgs

Das Klinikum Y-Stadt ist ein Krankenhaus der Maximalversorgung und Lehrkrankenhaus der in der Nachbarstadt angesiedelten Medizinischen Fakultät, unter dessen Dach dreiundzwanzig verschiedene Kliniken die Patienten versorgen. Dazu sind im Krankenhausbedarfsplan des Landes 989 Betten vorgesehen. Hinzu kommen noch zwölf verschiedene krankheits- und organbezogene Zentren und weitere drei Zentren (Perinatal-Zentrum, Sozialpädiatrisches Zentrum, Interdisziplinäres Notfallzentrum) sowie ein Medizinisches Versorgungszentrum.

Auf der Tagesordnung der Leitungskonferenz sind immer wieder drei Themen zu finden: Wirtschaftsplanung mit Kostendeckung durch ausreichende Erlöse, Einhaltung der externen Erlösbudgets zur Vermeidung von Ausgleichzahlungen für Mehrerlöse und Beanstandungen der Fallabrechnungen durch die Krankenversicherungen und den Medizinischen Dienst (MD). Der Geschäftsführer vertritt in den Leitungskonferenzen die Ansicht: „Leistungen, die erbracht werden, müssen auch vergütet werden, und man kann nicht mehr ausgeben, als man einnimmt." Er ist insbesondere verärgert über die Beanstandungen der Fallabrechnungen durch den MD und will Kenntnisse über die tatsächlichen Erlöse der Kliniken erlagen. Auf deren Grundlage will er mit den Kliniken interne Kostenbudgets zu vereinbaren. Er strebt an, in Zukunft die Kliniken als Profitcenter zu führen, also die Rentabilität jeder Klinik separat zu betrachten. Vor diesem Hintergrund verlangen die Chefärzte der Kliniken und leitenden Ärzte der Zentren ein transparentes und gerechtes Konzept der Erlöszurechnung. Sie führen an, dass aufgrund der Größe des Hauses mit seinem weit gefächerten Leistungsangebot interne Verlegungen und Klinik übergreifende konsiliarische Leistungen möglich und in einer Vielzahl von Fällen auch notwendig sind, was bei der Erlöszurechnung berücksichtigt werden müsse. Neben der bilanzierungsrechtlichen Frage der Zurechnung der Erlöse zu dem jeweiligen abzuschließenden Geschäftsjahr gibt es deshalb in den Leitungskonferenzen immer wieder Diskussionen darüber, wie die einzelnen Bereiche zum Umsatz des Klinikums beigetragen haben.

Um die wirtschaftliche Situation des Klinikums zu verbessern, sollen Projekte angestoßen werden, die im Kontext eines Lean Managements Leistungserstellungsprozesse hinsichtlich ihrer Effizienz untersuchen und Verbesserungspotenziale aufdecken sollen. Ein Teil der Klinikleitungen lehnt ein solches Vorgehen als unangemessene Anwendung industrieller Methoden rundheraus ab. Am liebsten würden sie solche Projekte in kleineren Geschäftsbereichen ansiedeln, damit nicht zu viel Unruhe unter den Mitarbeitern entsteht. Sie fordern eine schlüssige Begründung für die Auswahl der näher zu untersuchenden Bereiche.

Als besonders problematisch erachtet der Geschäftsführer des Klinikums Y-Stadt die Erlössituation des Interdisziplinären Notfallzentrums. In den letzten Jahren konnte beobachtet werden, dass die Anzahl der ambulant zu versorgenden Patienten stetig zunahm. Man geht davon aus, dass sich dies auch in den nächsten Jahren nicht grundlegend ändern wird. Als Sprecher einer Gruppe von Krankenhäusern der Maximalversorgung beklagt er zu niedrige Erlöse, wenn diese in Relation zu den Vorhaltekosten eines Notfallzentrums und den zu erbringenden Leistungen gesetzt werden.

In den Budgetverhandlungen drängen die Vertreter der Krankenversicherungen darauf, dass die Krankenhäuser bei einem sich ändernden Behandlungsbedarf ihr Leistungsangebot den Bedürfnissen der Patienten anpassen müssen und nicht einfach nur nach mehr Geld rufen sollten. Eine Anpassung von Prozessen gerade auch aus interdisziplinärer Sicht sei dringend erforderlich.

Neben diesen Fragestellungen erwartet der Geschäftsführer von einem Erlöscontrolling auch Transparenz hinsichtlich der unterschiedlichen Erlösarten, da das Krankenhaus nicht nur Erlöse aus der Abrechnung von Behandlungsfällen erzielt, die auf der Grundlage der DRGs abgerechnet werden.

4.4.1.2 Teaching und Learning Notes

Lernziele

Transparenz: Erlösarten eines Krankenhauses unterscheiden – Entwicklung von Erlösen im Zeitverlauf differenziert erfassen – Zurechnung von Erlösen sachgerecht durchführen.

Beratung: Analysenotwendigkeiten erkennen – Verbesserungspotenziale identifizieren.

Theoretischer Bezugsrahmen

Transparenz: MDK-Abrechnungsprüfung – Verfahren der Erlöszurechnung – Erlösbudgets und Mehrerlösausgleich.

Beratung: Organisationsform Profitcenter – Interdisziplinäre Zentren – Organisation der Notfallversorgung – Innerbetriebliche Leistungsverrechnung.

Mögliche Fragestellungen zur Fallbearbeitung

1. Aus welchen Quellen können sich die Erlöse eines Krankenhauses speisen?
2. Was versteht man unter innerbetrieblicher Leistungsverrechnung und wie kann diese vorgenommen werden?
3. Worin besteht der Zusammenhang zwischen Erlösen und Budget- bzw. Wirtschaftsplanung?
4. Was versteht man unter dem Mehrerlösausgleich und wie beeinflusst er die Erlösentwicklung?

5. Was sollte im Zusammenhang mit der Abrechnungsprüfung durch den MD im Rahmen des Erlöscontrollings betrachtet werden?

Begleitende Literatur

Kaczmarek, D. (2014). Leistungs- und Erlöscontrolling / Medizincontrolling. In: Maier, B.: Controlling in der Gesundheitswirtschaft. Modelle und Konzepte für Lehre und Praxis. Stuttgart. Kohlhammer. S. 183–193

Klimpe, D. & Wittland, M. (2022). Innerbetriebliche Leistungsverrechnung – Das modulare Krankenhaus. In: Kümpel, T., Schlenkrich, K., Heupel, T. (Hrsg.) Controlling & Innovation 2022. FOM-Edition. Wiesbaden. Springer Gabler

Knüppel, D. (2014). Erlös- und Ergebniscontrolling. In: Maier, B.: Controlling in der Gesundheitswirtschaft. Modelle und Konzepte für Lehre und Praxis. Stuttgart. Kohlhammer. S. 200–214

Kümpel, Th., Schlenkrich, K. & Heupel, Th. (2022). Controlling & Innovation 2022. Gesundheitswesen. Wiesbaden. Springer Gabler

4.4.2 Erlöscontrolling in einer stationären Pflegeeinrichtung

4.4.2.1 Von Pflegesätzen und Heimentgelten

Die Residenz Waldesruh ist eine Einrichtung der stationären Pflege in der Trägerschaft einer frei-gemeinnützigen Stiftung. Sie bietet 80 Bewohnern einen Platz in der Langzeitpflege. Es sind 60 Einzelzimmer und 10 Zweibettzimmer vorhanden. Alle Zimmer sind zu 10 Wohneinheiten zusammengefasst. Jede Wohneinheit besteht aus 6 Einzelzimmern und einem Zweitbettzimmer, einem Gemeinschaftsraum mit Küchenzeile sowie den notwendigen Sanitäreinrichtungen.

Darüber hinaus gehören zum Wohnstift noch 40 Wohnungen zwischen 60 und 100 qm Fläche, verteilt auf zwei separate Gebäude. Die Bewohner der Wohnungen können Leistungen des betreuten Wohnens in Form von Essen, haushaltsnahen Dienstleitungen und Pflegeleistungen für den Pflegegrad 1 und 2 bei Bedarf in Anspruch nehmen.

Daneben gibt es ein Gebäude mit Gruppenräumen, Sanitär- und Kücheneinrichtungen, in denen pro Tag 20 Personen in der Form der Tagespflege betreut werden.

Abgerundet wird das Angebot des Wohnstifts durch eine Station mit 5 Zwei- und 5 Einbettzimmern, untergebracht im Haus der stationären Pflege, in die bis zu 15 Pflegebedürftige zur Kurzzeitpflege aufgenommen werden können.

Für seine Leistungen der stationären Langzeitpflege erhält das Wohnstift einerseits Geld von den Pflegekassen für jeden Bewohner bzw. jede Bewohnerin in Abhängigkeit von den Pflegegraden der Bewohner und Bewohnerinnen und den Berechnungstagen. Berechnungstage sind Anwesenheitstage zuzüglich die ersten 3 Abwesenheitstage. Ab dem 4. Abwesenheitstag sind Abschläge von mindestens 25 vom Hundert der Pflegevergütung, der Entgelte für Unterkunft und Verpflegung vorzunehmen (vgl. § 87a SGB XI). Davon abzugrenzen sind die Belegungstage. Darunter sind die Anzahl von Tagen zu verstehen, an denen ein Platz für einen Bewohner bzw. eine Bewohnerin durch einen Heimvertrag bereitgestellt wird, unabhängig davon, ob der Bewohner oder die Bewohnerin auch tatsächlich anwesend oder durch Familien- oder Krankenhausaufenthalte abwesend ist. Die zurzeit in dem Stift lebenden Bewohner und Bewohnerinnen verteilen sich auf die Pflegegrade 2 bis 5 annähernd gleichmäßig. Es ist aber davon auszugehen, dass sich diese Verteilung im Zeitverlauf durchaus auch ändern kann.

Zusätzlich zu dem Pflegegeld der Pflegekassen haben die Bewohner und BewohnerıInnen das Heimentgelt zu entrichten, das sich aus dem einrichtungseinheitlichen Eigenanteil an den Pflegesach- und Pflegepersonalkosten, den Kosten für Unterkunft und Verpflegung und den Investitionskosten sowie einer Ausbildungsumlage zusammensetzt. Da das Heimentgelt in den Budgetverhandlungen mit den Pflegekassen prospektiv für das kommende Geschäftsjahr festgesetzt wird, muss es unter der Annahme einer voraussichtlichen Pflegegradverteilung kalkuliert werden, da diese die Höhe des einrichtungseinheitlichen Eigenanteils maßgeblich beeinflussen kann.

Darüber hinaus bietet die Seniorenresidenz Zusatzleistungen an, die mit den Bewohnerinnen und Bewohnern im Heimvertrag gesondert vereinbart werden. Einerseits will man damit besonders finanzkräftige Seniorinnen und Senioren als Bewohner gewinnen, andererseits können die damit zu generierenden Einnahmen aufgrund von Bewohnerwechseln mehr oder weniger stark schwanken. Gleichzeitig sorgt sich die Geschäftsführung, dass der Anteil der Sozialhilfeempfänger steigt und damit Auswirkungen auf die Erlöse durch Zusatzleistungen zu verzeichnen sind.

Die Leiterin des Sozialdienstes hatte vor einiger Zeit ein erweitertes Betreuungsangebot wie Lesungen, Konzerte, kleine Theateraufführungen entwickelt, an dem auch Angehörige und Bewohnerinnen und Bewohner des Quartiers gegen ein Entgelt teilnehmen können. Diese Angebote würde sie noch gerne ausweiten, wenn ausreichend zusätzliche Erlöse erzielt werden und der Träger das Programm regelmäßig unterstützt. Möglicherweise können so auch weitere Zuwendungen in Form von Spenden durch externe Besucher generiert werden.

Die Nachfrage nach freien Plätzen für neue Bewohnerinnen und Bewohner ist anhaltend hoch. Die Heimleitung beobachtet, dass das Durchschnittsalter und der Pflegegradmix der Bewohnerinnen und Bewohner ansteigen und dass die durchschnittliche Verweildauer sinkt. Da der Heimvertrag mit dem Todestag endet und damit keine weiteren Zahlungen erfolgen, führt die im Heimvertrag festgelegte Frist von 2 Tagen zwischen dem Versterben einer Bewohnerin oder eines Bewohners und der Räumung des Zimmers zu geringeren Einnahmen. Berücksichtigt werden muss auch der Zeitbedarf für die Aufbereitung des Raumes vor dem Bezug durch eine neue Bewohnerin oder eines neuen Bewohners.

In Anbetracht der allgemeinen Preisentwicklung insbesondere für Energie sowie dem steigenden Wettbewerb um Pflege(fach)kräfte sowie im Hinblick auf die anstehenden Budgetverhandlungen mit den Pflegekassen plant die Geschäftsführung, das Heimentgelt zu erhöhen, was auf deutliche Kritik des Bewohnerbeirates stößt. Dieser ist der Ansicht, dass selbst beim jetzigen Heimentgelt deutlich mehr Service geboten werden müsste. Ob die geplante Entgelterhöhung bei den Verhandlungen mit den Pflegekassen und Sozialhilfeträgern ausgehandelt werden kann, ist noch völlig offen.

4.4.2.2 Teaching und Learning Notes

Lernziele

Transparenz: Erlösquellen differenzieren – Zusammensetzung von Pflegesätzen und Heimentgelten erläutern – den einrichtungseinheitlichen Eigenanteil erklären und in Beziehung zu Pflegesatz und Heimentgelt setzen – Zuwendungen und Spenden sachgerecht ausweisen.

Beratung: Zusammenhang zwischen Pflegegradmix, Qualität, Aufenthaltsdauer und Erlöspotenzial erörtern – Zusatzentgelte abgrenzen – Besonderheiten von Zuwendungen und Spenden erörtern.

Theoretischer Bezugsrahmen

Transparenz: Pflegegrade – Kalkulation von Pflegesätzen und Heimentgelten.

Beratung: Pflegeversicherung – Budgetverhandlungen – Heimvertrag.

Mögliche Fragestellungen zur Fallbearbeitung

1. Aus welchen Bestandteilen setzt sich der Erlös eines Pflegeheims zusammen?
2. Wie beeinflusst der Pflegegradmix den Erlös?
3. Was versteht man unter Berechnungs- und Belegungstagen?
4. Welche Auswirkungen haben Berechnungs- und Belegungstage auf den Erlös?
5. Welche Leistungen sind durch die Pflegeversicherung abgedeckt?
6. Was sind und welche Rolle spielen Zusatzleistungen?

Begleitende Literatur

König, J. (2018). Pflegegrad-Management. Hannover. Schlütersche

Thiele, D., Loewenguth, S. & Stelter, M. (2021). Mit Kennzahlen effizient steuern: Controlling in Zeiten von Pflege 4.0. Hannover, Vincentz Network

Tillmann, R., Satzvey, S., Floßbach, Ch. & Beckers, D. (2022). Pflegesatzverhandlungen in der stationären Pflege. Erfolgreich verhandeln unter den Bedingungen des GVWG. Hannover: Vincentz

4.4.3 Erlöscontrolling in einer Notdienstpraxis

4.4.3.1 Einzeln und doch gemeinsam

Aufgrund des Sicherstellungsauftrags leisten niedergelassene Ärztinnen und Ärzte u. a. in sogenannten Notdienstpraxen ihren Notdienst außerhalb der Sprechstundenzeiten. Betreiber der Notdienstpraxis Altstadt ist ein Ärztenetz in der Rechtsform einer Genossenschaft, zu der sich 86 Allgemeinmediziner, hausärztlich tätige Internistinnen und Internisten sowie 27 Kinder- und Jugendärzte zusammengeschlossen haben.

Die Öffnungszeiten der Notdienstpraxis sind am Montag, Dienstag und Donnerstag jeweils 18 Uhr bis 23 Uhr, am Mittwoch und Freitag jeweils ab 13 bis 23 Uhr sowie am Samstag, Sonntag und an Feiertagen von 8 Uhr morgens bis zum Folgetag 8 Uhr morgens. In dieser Zeit können Patientinnen und Patienten die Praxis direkt aufsuchen. An allen Tagen ist nach 23 Uhr eine vorherige telefonische Anmeldung erforderlich, wenn der Dienst in Anspruch genommen werden soll. Integriert ist ein kinder- und jugendärztlicher Notdienst, der mittwochs und freitags in den Kernzeiten von 14 bis 20 Uhr und an den Wochenenden und Feiertagen von 9 bis 13 Uhr und von 15 bis 20 Uhr erreichbar ist. In den übrigen Zeiten übernehmen die Allgemeinmediziner die Akutversorgung und können bei Bedarf einen Kinder- und Jugendarzt hinzuziehen.

Der Notdienst umfasst jeweils einen sogenannten Sitzdienst, d. h. Patientinnen und Patienten können die Notdienstpraxis aufsuchen, und einen Fahrdienst, d. h. die diensthabende Ärztin oder der diensthabende Arzt sucht die Patientinnen bzw. Patienten bei Bedarf zu Hause auf.

Auf der Genossenschaftsversammlung kommt zur Sprache, dass es zunehmend Zeiten gibt, in denen die Erlöse die Kosten der Notdienstpraxis nicht decken. Man müsse die Öffnungszeiten überdenken, da aufgrund geänderten Inanspruchnahmen der Leistungen die Erlöse zeitweise stark schwanken. Gleichzeitig habe die Anzahl der „banalen“ Erkrankungen, die keiner Versorgung außerhalb der Sprechstunden bedürfen, zugenommen. Zwar gäbe es Notfallpauschalen unabhängig von der Schwere der Erkrankung. Allerdings können diese pro Patient oder Patientin pro Quartal nur einmal von einem einzelnen Arzt bzw. einer Ärztin abgerechnet werden. Außerdem meint man auch einen Rückgang der Anzahl der Privatpatienten zu beobachten, allerdings gibt es dazu noch keine näheren Erkenntnisse.

Wie in vielen Notdienstpraxen übernehmen auch hier eine Reihe von sogenannten Pool-Ärztinnen und -Ärzten die Dienste der zum Dienst verpflichteten Inhaberinnen und Inhaber der Kassenarztsitze. Sie arbeiten im Rahmen eines Pool-Arzt-Vertrages zwar ärztlich selbstständig, organisatorisch jedoch angestellt bei der Notdienstpraxis und erhalten für ihre Tätigkeit einen festen Stundensatz unabhängig von der Zahl der versorgten Patienten. Durch die Rechtsprechung des Bundessozialgerichts in einem zu entscheidenden Fall, dass für diese Pool-Ärzte Sozialversicherungsbeiträge zu entrichten sind, wird in der Vertreterversammlung darüber heftig diskutiert, ob diese aus den erzielbaren Erlösen refinanziert werden können, will man nicht den Stundensatz für die Pool-Ärztinnen und -Ärzte um den Arbeitgeberanteil reduzieren. Aufgrund der allgemeinen Situation auf dem Markt hält man dies nur für schwer durchsetzbar. So stellt sich die Frage, wann und in welchem Umfang Pool-Ärztinnen und -Ärzte überhaupt eingesetzt werden, und welche Erlöse durch ihre Tätigkeiten generiert werden. Allerdings wird auch angemerkt, dass noch nicht klar ist, ob dieses Urteil für Poolarztbeschäftigungen allgemein oder nur in besonderen Fällen Gültigkeit hat.

Im Übrigen zeichnet sich vor dem Hintergrund einer angestrebten Neuregelung der Überschussbeteiligung eine strittige Diskussion zwischen den verschiedenen Facharztgruppen ab. Jede nimmt für sich in Anspruch, entweder den größten Umsatzanteil zu erwirtschaften oder die meisten Patientinnen und Patienten zu versorgen, und zwar nicht nur absolut, sondern auch in Relation zur Anzahl der angebotenen Dienststunden. Letzteres wird insbesondere von den Kinder- und Jugendärzten betont.

Des Weiteren ist der Umfang des Fahrdienstes umstritten. Da das Einzugsgebiet der Notdienstpraxis recht groß ist, ist ein Teil der Ärzte der Ansicht, dass die Erlöse aus den Wegepauschalen nicht kostendeckend sind. Demgegenüber ist eine andere Ärztegruppe der Ansicht, dass die Zahl der Hausbesuche so gering sei, dass die übrigen Erlöse defizitäre Fahrtkosten leicht ausgleichen könnten. Außerdem macht einer der Genossen darauf aufmerksam, dass eine Reihe von Notdienstbesuchen in den Altenpflegeeinrichtungen des Versorgungsgebietes anfallen.

4.4.3.2 Teaching und Learning Notes

Lernziele

Transparenz: Struktur des ärztlichen Notdienstes darlegen – Erlöse notdienstspezifisch gliedern – Umsatzstrukturanalyse erstellen – Erlösschwanken nach zeitlichen, saisonalen und stochastischen Merkmalen differenzieren.

Beratung: Auswirkungen des Sicherstellungsauftrags erkennen – Notdienstorganisationsform reflektieren.

Theoretischer Bezugsrahmen

Transparenz: Sicherstellungsauftrag im Rahmen der ambulanten ärztlichen Versorgung – Reform der Notdienstorganisation.

Beratung: Portalpraxen am Krankenhaus – Genossenschaften als Träger von Arztpraxen.

Mögliche Fragestellungen zur Fallbearbeitung

1. Wie werden ärztliche Leistungen im Rahmen des Notdienstes abgerechnet?
2. Welche Rolle spielt die Uhrzeit der in Inanspruchnahme des Notdienstes für die Leistungsabrechnung?
3. Wie werden Besuche zu Hause oder in Wohn- und Pflegeeinrichtungen im Rahmen des Notdienstes vergütet?
4. Was ist der Unterschied zwischen dem allgemeinen und einem fachärztlichen Notdienst?
5. Aus welchen Gründen kann es zu Schwankungen in der Inanspruchnahme des Notdienstes kommen?

Begleitende Literatur

Kassenärztliche Bundesvereinigung (2023). Reform der Notfallversorgung. https://www.kbv.de/html/notfallversorgung.php#:~:text=Hierfür%20steht%20bereits%20seit%202012,Uhr%2C%20365%20Tage%20im%20Jahr. Downloaded 30.10.2023

Kassenärztliche Bundesvereinigung (o.J.). Der Patientenservice 116 117 – Der Service mit den Elfen. Über den ärztlichen Bereitschaftsdienst. https://www.116117.de/de/aerztlicher-bereitschaftsdienst.php. Downloaded 30.10.2023

Ärztekammer Nordrhein (2022). Gemeinsame Notdienstordnung der Kassenärztlichen Vereinigung Nordrhein und der Ärztekammer Nordrhein. https://www.aekno.de/aerzte/gesetze-verordnungen/gemeinsame-notdienstordnung#_12. Downloaded 30.10.2023

4.4.4 Erlöscontrolling in einer Apotheke

4.4.4.1 Woraus sich der Umsatz speist

Friederike Fuchs ist Apothekerin und betreibt eine Apotheke in Maushausen. Außer ihr sind noch drei weitere Apotheken in dem Ort zu finden, die sich um die Versorgung der Bevölkerung mit Arzneimitteln kümmern.

Neben den rezeptpflichtigen Medikamenten, die die Kundinnen und Kunden in dem Geschäftslokal der Apotheke aufgrund einer ärztlichen Verordnung erhalten und deren Umsatzvolumina stark durch Fest- und Rabattverträge reguliert werden, bietet Fuchs auch OTC-Arzneimittel an. Dabei handelt es sich um solche Präparate, die auch ohne ärztliche Verschreibung frei erworben werden können. In den vergangenen Jahren hat sich das angebotene Sortiment stark ausgeweitet, nicht zuletzt aufgrund steigender Konkurrenz durch Online-Apotheken und Drogeriemärkte. Deshalb hat Fuchs noch homöopathische Produkte wie Globuli, Bachblüten oder Dr. Schüßler-Salze und Kräutertees, Nahrungsergänzungsmittel und Sportlernahrung sowie Produkte aus dem Segment Körperpflege und Kosmetik in ihr Sortiment aufgenommen.

Bereits weit vor der Corona-Virus-Pandemie hat Fuchs ihren Kundinnen und Kunden angeboten, Medikamente nach Bestellung auch nach Hause zu liefern, was insbesondere von älteren Personen angenommen worden ist. Die gewünschten Auslieferungen konnten pro Tag in maximal 2 Stunden in einer Liefertour getätigt werden und beschränkten sich ausschließlich auf rezeptpflichtige Medikamente. Durch die Einschränkungen des Lockdowns in der Pandemie ist die Zahl der Lieferwünsche angestiegen, sodass Fuchs sich überlegt, eine zweite Liefertour zu etablieren. Bisher konnten die Lieferungen unentgeltlich für die Kundinnen und Kunden angeboten werden, da die entstehenden Kosten durch die Gesamterlöse der Apotheke gedeckt werden konnten. Allerdings entsteht nun die Frage, welchen Einfluss die Belieferung möglicherweise auf den „Mitnahme-Effekt" hat. Fuchs befürchtet, dass die Erlöse aus Nahrungsergänzungsmitteln und Sportlernahrung sowie Produkten der Körperpflege und Kosmetik zurückgehen werden. Ebenso stellt sie sich die Frage, ob auch OTC-Arzneimittel auf dem Lieferweg nachgefragt werden. Fuchs richtet auf ihrer Website einen kleinen Online-Shop ein, um die Akzeptanz und Nachfrageentwicklung in diesem Bereich zu testen.

Darüber hinaus beliefert Fuchs vier niedergelassene Ärzte mit ihrem Arzneimittel-Sprechstundenbedarf, den diese rezeptieren und der mit den Gesetzlichen Krankenkassen abgerechnet werden kann. Eine besondere Rolle spielen dabei die Impfstoffe, die einerseits richtig gelagert werden müssen, deren Nachfrage aber auch z. T. starken saisonalen Schwankungen (Grippe, FSME) unterworfen ist.

Hinsichtlich des Sortiments und der begrenzten Raumkapazitäten muss Fuchs sich auch Gedanken über die Vorratshaltung machen, will sie doch ihren Kundinnen und Kunden die besonders umsatzstarken Produkte auch direkt ohne Verzögerung anbieten können.

Da sich in Maushausen im vergangenen Jahr auch zwei hochspezialisierte Fachärzte niedergelassen haben, die auch eine beachtliche Zahl von auswertigen Patienten anziehen und durchaus hochpreisige Medikamente verordnen, erhofft sich Fuchs ein zusätzliches Umsatzwachstum. Sie überlegt, dies zu forcieren, indem sie in Zusammenarbeit mit den Ärzten ein spezielles Beratungsangebot aus pharmazeutischer Sicht etabliert. Gleichwohl ist sie sich bewusst, dass diese sogenannten Hochpreiser im Vergleich zu anderen Präparaten niedrigere Gewinnmargen haben, gemessen am Verhältnis vom Gewinn zum Umsatz. Allerdings können die Gewinne pro abgegebener Packung durch die Kombination von Fixpauschale und prozentualer Vergütung bei der Ermittlung des Apothekenhonorars durchaus interessant sein.

Mit Interesse verfolgt Fuchs die Diskussionen um die möglichen Leistungsausweitungen hin Richtung der Durchführung von Impfungen und Vorsorgen. Sie fragt sich, ob dies in Zukunft eine relevante Bedeutung für ihre Umsätze haben kann. Bereits vor der Corona-Krise hat sie Blutzuckertest und Blutdruckmessungen angeboten, die allerdings gefühlt nicht im nennenswerten Umfang nachgefragt wurden. Während der Pandemie hat sie sich an Impfaktionen beteiligt und die notwendigen Fortbildungen absolviert. Nun würde sie das Impfangebot gerne weiterführen und eventuell sogar ausbauen, zumal sie über einen geeigneten Raum verfügen kann.

4.4.4.2 Teaching und Learning Notes

Lernziele

Transparenz: Zusammensetzung des Portfolios sichtbar machen – Portfolio analysieren – Entwicklungspotenziale darlegen.

Beratung: Marktentwicklungen erkennen – Primäre und Sekundäre Leistungen unterscheiden.

Theoretischer Bezugsrahmen

Transparenz: Rabattverträge und Festbetragsarzneimittel – OTC-Arzneimittel – Praxisbedarfe und ihre Abrechnung.

Beratung: Sortimentspolitik – Online-Apotheke – pharmazeutische Dienstleistungen.

Mögliche Fragestellungen zur Fallbearbeitung

1. Was gehört alles zum originären Portfolio der Apotheke und wie kann dies strukturiert werden?

2. Welche Portfolioerweiterungen sind in den vergangenen Jahren hinzugekommen?
3. Wie könnte die Bedeutung dieser Erweiterungen gemessen werden?
4. Welche Entwicklungen auf dem Apothekenmarkt sind im Hinblick auf die Zukunft zu beachten?
5. Wie können solche Entwicklungen unter den Gesichtspunkten eines Erlöscontrollings beobachtet werden?

Begleitende Literatur

Dongus, N. (2022). Controlling (Teil 1–4). In: DAZ online, Deutsche Apothekerzeitung, August/September 2022, https://www.deutsche-apotheker-zeitung.de/news/artikel/2022/08/12/allgemeine-betriebswirtschaft-welche-kennzahlen-sind-fuer-die-apotheke-wichtig. Downloaded 02.11.2023

Hüttemann, D. (2022). Das sind die pharmazeutischen Dienstleistungen. In: Pharmazeutische Zeitung, 10.06.2022, https://www.pharmazeutische-zeitung.de/das-sind-die-pharmazeutischen-dienstleistungen-133663/#:~:text=Die%20ersten%20fünf%20pharmazeutischen%20Dienstleistungen,und%20eine%20Beratung%20bei%20Polymedikation. Downloaded 02.11.2023

Eggers, G. (2020). Apotheken-Controlling. Optimierung des wirtschaftlichen Erfolgs auf der Grundlage eines Kennzahlensystem. Stuttgart. Deutscher Apothekenverlag

Jung, M. (2019). Controlling on der Apotheke. Wirtschaftlicher Erfolg durch sinnvolle Steuerungsinstrumente. 3., überarbeitete Auflage. Eschborn: Govi

4.5 Personalcontrolling

4.5.1 Personalcontrolling in einem Krankenhaus

4.5.1.1 Die Krux mit dem Personal

Das Krankenhaus Unterheim ist ein Krankenhaus der Grundversorgung in einem ländlichen Raum. Das nächste Oberzentrum ist ca. 40 km entfernt und nur über kurvige Landstraßen zu erreichen. In den monatlichen Besprechungen zwischen der Geschäftsführerin, dem Ärztlichen Direktor und der Pflegedienstleiterin kommt immer wieder das Thema Personal zur Sprache.

Die Pflegedienstleiterin beklagt den Personalmangel in der Pflege. Es würde immer schwieriger, Ersatz für ausscheidende Pflegekräfte zu finden. Das sei nicht nur bei den Fachkräften mit Zusatzqualifikationen der Fall, sondern zunehmend auch bei nicht weiter qualifizierten Gesundheits- und Krankenpflegerinnen und -pflegern. Hinzu kommt, dass die Grundlage der Personalbemessung zukünftig neu geregelt wird. Die Auswirkungen der Umsetzung der Pflegepersonalregelung PPR 2.0 müssen rechtzeitig bedacht werden.

Außerdem befürchtet sie eine weitere Verschärfung der Situation in den nächsten 5 Jahren, da nach ihrem Eindruck dann ca. ein Viertel der Mitarbeiterinnen und Mitarbeiter die Altersgrenze zum Eintritt in den Ruhestand erreicht. Allein durch Pflegekräfte aus dem Ausland sei das Problem nicht zu beheben.

Zusätzlich hat sie das Problem, dass sich aufgrund von Krankmeldungen immer wieder Engpässe auf den Stationen ergeben, die nur durch Mehrarbeit des vorhandenen Personals gestopft werden könnten. Deshalb würden gerade auch jüngere Pflegekräfte das Krankenhaus verlassen, da sie eine solche Dienstbelastung ihren Familien nicht länger zumuten können und wollen. Sie wechseln zu Unternehmen, die insbesondere Fachpflegekräfte als Zeitarbeitskräfte beschäftigen und diese an Krankenhäuser mit Engpassproblemen vermitteln. Dort ist die Vergütung besser und außerdem können sie ihre Tätigkeit auf fest definierte Zeiten beschränken. Allerdings verursachen solche Kräfte Kosten, die die Personalkosten der fest angestellten Pflegekräfte deutlich übersteigen. Teilweise mussten schon Betten gesperrt werden, da nicht ausreichend Pflegepersonal vorhanden war. Nicht zuletzt ist dafür nach Aussagen der Pflegedienstleiterin die Einhaltung der Pflegepersonaluntergrenzen ursächlich.

Deshalb muss es gelingen, die Attraktivität des Krankenhauses Unterheim für Pflegekräfte zu steigern, damit vorhandene Pflegekräfte bleiben und neue festangestellt hinzugewonnen werden können. Sie habe jedoch keinen Überblick, wie im Detail das Krankenhaus Unterheim von Fluktuationen jedweder Art betroffen sei. Außerdem sei ihr nicht klar, was denn nun eigentlich den Pflegekräften außer verlässlicher Dienstzeiten noch wichtig sei. Auch lägen ihr keine systematisch aufbereiteten Informationen über Fort- und Weiterbildungen der Pflegekräfte vor. Dies sei aber gerade in Anbetracht der Akademisierung der Pflege und der Diskussionen um Kompetenzen und Aufgaben der Pflegekräfte von enormer Bedeutung.

Der Ärztliche Direktor spricht ebenfalls von einem eklatanten Personalmangel im ärztlichen Dienst. Selbst er müsse in der Woche regelmäßig 2 bis 3 Rufbereitschaften übernehmen, da sonst seine ihm zugeordneten Oberärzte überlastet wären. Die anderen Chefärzte des Krankenhauses hätten dieselben Probleme. Darüber hinaus ergeben sich auch aus der Krankenhausreform weitere Anforderungen an die Ausstattung mit ärztlichem Personal.

Auch die Feminisierung der Medizin stelle die Abteilungen vor große Herausforderungen. Einerseits liegt in machen Fachdisziplinen der Anteil der Frauen bei bis zu 80 %, andererseits werden gerade chirurgische Disziplinen zu einem deutlich niedrigeren Anteil von jungen Ärztinnen als zukünftiges Berufsfeld gewählt. Bei allen jungen Ärztinnen und Ärzten, die eine Anstellung als Assistenzärztin bzw. Assistenzarzt zur Facharztweiterbildung suchen, sei zu beobachten, dass sie inzwischen sehr wählerisch geworden sein.

Der Geschäftsführer will sich deshalb dafür einsetzen, noch mehr als bisher ärztliches Personal und Pflegekräfte aus dem Ausland zu gewinnen. Er schätzt, dass das Krankenhaus im Vergleich zum landesweiten Durchschnitt hier noch sehr wenig getan habe.

4.5.1.2 Teaching und Learning Notes

Lernziele
Transparenz: Personalstruktur erfassen – Personaleinsatzplanung unterstützen – Personalzufriedenheit mithilfe geeigneter Indikatoren abbilden.
Beratung: Personalzufriedenheit erheben – Personalbedarfsplan aufstellen.

Theoretischer Bezugsrahmen
Transparenz: Personalcontrolling – Personalbestandsanalyse – Personalbedarfsplanung – Pflegepersonalregelung PPR 2.0.
Beratung: Personalbindung – zeitgemäße Dienstplangestaltung – Personalentwicklung – Krankenhausreform.

Mögliche Fragestellungen zur Fallbearbeitung

1. Welche Aspekte sind bei der Darstellung der Personalstruktur für das Krankenhaus von Bedeutung?
2. Welche Rolle spielen die Soll-Personalzahlen sowohl im Pflegedienst als auch im ärztlichen Dienst für den Betrieb von Betten und Abteilungen?
3. Welche sozio-demografischen Entwicklungen haben einen Einfluss auf das Personalmanagement?
4. Welche Kennzahlen könnten indirekt Aufschluss über die Personalzufriedenheit geben?

Begleitende Literatur
Klauber, J., Wasem, J., Beivers, A. & Mostert, C. (2023). Krankenhausreport 2023 – Schwerpunkt Personal. Berlin, Heidelberg. Springer
Naegler, H. & Grabsch, M. (2021). Personalmanagement im Krankenhaus. 5. aktualisierte und erweiterte Auflage. Berlin. Medizinisch Wissenschaftliche Verlagsgesellschaft
Sacco, V. (2022). Personalcontrolling: Personalbezogene Kennzahlen im Management Reporting und externen Reporting, Wiesbaden. Springer, Gabler

4.5.2 Personalcontrolling in der stationären Altenpflege

4.5.2.1 Fachkräftemangel und kein Ende in Sicht

Das Wohnstift Haus Wiesengrund ist eine privatwirtschaftlich getragene Einrichtung der Altenpflege. Sie bietet 80 Bewohnern einen Platz in der stationären Pflege. Die Bewohner haben unterschiedliche Pflegebedarfe, einige wenige sind noch dem Pflegegrad 2 zugeordnet, die weit überwiegende Zahl hat den Pflegegrad 3 und 4. Allerdings ist in den letzten Jahren auch festzustellen, dass mit zunehmender Lebenserwartung die Zahl von

Bewohnerinnen und Bewohnern mit dem Pflegegrad 5 zunimmt. Die Anteile können sich von Jahr zu Jahr durchaus ändern, je nachdem wie viele Bewohnerplätze im Laufe eines Jahres frei werden, weil Bewohnerinnen und Bewohner versterben oder auch das Heim aus anderen Gründen verlassen.

Die Pflegegrade erfordern eine entsprechende Ausstattung mit Pflegepersonal unter Berücksichtigung der Qualifikationsstufen Pflegefachkraft, Hilfskraft mit einer mindestens 1-jährigen Ausbildung und Hilfskraft ohne Ausbildung. In den letzten Jahren hat der Geschäftsführer der Einrichtung Ruppert Rau zunehmend das Problem, dass die „Personaldecke immer kürzer" wird, wie er in einem der zahlreichen Gespräche mit Angehörigen der Bewohnerinnen und Bewohner formuliert.

Einerseits sind die Bewohnerinnen und Bewohner und deren Angehörige durchaus mit der empathischen Haltung der Mitarbeiterinnen und Mitarbeiter zufrieden. Andererseits beklagen sie aber, dass die Pflegekräfte zu wenig Zeit hätten und ständig in Eile seien. Außerdem könnten sie manche Mitarbeiterinnen und Mitarbeiter gar nicht mehr verstehen, da diese nur schlecht Deutsch sprächen. Und immer wieder würden andere Pflegerinnen und Pfleger kommen, die sie gar nicht kennen würden, die anscheinend auch nur zeitweise in der Einrichtung arbeiten würden und sich gar nicht richtig in dem Haus auskennen.

Der Geschäftsführer Ruppert Rau und die Pflegedienstleitung Sabine Sanft sehen sich zwischen allen Stühlen:

- unzufriedene Mitarbeiterinnen und Mitarbeiter, die nur kurze Zeit in der Einrichtung verbleiben und dann wieder die Stelle wechseln oder ganz aus dem Beruf ausscheiden
- in der Folge unbesetzte Stellen
- Unzufriedenheit der verbleibenden Mitarbeiterinnen und Mitarbeiter über eine zunehmende Zahl von Überstunden und Unzufriedenheit mit der Vergütung
- immer häufiger Notwendigkeit kurzfristiger Anpassungen der Dienstpläne aufgrund von Krankmeldungen
- auch dadurch eine steigende Zahl von Überstunden und die Notwendigkeit der Ausweitung von Bereitschaftsdienstregelungen
- zunehmender Einsatz ausländischer Mitarbeiterinnen und Mitarbeiter und deren Einbindung in das Team
- ein wachsender Anteil demenziell erkrankter Bewohnerinnen und Bewohner, die eine spezielle Versorgung benötigen
- steigender Bedarf an Fortbildungen im Hinblick auf demenziell erkrankte sowie multimorbide Bewohnerinnen und Bewohner und mehr Bewohnerinnen und Bewohner, die eine palliativ ausgerichtete Pflege benötigen
- der politische Druck auf die Realisierung einer Mindestfachkraftquote
- die Überalterung der Belegschaft sowie ein Mangel an Nachwuchskräften
- die Konkurrenz mit den Krankenhäusern um die knappen Personalressourcen.

Rau und Sanft sind sehr beunruhigt, was in Zukunft noch alles zu bedenken sein wird, insbesondere wenn sie an die Forderungen einer verbesserten Vergütung der Pflegekräfte denken.

Neben den Pflegekräften benötigt die Einrichtung auch noch weitere Mitarbeiterinnen und Mitarbeiter, die zahlreiche weitere Aufgaben übernehmen. Pflege muss durch Betreuung ergänzt werden, damit die Bewohner sich auch wohl fühlen. Hier unterstützen zwar ehrenamtlich tätige Menschen, allerdings scheint die Zahl und der Zeitumfang zurückzugehen. Verpflegung und Hauswirtschaft müssen gewährleistet sein, ebenso müssen Verwaltungsaufgaben bewältigt werden. Zwar gibt es Personalschlüssel auch für die verschiedenen Berufsgruppen, ob diese jedoch immer eingehalten werden können, ist fraglich. Ein Ausweg könnte zumindest teilweise das Outsourcing bestimmter Service-Leistungen sein.

4.5.2.2 Teaching und Learning Notes

Lernziele

Transparenz: Personalstruktur erfassen – Personalbedarf ermitteln – Ausfallzeiten erheben – Fachkraftquote darstellen – Belastungssituation der Mitarbeitenden analysieren.

Beratung: Personalzufriedenheit erheben – Fort- und Weiterbildung erfassen.

Theoretischer Bezugsrahmen

Transparenz: Personalbemessungsverfahren – Personalbedarfsplanung – Pflegegradmix – Personalauslastung – Serviceleistungen – Betreuung und Ehrenamt.

Beratung: Mitarbeitendenmotivation – Arbeitszufriedenheit – Betriebliches Gesundheitsmanagement – Pflegereform – Outsourcing.

Mögliche Fragestellungen zur Fallbearbeitung

1. Was ist der Pflegegrads-Mix?
2. Welche Informationen müssen beachtet werden, um den Personalbedarf zu ermitteln?
3. Wie könnte ein passendes Template für den Abgleich von Ist- und Soll-Personalbestand in Excel gestaltet werden?
4. Welche Sachverhalte machen insgesamt Ausfallzeiten aus?
5. Wie lässt sich der Auslastungsgrad der Mitarbeitenden bestimmen?

Begleitende Literatur

Bolz, H. (2022). Pflegeeinrichtung erfolgreich führen. Organisationskultur zwischen Marktorientierung und Berufsethik. Wiesbaden. Springer Gabler

Ribbeck, J. (2020). Personalmanagement in Sozialunternehmen, Theoretische und methodische Grundlagen, Blaue Reihe Sozialmanagement, Regensburg. Walhalla Digital

Schaffmeister, S. (2019). Personalmanagement im Gesundheitswesen. München. UVK utb

4.5.3 Personalcontrolling in einem Medizinischen Versorgungszentrum

4.5.3.1 Personal: Kosten- oder Erfolgsfaktor

Das Gesundheitszentrum Maushausen (GZM) ist ein Medizinisches Versorgungszentrum (MVZ) in der Rechtsform einer eingetragenen Genossenschaft (e.G.) mit einem breiten Spektrum an medizinischen, diagnostischen und therapeutischen Fachbereichen für den Kreis Maushausen. Insgesamt 28 Fachärztinnen und Fachärzte versorgen unter der Leitung eines Internisten die Patientinnen und Patienten in den Fachgebieten Allgemeinmedizin und Innere Medizin (8 Ärztinnen und Ärzte), Pädiatrie (4 Ärztinnen und Ärzte), Unfallchirurgie und Orthopädie (5 Ärztinnen und Ärzte), Urologie (3 Ärztinnen und Ärzte), Neurologie (2 Ärztinnen und Ärzte), Gynäkologie (4 Ärztinnen und Ärzte) und Hals-Nasen-Ohren-Heilkunde (2 Ärzte) sowie zwei weitere Fachärzte für Psychiatrie und Psychotherapie. Darüber hinaus sind dem MVZ angeschlossen eine radiologische Praxis mit 2 Ärzten, eine Physiotherapeutische Praxis mit 6 Physiotherapeuten, 4 Ergotherapeutinnen und 3 Logopädinnen. Insgesamt versorgt das GZM rund 30.000 Patientinnen und Patienten pro Quartal.

Unterstützt werden die Ärztinnen, Ärzte und Therapeutinnen und Therapeuten von 50 medizinischen und 10 kaufmännischen Fachangestellten, von denen die Hälfte Teilzeitstellen von durchschnittlich 20 Wochenstunden innehaben, während die übrigen in Vollzeit mit 38,5 Wochenstunden arbeiten.

Die wirtschaftliche Situation des GZM wurde auf der letzten Generalversammlung aller Mitglieder sehr kontrovers diskutiert. Insbesondere im Hinblick auf den neuen Manteltarifvertrag für die MFAs wurde die Befürchtung geäußert, dass die Personalkosten einen weiter steigenden Anteil der Gesamtkosten ausmachen. Letztendlich könne dieser nur durch einen Personalabbau aufgefangen werden.

Dem steht die Ansicht gegenüber, dass das Personal das Gesicht des MVZ sei. Mit ihm hätten die Patientinnen und Patienten den ersten Kontakt. Sowieso sei das Personal schon überlastet, einerseits durch den steigenden Zeitbedarf bei der Terminplanung mit den Patientinnen und Patienten und durch den immer weiter steigenden Verwaltungsaufwand für Selektivverträge, Behandlungsprogramme und Abrechnungen, andererseits auch durch zusätzliche Aufgaben der Beratung und des Hygienemanagements bedingt durch die Coronavirus-Pandemie. Man müsse sich nur die Entwicklung der Gesamtarbeitszeit der MFAs und der Patientenzahlen in Relation zueinander anschauen. Der Unmut der MFAs steige deutlich, die Krankmeldungen nehmen zu und der Wunsch nach Freizeitausgleich für anfallende Überstunden wird zunehmend häufiger geäußert.

Als besonders schwierig erweist sich die Erstellung eines Dienstplans. Besonders wichtig ist für die Mitarbeiterinnen eine gerechte Verteilung der Begleitung von Notdiensten und die Berücksichtigung von Wunscharbeitszeiten, zumal das GZM als besonderes Merkmal eine Patientenversorgung von 7 Uhr bis 20 Uhr anbietet.

Gleichzeitig gibt es zwischen den verschiedenen Fachgruppen des GZM unterschiedliche Ansichten über den speziellen Bedarf an MFAs zur Unterstützung bei der Patientenversorgung. Damit verbunden ist auch die Frage nach Umfang und Inanspruchnahme von Fortbildungen, die den Fachangestellten eine Spezialisierung ermöglichen soll.

4.5.3.2 Teaching und Learning Notes

Lernziele

Transparenz: Personalstruktur differenziert erfassen – Personalbedarf fachgruppenspezifisch analysieren – zur Verfügung stehendes Arbeitszeitvolumen mit Arbeitsnachfrage vergleichen – Auslastungsgrade erheben – Soll- und Ist-Tätigkeitszeiten in Beziehung setzen.

Beratung: fachgruppenübergreifende und fachgruppenspezifische Tätigkeiten unterscheiden – Effizienzpotenziale aufzeigen.

Theoretischer Bezugsrahmen

Transparenz: Dienstplangestaltung – Tätigkeitsanalyse – familienfreundliches Arbeiten.

Beratung: Bindung von Mitarbeiterinnen und Mitarbeitern – flexible Arbeitszeitmodelle – Human Resources.

Mögliche Fragestellungen zur Fallbearbeitung

1. Welche Tätigkeitsfelder der MFAs sollten unterschieden werden?
2. Welche Einflussgrößen müssen erfasst werden, um die Anzahl der benötigten Mitarbeiterinnen und Mitarbeiter differenziert zu bestimmen?
3. Welche Sachverhalte müssen erfasst werden, um die vertraglich vereinbarten und die geleisteten Arbeitszeiten miteinander zu vergleichen?
4. Welche Parameter müssen bei der Gestaltung der Dienstpläne berücksichtigt werden?
5. Was bedeutet Effizienz im Kontext der Personalplanung in dem MVZ? Welche Daten müssen zur Beurteilung der Effizienz zusammengetragen und analysiert werden?

Begleitende Literatur

Gerlach, D. (2022). Crashkurs Personalcontrolling. Grundlagen, Werkzeuge und Praxisbeispiele. 2. Auflage. München. Haufe

Sacco, V. (2022): Personalcontrolling: Personalbezogene Kennzahlen im Management Reporting und externen Reporting. Entwicklung, Systematisierung und Beurteilung, Wiesbaden. Springer

Schulte, Ch. (2020). Personal-Controlling mit Kennzahlen. Instrumente für eine aktive Steuerung im Personalwesen. 4., vollständig überarbeitete und erweiterte Auflage. München. Franz Vahlen

Zentralinstitut für die kassenärztliche Versorgung in Deutschland (2022). Zi-MVZ-Panel. Jahresbericht 2021, https://www.zi.de/fileadmin/Downloads/Themen/Praxis-Befragungen/Veroeffentlichungen/Jahresberichte/MVZ_JB2021_20230209_online.pdf. Downloaded 04.12.2023

4.5.4 Personalcontrolling in einem ambulanten Pflegedienst

4.5.4.1 Arbeit im Team und doch allein unterwegs

Der ambulante Pflegedienst Homecare GbR hat seinen Sitz in Mittelstadt, einer Stadt im ländlichen Raum mit ca. 30.000 Einwohnern. Das wirtschaftlich relevante Einzugsgebiet umfasst ca. 70.000 Einwohner in einem Umkreis von 25 km rund um Mittelstadt. Gründer und Geschäftsführer sind die beiden gelernten Kranken– und Gesundheitspfleger Florian Fleißig und Friedrich Flott, die auch beide eine Zusatzqualifikation zur Pflegedienstleitung haben. Homecare beschäftigt 49 Mitarbeiterinnen und Mitarbeiter, von denen 33 ebenfalls geprüfte Gesundheits- und Krankenpfleger/innen sind. Davon arbeiten 20 Mitarbeiterinnen und Mitarbeiter in Vollzeit, d. h. 40 h/Woche, die anderen arbeiten in Teilzeit (50 %). Weitere 12 Mitarbeiterinnen und Mitarbeiter sind Krankenpflegehelferinnen und -helfer, von denen 3/4 in Teilzeit tätig sind und 4 Mitarbeiterinnen haben eine Qualifikation zur Betreuung demenziell erkrankter Personen ohne eine weitere pflegerische Ausbildung. Von letzteren arbeiten alle in Teilzeit, 2 sind mit 50 % einer Vollzeitstelle (40 h/Woche) beschäftigt, zwei mit 25 %.

Friedrich Flott hat in der Leitung des Pflegedienstes die Aufgaben des Personalmanagements übernommen. In den vergangenen Monaten haben sich zunehmend Engpässe in der Versorgung der Klienten ergeben, sei es durch Krankheiten oder aufgrund positiver Coronavirus-Tests durch Quarantänen, sei es durch Fortbildungen der Mitarbeitenden oder einfach auch durch immer länger dauernde Fahrzeiten hin zu den Klientinnen und Klienten. Gleichzeitig sind die Anforderungen an die Qualität der Versorgung gestiegen, sodass vermehrt ein Augenmerk sowohl auf die Ausbildung und Qualifikation als auch die Fortbildung der Beschäftigten gelegt werden muss.

Leider muss Flott feststellen, dass es zunehmend schwieriger wird, Mitarbeitende für den Pflegedienst zu gewinnen, zumal die Zahl derjenigen, die nur noch in Teilzeit arbeiten wollen oder sogar ganz ausscheiden, steigt. Insbesondere die Dienstzeiten an Wochenenden und Feiertagen empfinden viele Mitarbeiterinnen und Mitarbeiter als sehr belastend. In den letzten Monaten hat der Pflegedienst mehrere Mitarbeiterinnen verloren, z. T. ruhestandsbedingt, z. T. aufgrund von Unzufriedenheit mit den Arbeitszeiten und der Arbeitsbelastung.

Flott befürchtet, dass aufgrund des zunehmenden Personalmangels die Zahl der Überstunden steigt und weniger Freiraum für interne und/oder externe Fortbildungen vorhanden ist, was sich negativ auf die Zufriedenheit der Beschäftigten auswirken könnte, zumal der durchschnittliche Pflegegrad der Klienten tendenziell steigt. Er befürchtet deshalb, dass auch die bisher hohe Zufriedenheit der Klienten sinkt, wenn die Mitarbeitenden aufgrund des Zeitdrucks zunehmend gehetzt wirken. Gute Erfahrungen hat er bisher mit der Beschäftigung von Pflegenden mit Migrationshintergrund gemacht, da sie das sozio-kulturelle Umfeld einiger Klientinnen und Klienten kennen und besser verstehen können. Die vorhandenen Sprachkompetenzen erleichtern die Verständigung mit diesen Klientinnen und Klienten sehr.

Bisher haben Flott und Fleißig versucht, die Mitarbeitenden durch eine im Branchendurchschnitt vergleichsweise hohe Vergütung zu binden. Dementsprechend machen die Personalkosten einen, verglichen mit anderen Diensten, hohen Anteil an den Gesamtkosten aus.

4.5.4.2 Teaching and Learning Notes

Lernziele

Transparenz: Personalstruktur erfassen – mitarbeiterbezogenes Kompetenzprofil darstellen – wertschöpfende und nicht wertschöpfende Tätigkeiten abgrenzen – Auslastung analysieren – Personalbedarf darlegen.

Beratung: Fortbildungsquote auswerten – Einsatz- und Routenplanung reflektieren.

Theoretischer Bezugsrahmen

Transparenz: Sachleistungsprinzip – Behandlungspflege – Grundpflege – Kultursensible Pflege – Betreuung – Routenplanung.

Beratung: Business-Plan – Arbeitsplatz ambulante Pflege.

Mögliche Fragestellungen zur Fallbearbeitung

1. Wie können die zur Verfügung stehenden Tätigkeitszeiten der Mitarbeitenden ermittelt werden?
2. Welche Unterscheidungen bei der Erfassung der Einsatzzeiten sollten unter Berücksichtigung der Mitarbeiterzufriedenheit vorgenommen werden?
3. Welche Rolle spielen die Fahrzeiten zu den Klienten für die Effizienz des Pflegedienstes?
4. Welche Bedeutung hat der Pflegegrad für die Auswahl des einzusetzenden Personals?
5. Welche Parameter müssen bekannt sein, um eine sinnvolle Routenplanung vornehmen zu können?

Begleitende Literatur

Büscher, A., Schröder, D. & Gruber, E.M. (2022). Die Personalsituation in der ambulanten Pflege. In: Pflege 2022 Jg. 35, Heft 5, S. 269–277. Göttingen. Hogrefe

Kämmer, K. & Link, J. (2022). Management in der ambulanten Pflege. 3. aktualisierte Auflage. Hannover. Schlütersche

Schlürmann, B. (2018). Controlling für ambulante Pflegedienste. Mit Kennzahlen den Pflegedienst erfolgreich steuern. Berlin. Springer

Thiele, D. & Loewenguth, S. (2021). Mit Kennzahlen optimieren. Effizienz in Zeiten von Pflege 4.0. Hannover. Vincentz Network

4.6 Kostencontrolling

4.6.1 Kostencontrolling in einem Krankenhaus

4.6.1.1 Kostendruck oder Kostensteuerung

Das Krankenhaus X-Stadt ist ein Krankenhaus der Regelversorgung mit 480 Planbetten, die sich auf die Klinik für Innere Medizin, Allgemeinchirurgie, Unfallchirurgie und Orthopädie, Urologie, Gynäkologie und Geburtshilfe sowie Pädiatrie verteilen. Darüber hinaus hat das Krankenhaus eine Radiologie, ein Krankenhauslabor und eine eigene Krankenhausapotheke sowie eine Abteilung für physikalische Therapien.

Hinzu kommen eine Krankenhausküche und -wäscherei, ein Hol- und Bringedienst sowie eine zentrale Bettenaufbereitung. Außerdem ist man sehr stolz auf eine eigene Krankenpflegeschule mit langer Tradition. Das Krankenhaus wird in der Rechtsform einer GmbH betrieben, die Anteile der GmbH hält die Stadt zu 100 %.

Seit Beginn des Jahres hat Karlotta Klug die Leitung der Kostenrechnung übernommen. Sie findet eine Kostenrechnung vor, die entsprechend der Krankenhausbuchführungsverordnung die Ist-Kosten im Rahmen der aus der Finanzbuchhaltung herzuleitenden Kostenarten erfasst. Ein Vierteljahr vor ihr hat Stefan Streng die Geschäftsführung des Hauses übernommen. Seine wichtigste Aufgabe, die der Stadtrat ihm bei seinem Amtsantritt mitgegeben hat, ist es dafür zu sorgen, dass das Krankenhaus endlich „schwarze Zahlen schreibt und den Stadthaushalt nicht weiter belastet".

Seit seinem Amtsantritt ist es Streng zunehmend deutlich geworden, dass mit den vorhandenen Informationen die Kosten des Hauses nicht gesteuert werden können. Er fragt sich, für welche Leistungen und an welchen Stellen welche Kosten anfallen, um die Kosteneffizienz des Hauses zu erhöhen. Mögliche Informationen aus der InEK-Kostenmatrix reichen ihm nicht aus. Insbesondere scheinen ihm die Personalkosten besonders hoch zu sein. In Anbetracht der Forderungen nach Vergütungserhöhung für den Pflegedienst nach den bereits erfolgten Gehaltssteigerungen im ärztlichen Dienst möchte er den Personalkosten ein besonderes Augenmerk widmen. Außerdem ist er nach seinen Erfahrungen davon überzeugt, dass es Einsparpotenziale im Bereich der Sachkosten und der Prozesskosten zu erschließen gilt, insbesondere wenn im Einkauf die Zahl der Lieferanten gesenkt und Mengenrabatte für Verbrauchsgüter realisiert werden können.

Für die in regelmäßigem Turnus stattfindenden Gespräche mit den Chefärzten und Abteilungsleitungen würde er gerne belastbare Informationen nutzen, die einen Kostenvergleich mit anderen Häusern ermöglichen. Allerdings möchte er es tunlichst vermeiden, damit ein externes Beratungsunternehmen zu beauftragen. Er ist der Ansicht, das dies auch aus den öffentlich zugänglichen Daten zu bewerkstelligen ist.

Da in Kürze Verhandlungen mit den Krankenkassen über Zusatzentgelte für die Versorgung von schwerstbehinderten Patienten anstehen, die aufgrund einer Spezialisierung im Bereich der Orthopädie vermehrt die Klinik aufsuchen, erwartet Stefan Streng von Frau Klug eine Kostenaufstellung, aus der der Zusatzaufwand nachvollzogen werden kann.

Stefan Streng erwartet von Karlotta Klug Ansätze für ein zukunftsweisendes Kostencontrolling. Sie soll größtmögliche Transparenz über die Kosten des Hauses schaffen und sich dabei auch nicht scheuen, althergebrachte Strukturen kostentechnisch zu durchleuchten und die teilweise kontrovers geführten Diskussionen über die innerbetriebliche Leistungsverrechnung aufzugreifen.

4.6.1.2 Teaching und Learning Notes

Lernziele

Transparenz: Kostenarten, Kostenstellen und Kostenträger unterscheiden – innerbetriebliche Leistungen erfassen und zurechnen.

Beratung: Deckungsbeiträge strukturieren und ermitteln.

Theoretischer Bezugsrahmen

Transparenz: Standardisierte Deckungsbeitragsrechnung im Krankenhaus – Fallkalkulation im Krankenhaus.

Beratung: Innerbetriebliche Leistungsverrechnung – internes und externes Benchmarking.

Mögliche Fragestellungen zur Fallbearbeitung

1. Welche Kostenarten und Kostenstellen sieht die Krankenhausbuchführungsverordnung vor?
2. Welche Besonderheiten bei der Gliederung von Sach- und Personalkosten sind im Hinblick auf die Fallkalkulation zu berücksichtigen?
3. Welche Bedeutung hat die Analyse von Prozesskosten für das Krankenhausmanagement?
4. Welches sind innerbetriebliche Leistungen in einem Krankenhaus?
5. Wozu dient die innerbetriebliche Leistungsverrechnung?
6. Welche Voraussetzungen müssen erfüllt sein, damit Informationen in einem Benchmarking sinnvoll verglichen werden können?

Begleitende Literatur

Deutscher Verein für Krankenhaus-Controlling – Management und Controlling in der Gesundheitswirtschaft (2021). Standard CS 200 Mehrstufige Betriebsergebnisrechnung, https://www.stacog.de/standard-cs-200/. Downloaded 13.11.2023

Hentze, J., Kehres, E. & Maier, B. (2022). Kosten- und Leistungsrechnung in Krankenhäusern. Systematische Einführung. Vollständig überarbeitete Auflage. Stuttgart. W. Kohlhammer

Zapp, W. (2019). Deckungsbeitragsrechnung für Krankenhäuser. Analyse – Verfahren – Praxisbeispiele. Wiesbaden. Springer Gabler

4.6.2 Kostencontrolling in einer Berufsausübungsgemeinschaft

4.6.2.1 Von Kosten und „Eh-da"-Kosten

Die beiden Internisten Kaspar Katz und Manfred Maus betreiben zusammen eine Berufsausübungsgemeinschaft in der Rechtsform einer Gesellschaft des Bürgerlichen Rechts. Neben der Patientenversorgung haben sie die sonstigen Aufgaben, die in einer Praxis zu bewältigen sind, untereinander aufgeteilt. Kaspar Katz kümmert sich um alle betriebswirtschaftlichen Belange. Erst kürzlich hat er, nachdem mehrere Quartalsabrechnungen nicht die erhofften Umsatzerlöse ausgewiesen haben, eine betriebswirtschaftliche Fortbildung besucht. Besonders eindringlich ist bei ihm die Aussage hängen geblieben: „In einer Berufsausübungsgemeinschaft kann man gegenüber der Einzelpraxis Kosten sparen." Genannt wurden Aspekte wie

- Doppelnutzung aller Räume, insbesondere der Gemeinschaftsräume
- Doppelnutzung aller Medizintechnik
- Einsparungen durch bessere Organisation
- Pooling von Dienstleistungen wie Reinigung, Serviceverträge, Abrechnung, Hardware und Software.

Allerdings haben Katz und Maus – abgesehen von den halbjährlich stattfindenden Besprechungen der betriebswirtschaftlichen Auswertungen (BWA) mit ihrem Steuerberater – keine genaueren Vorstellungen über ihre Kosten. Sie wissen zwar, dass die Personalkosten ihrer Medizinischen Fachangestellten den größten Anteil ausmachen und die Kosten für Miete und Energie deutlich gestiegen sind. Katz informiert seinen Partner bisher jedoch im Wesentlichen über den zu erwartenden Jahresüberschuss und damit über den Rahmen der möglichen Privatentnahmen aus dem Betriebsmittelkonto der Praxis. Er geht davon aus, dass die Kosten der Praxis weitgehend fix sind. Die Kosten für medizinische Verbrauchsgüter betrachtet er als durchlaufende Posten, da sie über den Praxisbedarf mit den Krankenkassen abgerechnet werden können. Deshalb ist Katz auch sehr verwundert, dass im Rahmen dieser Abrechnung die Praxis aufgefordert wird, ihren Anteil an Privatpatienten an der Gesamtpatientenzahl offenzulegen.

Katz will sich nun genauer mit den Kosten der Praxis beschäftigen. Gerade ist der neue Manteltarifvertrag für die Medizinischen Fachangestellten veröffentlicht worden. Da die Mitarbeiterinnen der Praxis nach Tarif bezahlt werden, bedeutet der neue Tarifvertrag eine erhebliche Steigerung der Ausgaben für die Gehälter. Überdies möchte eine Vollzeitmitarbeiterin ihre monatlichen Arbeitsstunden reduzieren, sodass eine weitere Teilzeitkraft eingestellt werden müsste.

Gleichzeitig hat der Vermieter der Praxisräume eine Mieterhöhung entsprechend der durchschnittlichen Steigerung im Mietspiegel angekündigt. Hinzu kommt, dass aufgrund der Veränderungen in Selektivverträgen, Dokumentationspflichten und der Datenschutzgrundverordnung neue Software angeschafft werden muss, sodass neben den Einmalausgaben auch erhöhte Ausgaben für Wartungsverträge zu erwarten sind. Die Medizinischen

Fachangestellten befürchten zusätzliche Aufgaben, die sie innerhalb der vereinbarten Arbeitszeiten nicht mehr bewältigen können und wünschen sich weitere personelle Unterstützung.

Darüber hinaus müsste eine neue Laborausstattung (Einrichtung und Geräte) beschafft werden, die in Summe einmalige Kosten in Höhe von ca. 25.000 € verursachen könnte. Stattdessen könnte man aber auch auf das eigene Labor verzichten und sich einem Gemeinschaftslabor anschließen, wodurch dann monatlich Kosten für die in Auftrag gegebenen Laboruntersuchungen anfallen würden.

Als Katz und Maus von Patienten gefragt werden, ob sie Impfungen gegen Covid-19 durchführen, zögern sie. Im Rahmen der für sie geltenden regionalen Impfvereinbarung werden für eine Impfung 15 € vergütet, was auch den Mehraufwand für die Handhabung des Impfstoffes in Mehrdosenbehältnissen, die erweiterten Dokumentationspflichten sowie für das Impfzubehör umfasst. Dies ist deutlich mehr, als sie für eine Grippeschutzimpfung bekommen. Maus ist der Ansicht, dass dies doch eine attraktive Vergütung sei, da das Personal und die Räume ja „eh da" seien und deshalb keine zusätzlichen Kosten verursachen würden. Katz fragt sich aber, ob diese Vergütung kostendeckend ist.

4.6.2.2 Teaching und Learning Notes

Lernziele

Transparenz: fixe und variable Kosten unterscheiden – Aufwand und Kosten voneinander abgrenzen – Prozess als Reihenfolge von Tätigkeiten beschreiben – leistungsmengenneutrale und leistungsmengenindizierte Kosten erfassen.

Beratung: Bedeutung der Fixkosten für die Kalkulation erörtern – Prozesskosten kalkulieren – Vollkosten und Teilkosten unterscheiden.

Theoretischer Bezugsrahmen

Transparenz: Abgrenzung von Ausgaben, Aufwand und Kosten – Kalkulation – Prozesskostenrechnung – Tätigkeitsanalyse – kostenorientierte Preisbildung – Vollkostenrechnung – Teilkostenrechnung.

Beratung: Kostenstrukturanalyse – Fixkostendegression - Outsourcing.

Mögliche Fragestellungen zur Fallbearbeitung

1. Welcher Zusammenhang besteht zwischen Ausgaben, Aufwand und Kosten?
2. Welche Kostenarten sind in einer Arztpraxis unter Berücksichtigung des Standardkontenrahmen 03 (SKR 03) zu unterscheiden?
3. Welche Kostenstellen lassen sich in dieser Arztpraxis erkennen?
4. Welche Bedeutung hat die Leistungsmenge hinsichtlich der Unterscheidung von fixen und variablen Kosten?
5. Welche Kosten sind in einer Arztpraxis fix und welche variabel?
6. Aufgrund welcher Überlegungen sollten erforderlichen Entscheidungen Teil- oder Vollkosten zugrunde gelegt werden?

Begleitende Literatur

Daumann, F. & Esipovich, L. (2020). Kostenrechnung für Arztpraxen. 1. Auflage. München. UVK

Ewerdwalbesloh, Th. (2018). Betriebswirtschaftliche Grundlagen für Arztpraxen: Einstieg in die Praxisanalyse und die betriebswirtschaftliche-Beratung von Ärzten. 2. Auflage. Nürnberg. Datev e.G

Frodl, A. (2022). Praxisführung für Arzt- und Zahnarztpraxen. Kosten senken, Effizienz steigern. Wiesbaden. Springer Gabler

4.6.3 Kostencontrolling in einer stationären Pflegeeinrichtung

4.6.3.1 Was die Pflege kostet

Die Residenz Sonnenschein ist eine privatwirtschaftlich getragene Einrichtung der Altenpflege. Sie bietet 80 Bewohnern einen Platz in der stationären Langzeitpflege und in einem separaten Gebäude noch einmal 20 Personen Einzelzimmer für eine Kurzzeitpflege.

Während die Plätze der Langzeitpflege im Jahresdurchschnitt zu 98 % ausgelastet und damit durchgehend annähernd voll belegt sind, schwankt die Auslastung in der Kurzzeitpflege stark. Zwischen einer Belegung von nur 75 % im Minimum und einer Vollauslastung mit dem Problem, Nachfrage auch nicht befriedigen zu können, unterliegt die Kurzzeitpflege deutlich wahrzunehmenden saisonalen Schwankungen. In beiden Versorgungsbereichen werden Bewohnerinnen und Bewohner bzw. Gäste mit unterschiedlichen Pflegegraden versorgt. Während der Pflegegradmix in der Langzeitpflege bei 3,8 mit steigender Tendenz liegt, ist der Pflegegradmix in der Kurzzeitpflege eher auf einem etwas niedrigeren, tendenziell gleichbleibendem Niveau von 3,2.

Gunnar Gutmensch ist seit zwei Jahren als Geschäftsführer in der Residenz Sonnenschein tätig. Seit einiger Zeit ist zu befürchten, dass die Residenz die Kosten durch die Einnahmen nicht mehr decken kann. Aufgrund der gesetzlich vorgeschriebenen kostenorientierten Preisbildung im Pflegesektor sieht Gutmensch in der Kostenreduktion den einzigen Weg aus der sich ankündigenden Finanzkrise der Residenz. Deshalb will er alle Kostenbestandteile des Heimentgeltes bzw. der Tagessätze für die Kurzzeitpflege analysieren, um Kostensenkungspotenziale zu identifizieren.

Besondere Sorgen bereiten ihm dabei die Personalkosten, die inzwischen einen Anteil von mehr als 65 % der Gesamtkosten ausmachen und aufgrund des Pflegepersonalmangels und der steigenden Konkurrenz um Fachkräfte mit den Krankenhäusern weiter zu steigen drohen, da die Krankenhäuser insbesondere den Fachkräften eine bessere Vergütung anbieten. Erschwerend kommt hinzu, dass die Personalkosten in Abhängigkeit vom erwarteten Pflegegrad-Mix der Bewohnerinnen und Bewohner geplant werden müssen. Steigt der durchschnittliche Pflegegrad wird gemäß des Pflegepersonalschlüssels mehr Pflegepersonal benötigt, sinkt der durchschnittliche Pflegegrad, kann nur weniger

Personal über das Pflegegeld der Pflegekassen refinanziert werden. Der einrichtungseinheitliche Eigenanteil an den Pflegekosten im Heimentgelt müsste dann entsprechend angehoben werden, um weiterhin die Kosten decken zu können.

Gleichzeitig bedarf das Haus einer dringenden Renovierung, will man seinem Namen als Residenz mit gehobenem Ausstattungsanspruch weiterhin gerecht werden. Neben der Ausstattung gehören auch der Unterhalt und die Instandhaltung des Gebäudes und der Außenanlage, die Reinigung und die Qualität der Verpflegung zu den Merkmalen, die von den Bewohnerinnen und Bewohnern sowie deren Angehörigen bewertet werden. Dementsprechend müssen entsprechende Ausgaben für diese Bereiche getätigt werden. Gleichwohl ergibt sich die Frage, inwieweit die Bereiche Verpflegung, Reinigung und Pflege der Außenanlagen nicht kostengünstiger durch externe Dienstleister ausgeführt werden können. Um dies beurteilen zu können, fehlen Gutmensch – abgesehen von entsprechenden Angeboten – auch die entsprechenden internen Informationen.

4.6.3.2 Teaching und Learning Notes

Lernziele

Transparenz: Pflegesatz relevante Kosten erfassen – Zusammensetzung des Heimentgeltes darstellen – Kostenstellen definieren – Pflegegradmix erfassen.

Beratung: Einflussgrößen auf die Personalkostenentwicklung darlegen – Kostenbestandteile mit besonderem Risikopotenzial sichtbar machen.

Theoretischer Bezugsrahmen

Transparenz: Pflegeversicherung – Pflegesatz – Einrichtungseinheitlicher Eigenanteil – Heimentgelt.

Beratung: Pflegesatzverhandlungen – Kostensteuerung – Outsourcing.

Mögliche Fragestellungen zur Fallbearbeitung

1. Welche Kosten sind den Pflegekosten zuzurechnen?
2. Wie lässt sich der Einrichtungseinheitliche Eigenanteil transparent darlegen?
3. Welche Kosteninformationen müssen für die Pflegesatzverhandlungen aufbereitet werden?
4. Welche Kosteninformationen fließen in die Kalkulation der Unterkunfts- und Verpflegungskosten ein?
5. Welche Kostenbestandteile enthalten die Investitionskosten?
6. Welche Auswirkungen sind mit einem Outsourcing von Serviceleistungen verbunden?

Begleitende Literatur

Christophers, Hinrich (2019). Pflegesatzverhandlungen – Die Grundlagen. Hannover. Vincentz Network

Frodl, A. (2021). Kostensteuerung für Gesundheitseinrichtungen – Instrumente, Methoden und Beispiele. Wiesbaden. Springer Gabler

Maier, B. & Maier, T. (2017). Grundlagen des Controllings für die Steuerung stationärer Altenhilfeeinrichtungen. In: Maier, B. & Tybussek, K. (2017). Management und Controlling in der Pflege: Handlungsoptionen infolge der neuen Pflegestärkungsgesetze. 1. Auflage. Stuttgart. W. Kohlhammer. S. 126–138

4.6.4 Kostencontrolling in einem ambulanten Pflegedienst

4.6.4.1 Personalkosten sind nicht alles

Der ambulante Pflegedienst Homecare GbR hat seinen Sitz in Mittelstadt, einer Stadt im ländlichen Raum mit ca. 30.000 Einwohnern. Das wirtschaftlich relevante Einzugsgebiet umfasst ca. 70.000 Einwohner in einem Umkreis von 25 km rund um Mittelstadt. Gründer und Geschäftsführer sind die beiden gelernten Kranken- und Gesundheitspfleger Florian Fleißig und Friedrich Flott, die auch beide eine Zusatzqualifikation zur Pflegedienstleitung haben. Homecare beschäftigt 49 Mitarbeiterinnen und Mitarbeiter, von denen 33 ebenfalls geprüfte Gesundheits- und Krankenpflegerinnen und -pfleger sind. Davon arbeiten 20 Mitarbeiterinnen und Mitarbeiter in Vollzeit, d. h. 40 h/Woche, die anderen arbeiten in Teilzeit (50 %). Weitere 12 Mitarbeiterinnen sind Krankenpflegehelferinnen, von denen 3/4 in Teilzeit tätig sind und 4 Mitarbeiterinnen haben eine Qualifikation zur Betreuung demenziell erkrankter Personen ohne eine weitere pflegerische Ausbildung. Von ihnen arbeiten alle in Teilzeit, 2 sind mit 50 % einer Vollzeitstelle (40 h/Woche) beschäftigt, zwei mit 25 %.

Die Leistungen des Pflegedienstes werden auf der Grundlage eines Pflegevertrages mit den Klientinnen und Klienten abgerechnet und entsprechend des Leistungsinhaltes ausgehend von einem Minutensatz kalkuliert. Wenn die kostenorientierten Preise für die vereinbarten Leistungen die Pflegesachleistungen der Pflegeversicherungen übersteigen, müssen die Klientinnen und Klienten den übersteigenden Betrag selbst übernehmen.

Neben den Personalkosten sind weitere Kosten in der Kalkulation der Minutensätze zu berücksichtigen. Insbesondere die Kosten des Fuhrparks sind von besonderer Bedeutung. Nicht nur die Anschaffung der benötigten Fahrzeuge, sondern auch die zu entrichtenden Steuern und Haftpflichtversicherungsprämien, Inspektionen, Reparaturen und Reinigung bis hin zu den Kosten für Treibstoffe bzw. Strom belasten den Pflegedienst in einem besonderen Maße. Fleißig, der sich auch sehr für Umweltbelange einsetzt, würde am liebsten auf Autos verzichten, was aber so natürlich nicht möglich ist. Ob die Umrüstung des Fuhrparks auf E-Autos kostentechnisch darstellbar ist, entzieht sich momentan noch seiner Kenntnis.

Leider ist zu beobachten, dass die Pflegekräfte aus unterschiedlichen Gründen immer mehr Zeit im Auto verbringen und somit während ihrer definierten Arbeitszeit weniger Klienten und Klientinnen aufsuchen und versorgen können.

Pflegematerialien selbst sind weitgehend verordnungsfähig, trotzdem will der Pflegedienst einen Überblick über die von ihm zu finanzierenden Verbrauchsgüter behalten, was in Zeiten nach der Coronavirus-Pandemie im Hinblick auf den Nachweis gestiegener Hygienekosten von besonderem Interesse ist.

Darüber hinaus sind sogenannte Overhead-Kosten zu berücksichtigen. Dazu gehören die Kosten des Qualitätsmanagements, der Organisation und Verwaltung sowie Abrechnung, was mit entsprechendem Personaleinsatz und IT-Unterstützung umgesetzt wird.

4.6.4.2 Teaching und Learning Notes

Lernziele

Transparenz: Kostenstruktur darstellen – kostenrelevante Einflussgrößen erfassen – leistungsmengeninduzierte Kosten beschreiben – leistungsmengenneutrale Kosten sichtbar machen.

Beratung: Kostenplanung erstellen

Theoretischer Bezugsrahmen

Transparenz: kostenorientierte Preisbildung – Kalkulation von Stunden-/Minutensätzen – Leistungskatalog in der ambulanten Pflege – Pflegevertrag.

Beratung: Kostenmanagement – Qualitätsmanagement – Einsatz- und Tourenplanung.

Mögliche Fragestellungen zur Fallbearbeitung

1. Welche Informationen werden benötigt, um den Stunden- bzw. Minutensatz der Mitarbeitenden des Pflegedienstes zu kalkulieren?
2. Welche Verbrauchsgüter und Gebrauchsgüter werden in einem Pflegedienst genutzt?
3. Wie sollten die Personalkosten strukturiert werden?
4. Welche Sachkosten sind für den Pflegedienst von Bedeutung?
5. Welche Kosten müssen mit Blick auf den Fuhrpark des Pflegedienstes berücksichtigt werden?
6. Welche Sachverhalte müssen zur Ermittlung der Overhead-Kosten einbezogen werden?

Begleitende Literatur

Heiber, A. (2020). Kostenrechnung und Vergütungsverhandlungen – Stundensätze richtig kalkulieren. 2. überarbeitete Auflage. Hannover: Vincentz Network

Heiber, A. & Nett, G. (2021). Handbuch ambulante Einsatzplanung. Grundlagen, Abläufe, Optimierung. 3. überarbeitete Auflage. Hannover: Vincentz Network. Insbesondere S. 245 ff

Thiele, D. & Loewenguth, S. (2021). Mit Kennzahlen optimieren: Effizienz in Zeiten von Pflege 4.0. Hannover. Vincentz Network

4.7 Finanzcontrolling

4.7.1 Liquiditätscontrolling in einem Krankenhaus

4.7.1.1 Das Schreckgespenst der Zahlungsunfähigkeit

Das Krankenhaus X-Stadt ist ein Krankenhaus der Regelversorgung mit 480 Planbetten, die sich auf die Klinik für Innere Medizin, Allgemeinchirurgie, Unfallchirurgie und Orthopädie, Urologie, Gynäkologie und Geburtshilfe sowie Pädiatrie verteilen. Es ist davon auszugehen, dass die Vorgaben der vorgesehenen Leistungsgruppen auch erfüllt werden können. Das Krankenhaus wird in der Rechtsform einer GmbH betrieben, die Anteile der GmbH hält die Stadt zu 100 %.

Vor der Sitzung des Stadtrates mehren sich die Gerüchte, dass das Krankenhaus über kurz oder lang zahlungsunfähig sei und deshalb die Stadt in ihrem Haushalt weitere Finanzmittel zur Aufrechterhaltung eines ordentlichen Betriebs des Krankenhauses zur Verfügung stellen müsse. Seit der Coronavirus-Pandemie ist die Fallzahl stark zurückgegangen. Fest eingeplante Erlöse aus elektiven Leistungen sind in der Zeit der Pandemie weggefallen. Hinzu kommen auch jetzt noch Personalausfälle, die zu einer zeitweisen Sperrung von Betten und damit zu geringeren Einnahmen führen. Es ist fraglich, wie die Liquidität des Hauses unter diesen Umständen gesichert werden kann, wenn nicht weitere Hilfen von staatlicher Seite gewährt werden. Der Rat der Stadt lädt deshalb den Geschäftsführer des Krankenhauses zu seiner nächsten Sitzung ein und erwartet einen Bericht hinsichtlich der Liquiditätslage des Krankenhauses.

Zur Vorbereitung dieser Sitzung fordert der Geschäftsführer den neuen Leiter der Controllingabteilung Friedrich Flüssig auf, einen umfassenden Liquiditätsbericht zu erstellen, in dem alle wesentlichen Aspekte der Liquidität und deren Entwicklung, die für das Krankenhaus von Bedeutung sind, dargestellt werden. Leider muss Flüssig feststellen, dass es noch keine entsprechenden Auswertungen gibt, auf die er zurückgreifen könnte.

In der letzten Zeit sind ihm jedoch unterschiedliche Informationen zugetragen worden:

- Rechnungen werden teilweise erst mehrere Wochen nach Entlassung der Patienten an die Krankenversicherungen versendet.
- Der Anteil der Rechnungen, die vom MD geprüft und beanstandet werden, scheint anzusteigen, was zu Verzögerungen beim Zahlungseingang führt.
- Gleichzeitig entsprechen die Zahlungseingänge nicht dem erwarteten Mittelzufluss, da einzelne Kliniken in unterschiedlichem Ausmaß von Rechnungskürzungen nach der MD-Prüfung betroffen sind. Gleichzeitig gilt es aber auch zu bedenken, wie sich das MD-Reformgesetz auf die Prüfverfahren und damit auch auf die Liquidität auswirken kann.

- Lieferanten schränken zunehmend die Fristen für Zahlungsziele ihrer Rechnungen ein. Gleichzeitig verkürzen sie ihre Skontofristen, sodass diese im Rahmen der bestehenden Prozessabläufe häufig nicht mehr genutzt werden. Außerdem entfallen bei Bestellungen mit geringen Mengen mögliche Rabatte. Es könnten deutlich mehr Rabatte genutzt werden, wenn der Einkauf für die Kliniken sowie die Wartung und Instandhaltung der chirurgischen Instrumente stärker zentralisiert werden würde.
- Zeitweise liegen hohe Beträge aus Zuweisungen öffentlicher Investitionskostenfinanzierung ungenutzt auf entsprechenden Bankkonten, weil es zu Verzögerungen in der jeweiligen Projektabwicklung kommt.

Darüber hinaus besteht die Unsicherheit, zu welchen Tarifabschlüssen die Träger der öffentlich-rechtlichen Einrichtungen mit den Gewerkschaften kommen werden. Es ist mit Mehrausgaben für Löhne und Gehälter für die Beschäftigten im Pflegedienst und im Ärztlichen Dienst zu rechnen. Ebenso verfolgt man in der Beschaffung sehr interessiert die Entwicklung der Ausgaben für Energie.

4.7.1.2 Teaching und Learning Notes

Lernziele
Transparenz: Auszahlungen und Liquidität definieren – Liquiditätskomponenten erfassen – statische und dynamische Liquidität unterscheiden – Cashflow ermitteln.

Beratung: Einflussgrößen der Liquidität erkennen und beschreiben – Liquiditätsplan erstellen.

Theoretischer Bezugsrahmen
Transparenz: MDK-Reformgesetz – Prüfverfahrensvereinbarungen.

Beratung: Liquidität aus Investitionskostenfinanzierung – Liquidität aus Betriebskostenfinanzierung – Abrechnungsprüfung.

Mögliche Fragestellungen zur Fallbearbeitung

1. Wie lässt sich allgemein Liquidität definieren und warum ist sie für jeden Betrieb von existenzieller Bedeutung?
2. Was unterscheidet Erlöse von Einnahmen und Einzahlungen?
3. Aus welchen Quellen speist sich die Liquidität eines Krankenhauses?
4. Welche Sachverhalte verringern die Liquidität?
5. Welche Rolle spielt der Faktor Zeit entweder in Form von Terminen oder in Form von Abläufen und Fristen für die Liquidität und ihre Planung?
6. Aus welchen Sachverhalten lassen sich prospektiv Hinweise gewinnen, ob sich die Liquidität des Krankenhauses möglicherweise verändern wird?

Begleitende Literatur

Behar, B. I., Eisenbeiß, K., Löscher, F. & Salfeld, R. (2022). Wirtschaftlichkeit – kein hehrer Wunsch, sondern ein Resultat der medizinischen Qualität, insbesondere Kapitel 11.3. In: Modernes Krankenhausmanagement. Berlin, Heidelberg. Springer Gabler

Wurm, A., Oswald, J. & Zapp, W. (2016). Cash Flow-orientiertes Liquiditätsmanagement im Krankenhaus. Analyse – Verfahren – Praxisbeispiele. 1. Auflage. Wiesbaden. Springer Gabler.

Scherl, J. (2016). Liquiditätsmanagement im Krankenhaus. Ausgangssituation und Handlungsfelder vor dem Hintergrund von Investitionsstau und Niedrigzinspolitik. Düsseldorf. Deutsche Krankenhaus Verlagsgesellschaft Kohlhammer

4.7.2 Liquiditätscontrolling in einer Berufsausübungsgemeinschaft

4.7.2.1 Wo das Geld bleibt

Die beiden Internisten Kaspar Katz und Manni Maus betreiben zusammen eine Berufsausübungsgemeinschaft. Neben der Patientenversorgung haben die beiden die sonstigen Aufgaben, die in einer solchen Praxis zu bewältigen sind, untereinander aufgeteilt. Während Maus sich vor allen Dingen um die apparative Ausstattung und IT-Infrastruktur der Praxis kümmert, hat Katz die Aufgaben übernommen, die die Verwaltung und Steuerung der Finanzen mit sich bringen. Zu Beginn ihrer Praxistätigkeit haben sie von der Kassenärztlichen Vereinigung, der sie angehören, eine Übersicht über die Zahlungshöhen, gemessen in Prozent an den Abrechnungsvolumina der Vorquartale, und Zahlungstermine für ihre Einnahmen aus kassenärztlicher Tätigkeit bekommen. Abgesehen von der Unsicherheit der abschließend anerkannten abgerechneten Leistungen lässt sich damit die Höhe dieses Mittelzuflusses relativ genau vorhersagen. Der Anteil der Einnahmen aus privatärztlicher Tätigkeit liegt im Mittel der vergangenen Jahre bei 15 % der gesamten Einnahmen mit fallender Tendenz. Die Privatrechnungen erstellt Katz jeweils nach Abschluss eines Quartals selbst. Katz und Maus überlegen jedoch, ihre Forderungen an eine Abrechnungsgesellschaft abzutreten, um sich den Arbeitsaufwand zu ersparen und schneller die ihnen zustehenden liquiden Mittel zu erhalten. Für diese Dienstleistung erhebt die Gesellschaft jedoch einen bestimmten Prozentsatz des Umsatzes als Preis.

Gerade haben die Praxisinhaber ein Schreiben von ihrer Hausbank bekommen, dass man bitte einen aktuellen Jahresabschluss und Finanzplan für das laufende Geschäftsjahr vorlegen möge. Nach einem Anruf von Katz bei der Bank, wie es zu dieser Aufforderung kommt, erfährt er, dass in den vergangenen Monaten wiederholt Lastschriften wegen fehlender Deckung des Kontos zurückgegeben werden mussten und dass trotz erfolgter Hinweise auf den stetig wachsenden Fehlbetrag keine Reaktion durch die Praxisinhaber erfolgt sei. Bei einem sich anschließenden Beratungsgespräch in der Bank erfährt Katz, dass eine Fortführung des Kontokorrentkredites nur dann in Betracht kommt, wenn der jetzt bestehende Fehlbetrag in ein langfristiges Darlehen umgewandelt wird. Zusätzlich wird den Praxisinhabern nahegelegt, für einen schnelleren Zufluss der Forderungen aus den Rechnungen für

Privatpatienten zu sorgen. Entweder verschicken sie schneller ihre Rechnungen oder sie treten diese Forderungen an eine privatärztliche Verrechnungsstelle gegen eine Gebühr ab.

Katz macht Maus daraufhin heftige Vorwürfe, dass die Investitionen in die IT-Infrastruktur der Praxis wohl zu umfangreich waren. Maus betont, dass dadurch ja Abschreibungen möglich seien, die den Gewinn schmälern und deshalb zu einer niedrigeren Besteuerung führen. Außerdem hält er mit der Frage dagegen, ob die Privatentnahmen von Katz, bedingt durch dessen ausschweifenden Lebenswandel mit vielen teuren Hobbys, nicht zu hoch gewesen wären. Dagegen betont Katz, dass Maus im Sinne des Vertrages, den sie bei der Gründung der Berufsausübungsgemeinschaft abgeschlossen haben, Privatentnahmen im gleichen Umfang zustünden. Beide vereinbaren, sich Gedanken zu machen, wie sie das Problem beheben und eine eventuell drohende Insolvenz vermeiden können.

Als besonders hohe Ausgaben identifizieren sie die Abschläge für die Einkommenssteuervorauszahlungen, die Steuernachzahlungen nach Zugang der Einkommensteuerbescheide, auch wenn dadurch zunächst zum Ausdruck kommt, dass sich die Erträge aus der Praxistätigkeit durchaus positiv entwickelt haben. Hinzu kommen die hohen Rechnungen, die der Steuerberater ihnen für die Übernahme der Buchhaltung, Erstellung der Gehaltsabrechnungen und die Erstellung des Jahresabschlusses stellt.

Besonders das Jahresende ist in Bezug auf die Liquidität ein problematischer Zeitraum. Für die Medizinischen Fachangestellten wird im November das Weihnachtsgeld ausgezahlt, ein Teil der Versicherungsprämien der laufenden Versicherungen für das kommende Jahr werden im Dezember fällig, ein anderer Teil wird direkt zum Jahresbeginn per Lastschrift von Bankkonto der Praxis eingezogen. Die Preise für die Jahresabonnements von georderten Fachzeitschriften sowie die Mitgliedsbeiträge zu den Fachgesellschaften, in denen Katz und Maus Mitglieder sind, werden ebenfalls zum Jahresende eingezogen. Gleichzeitig haben Katz und Maus den Anspruch, im November und Dezember selbst höhere Privatentnahmen zu tätigen als sonst im Jahresverlauf.

Während Katz sich Gedanken über Einsparungen beim Personal, Reduzierung der Raum- und IT-Kosten bis hin zu Einsparungen bei Verbrauchsmaterialien macht, stößt Maus auf das Badewannentheorem. Das besagt, dass Bestandsgrößen und Stromgrößen aufeinander abgestimmt sein müssen. Der Zuwachs an Wasser ergibt sich einerseits als Differenz der Wasserstände, andererseits als Differenz zwischen Zu- und Abfluss (vgl. Mankiw, Makroökonomik, 3. Auflage 1998, S. 20). Daraus ergibt sich für ihn die Frage, ob sie ihr Problem nicht in den Griff bekommen könnten, wenn sie in Zukunft Zu- und Abflüssen aus laufender Geschäftstätigkeit, den Zu- und Abflüssen aus Investitionstätigkeit und den Zu- und Abflüssen aus Finanzierungstätigkeit mehr Aufmerksamkeit schenken müssen, um darüber die Privatentnahmen besser steuern und Sicherheitsreserven einplanen zu können.

4.7.2.2 Teaching und Learning Notes

Lernziele
Transparenz: Zahlungsströme darstellen – regelmäßige und erratische Zahlungen unterscheiden.

Beratung: Sicherheitsreserven berücksichtigen – Potenzial für Privatentnahmen ermitteln.

Theoretischer Bezugsrahmen
Transparenz: dynamische Liquidität – Liquiditätsplan – Einkommenssteuergesetz.

Beratung: Einnahmen-Überschuss-Rechnung – Betriebswirtschaftliche Auswertung BWA – Forderungsabtretung.

Mögliche Fragestellungen zur Fallbearbeitung

1. Aus welchen Quellen stammen die laufenden Einzahlungen in einer Arztpraxis?
2. Welche regelmäßigen Ausgaben müssen niedergelassene Ärzte zuverlässig bedienen können?
3. Ist es ausreichend, in einer Arztpraxis ausschließlich die dynamische Liquidität zu betrachten oder sollte auch die statische Liquidität berücksichtigt werden?
4. Welche Rolle spielen Privatentnahmen für die Liquidität einer Arztpraxis und woran sollte sich ihre Höhe orientieren?
5. Welche Informationen sollte ein Liquiditätsplan für eine Arztpraxis darstellen?

Begleitende Literatur
Kassenärztliche Bundesvereinigung (o.J.). Abrechnung und Vergütung, https://www.kbv.de/html/1019.php. Downloaded 04.12.2023

Kern, D. & DATEV EG (2016). Strategische Liquiditätsplanung in der Arztpraxis. Rentabilität und Wirtschaftlichkeit – zwei wichtige Aspekte in der ärztlichen Praxis. 1. Auflage. Nürnberg. Datev e.G

Kassenärztliche Bundesvereinigung (o.J.). Abrechnung und Vergütung, https://www.kbv.de/html/1019.php. Downloaded 04.12.2023

4.7.3 Finanzcontrolling in einer Apotheke

4.7.3.1 Apotheke in der Rentabilitätskrise

Peter Pille hat Pharmazie studiert und einige Jahre als angestellter Apotheker gearbeitet. Nun hat er von seinem Patenonkel einen größeren Geldbetrag geerbt und möchte sich als Apotheker selbständig machen.

In den vergangenen Jahren hat er die Entwicklungen auf dem Apothekenmarkt sorgfältig beobachtet und ist sich der unternehmerischen Risiken sehr bewusst. Der Arzneimittelmarkt unterliegt immer wieder regulierenden Eingriffen durch den Gesetzgeber, die mit den Krankenkassen geschlossenen Verträge müssen berücksichtigt werden. Zugleich wird die Ausübung der pharmazeutischen Kernkompetenz im Gespräch mit den Kunden und Patienten immer wichtiger. Gerade bei zunehmenden Engpässen in der Arzneimittelversorgung müssen Ersatzpräparate gefunden und beschafft werden, was mit den verordnenden Ärztinnen und Ärzten abgestimmt und den Patientinnen und Patienten erklärt werden muss. Hinzu kommt die Beobachtung, dass sich mehr und mehr Apothekenketten auf dem Markt etablieren und gewisse Arzneimittel auch in Drogeriemärkten, ja sogar bei großen Lebensmittelhändlern erhältlich sind.

Trotz der sich abzeichnenden Marktveränderungen will Pille als selbstständiger Betreiber einer Apotheke seine Existenz aufbauen und sichern. Ebenso denkt er an Mitarbeiterinnen und Mitarbeiter, deren Existenz ebenfalls von dem Bestehen der Apotheke abhängt. Pille will seine verfügbare Zeit dabei sinnvoll auf die zu erledigenden Aufgaben aufteilen. Er versteht sich nicht nur als Pharmazeut, sondern auch als Unternehmer und benötigt ein Instrumentarium, mit dem er schnell und zuverlässig die für seinen Erfolg wesentlichen Faktoren erkennen und analysieren kann, weil sie das wirtschaftliche Ergebnis des Unternehmens beeinflussen.

Gespräche mit Kollegen und Kolleginnen sowie die Lektüre diverser Artikel in berufsständischen Zeitungen führen ihm nachdrücklich unterschiedliche Problembereiche vor Augen. Handelsspannen sind gesunken, Miet- und Energiepreise sowie Personalkosten dagegen deutlich gestiegen. Die Konkurrenz von Online-Apotheken wird sich zunehmend auf die Zahl der Kunden, die Anzahl der eingelösten Rezepte und die Anzahl der abgegebenen Verpackungen auswirken. Ob die dadurch zu erwartenden Umsatzeinbußen durch Sortimentserweiterungen mit Kosmetikprodukten, Nahrungsergänzungsmitteln oder ausgewählten Hygieneprodukten ausgeglichen werden kann, wird kontrovers beurteilt. Dagegen wird die Ausweitung von Serviceleistungen wie Lieferdienste, Testungen, Beratungen und evtl. Impfungen erwartet. Fraglich ist deren Vergütung sowie die Zusatzkosten durch den dafür erforderlichen Personal- und Raumeinsatz. Pille versteht sich aber immer noch als Apotheker, der auch Arzneimittel auf Anforderung zubereitet, und nicht ausschließlich als Arzneimittelhändler. Er hofft, dass dies auch zukünftig ein für seinen Erfolg wichtiges Betätigungsfeld sein wird.

Pille fragt sich nun, wie sein zukünftiges Management-Cockpit aussehen sollte.

4.7.3.2 Teaching und Learning Notes

Lernziele

Transparenz: Portfoliobestandteile abbilden – Bedeutung einzelner Portfoliobestandteile messbar machen – Rentabilitätsmaßzahlen unterscheiden.

Beratung: rentabilitätswirksame Einflussfaktoren erkennen und erfassen.

Theoretischer Bezugsrahmen

Transparenz: Rabattverträge und Festbetragsarzneimittel – OTC-Arzneimittel – Fertigarzneimittel und Zubereitungen – Lagerhaltung.

Beratung: Apothekenmarkt – Online-Apotheke – Sortimentspolitik – pharmazeutische Dienstleistungen – Kunden-Service.

Mögliche Fragestellungen zur Fallbearbeitung

1. Worin unterscheiden sich die Begriffe Kapitalrentabilität und Umsatzrentabilität?
2. Welches sind die Einflussgrößen auf die Umsatzrentabilität einer Apotheke?
3. Aus welchen Komponenten setzt sich das Portfolio der Apotheke zusammen?
4. Welche Kennzahlen können zur Darstellung des Portfolios der Apotheke unter dem Gesichtspunkt der Rentabilitätsentwicklung herangezogen werden?

Begleitende Literatur

Jung, M. (2018). Controlling in der Apotheke. Wirtschaftlicher Erfolg durch sinnvolle Steuerungsinstrumente. 3. überarbeitete Auflage. Eschborn. Govi

Korf, C. (2023). Halbjahresbilanz 2023. Trends und Tränen. https://www.abda.de/fileadmin/user_upload/assets/Pressetermine/2023/DAT_2023/DAT_2023_Halbjahresbilanz_Apotheken_2023_Claudia_Korf.pdf. Downloaded 04.12.2023

Rhode, N. & Krennrich-Böhm, S. (2020): Betriebswirtschaft für Apotheken. Kostenstruktur, Problembereiche, Betriebswirtschaftliche Auswertungen, Kennzahlen. 2. Auflage. Nürnberg. Datev

Strobel, B. (2009). Apothekenmanagement mit Kennzahlen. In: DAZ 11/2009, S. 56 ff, https://www.deutsche-apotheker-zeitung.de/daz-az/2009/daz-11-2009/apothekenmanagement-mit-kennzahlen. Downloaded 04.12.2023

4.7.4 Budgetplanung in einer stationären Pflegeeinrichtung

4.7.4.1 Vorausschauende Planung

Walburga von Waldhausen leitet seit einem halben Jahr das Wohnstift Haus Abendrot, eine privatwirtschaftlich getragene Einrichtung der Altenpflege. Diese bietet 80 Bewohnerinnen und Bewohnern einen Platz in der stationären Langzeitpflege. Drei Viertel der Bewohnerplätze befinden sich in Einzelzimmern (60 Einzelzimmer), die übrigen in Zweibettzimmern (10 Zweibettzimmer). Der durchschnittliche Pflegegrad der Bewohner liegt bei einem Wert von 3,4.

Es zeichnet sich seit einiger Zeit ab, dass in Zukunft Personen mit einem Pflegegrad 2 nicht mehr in Heimen versorgt werden und sich der Anteil der Pflegegrade 4 und 5 erhöht, was einen Anstieg des durchschnittlichen Pflegegrades bedeutet. Das wirkt sich auf das vorzuhaltende Personal aus und hat damit auch einen Einfluss auf die Planung der Personalkosten.

Leider lag im vergangenen Jahr aufgrund eines schlechten Rufes des Hauses und einiger Qualitätsprobleme mit nachfolgenden Krankenhausaufenthalten der Betroffenen der Auslastungsgrad nur bei 92 % der möglichen Belegungstage. In Durchschnitt des Jahres waren also mehr als 6 Bewohnerplätze frei. Von Waldhausen hofft jedoch, dass sich dies mit einem entsprechenden QM-Konzept wieder bessert.

Entsprechend § 85 SGB XI, der das Pflegesatzverfahren zwischen den Trägern von Pflegeeinrichtungen und den Pflegekassen regelt, will sie die Pflegesatzverhandlungen für die nächste Wirtschaftsperiode vorbereiten. Leider hat ein Computervirus dazu geführt, dass sämtliche Unterlagen der Wirtschaftsplanung aus den vorangegangenen Jahren, die noch von der Vorgängerin erstellt worden waren, nicht mehr zugänglich sind. Außerdem hatte sie im Rahmen ihrer Einarbeitung den Eindruck gewonnen, dass für die Wirtschaftsplanung wichtige Positionen, insbesondere aus dem Bereich der Investitionskosten, nicht richtig berücksichtigt worden waren.

Unabhängig von den externen Vorgaben ist es von Waldhausen wichtig, die notwendigen Planungsbereiche differenziert zu budgetieren. Sie will einerseits interne Budgets dazu nutzen, dem Träger die Notwendigkeit von kurz-, mittel- und langfristigen Investitionen dazulegen. Andererseits möchte sie im Rahmen der kurzfristigen Steuerung Einsparpotenziale im Bereich von Unterkunft und Verpflegung aufdecken. Außerdem möchte sie den Umfang von ergänzenden Betreuungsangeboten steigern. Ihr schwebt die Anlage eines Kleintiergeheges vor.

Die Aussagen der Bereichsleitungen Hauswirtschaft, Küche und Pflege: „Alles wird teurer" sind ihr für die Planung zu undifferenziert. Allerdings ist sich Frau von Waldhausen sicher, dass das Pflegepersonal deutlich besser vergütet werden muss, will man den jetzt schon spürbaren Personalmangel abmildern, der sich in Anbetracht der vorgesehenen bundesweit einheitlichen Personalanhaltswerte vermutlich noch verschärfen wird.

4.7.4.2 Teaching und Learning Notes

Lernziele

Transparenz: notwendige Vorannahmen für die Wirtschaftsplanung benennen – Budgetstruktur entwerfen – Teilbudgets unterscheiden – Auslastung erfassen.

Beratung: Vorannahmen treffen – Unsicherheiten darlegen.

Theoretischer Bezugsrahmen

Transparenz: Personalanhaltswerte – Personalbedarfsberechnung – Budgetierung – Kapazitäts- und Auslastungsplanung in der Langzeitpflege.

Beratung: Pflegesatzverhandlungen – Investitionsplanung – Finanzierung von Pflegeeinrichtungen.

Mögliche Fragestellungen zur Fallbearbeitung

1. Welche Teilbudgets müssen im Hinblick auf die Pflegesatzverhandlungen differenziert geplant werden?
2. Welche Informationen sind notwendig, wenn die Kapazität und die Auslastung einer Pflegeeinrichtung geplant wird?
3. Was ist der Unterschied zwischen Belegungs- und Berechnungstagen?
4. Über welche Sachverhalte müssen Annahmen getroffen werden, wenn der zukünftige Personalbedarf ermittelt werden soll?
5. Wie kann dafür Sorge getragen werden, dass die getroffenen Annahmen sachlich begründet sind?

Begleitende Literatur

Kaminski, R. (2020). Die Pflegesatzverhandlung. Praxisleitfaden für ambulante und stationäre Pflegeeinrichtungen. 2. neu bearbeitete und erweiterte Auflage. Berlin. Erich Schmidt

Tillmann, R., Satzvey, S., Floßbach, Ch. & Beckers, D. (2022). Pflegesatzverhandlungen in der stationären Pflege, Erfolgreich verhandeln unter den Bedingungen des GVGW, Hannover. Vincentz Network

4.8 Investitionscontrolling

4.8.1 Investitionscontrolling in einem Krankenhaus

4.8.1.1 Steuerung von Investitionen bei dualer Finanzierung

Der neue Leiter der kardiologischen Abteilung eines Krankenhauses der Regelversorgung möchte das kardiologisches Leistungsspektrum durch die invasive kardiologische Diagnostik und Therapie erweitern und strategisch neu ausrichten. Dazu sind bestimmte Strukturvorgaben zu erfüllen, um solche Leistungen überhaupt zulasten der Krankenkassen abrechnen zu können. Deshalb konfrontiert er den Geschäftsführer des Krankenhauses mit dem Wunsch, einen Linksherzkathetermessplatz einzurichten. Als großen Vorteil eines solchen Messplatzes führt er an, dass das spezialisierte Durchleuchtungsgerät detailreichere Bilder der kleinsten Herzgefäße liefert und dabei besonders strahlungsarm ist – sowohl für den Arzt als auch den Patienten.

Da das Krankenhaus zwar gerade eben kostendeckend arbeitet, über ein geringes Eigenkapital verfügt und auch in naher Zukunft so gut wie keine zusätzlichen Investitionsfinanzierungsmittel des Landes zu erwarten sind, die zur Finanzierung des Messplatzes herangezogen werden könnten, steht der Geschäftsführer dem Plan skeptisch gegenüber.

Deshalb beauftragt er die Leiterin des Controllings, einen Geschäftsplan für dieses Investitionsvorhaben auszuarbeiten, auf dessen struktureller Grundlage auch zukünftige Investitionsvorhaben beurteilt werden können und der Erfolg einer umgesetzten Investition beurteilt werden kann.

Eine vergleichbare Fragestellung ergibt sich im Zusammenhang mit der Einrichtung einer Stroke Unit, die zukünftig Voraussetzung für die Versorgung von Schlaganfallpatienten sein wird. Mit einem solchen Vorhaben ist neben erheblichen Sachinvestitionen auch die Vorhaltung von entsprechend qualifiziertem Personal notwendig.

Nach einem Gespräch mit seinem Stellvertreter muss der Geschäftsführer feststellen, dass die Vorstellungen, was ein Investitionscontrolling beinhalten sollte, weit auseinandergehen. Er selbst sieht die Aufgabe des Controllings in der Analyse des Investitionsaufwandes für neu anzuschaffende Geräte und der zu erwartenden laufenden Kosten und interessiert sich hauptsächlich dafür, wann sich eine Investition amortisiert haben wird. Sein Stellvertreter spricht sich für eine Rentabilitätsanalyse unter Berücksichtigung verschiedener Szenarien mit einer Break-Even-Analyse aus, möglicherweise sogar noch ergänzt um eine Risikoanalyse. Er führt an, dass mögliche Patientenzahlen, die Entwicklung der Erlöse pro Fall für die Diagnostik sowie die Personalkostenentwicklung erheblichen Unsicherheiten unterliegen und nicht genau prognostiziert werden können. Außerdem dürfe man nicht vergessen, dass auch regelmäßig Geräte ersetzt werden müssen.

Der Geschäftsführer und sein Stellvertreter bitten die Leiterin des Controllings zu ihrem Gespräch dazu, um die Aufgabe näher zu erörtern. Diese macht zusätzlich noch darauf aufmerksam, dass die Investitionsbewertungsrelationen (IBR) durch das zusätzliche Leistungsangebot steigen und damit möglicherweise zukünftig mehr Investitionsmittel vom Land erwartet werden könnten. Schließlich einigt man sich darauf, neben der quantitativen Bewertung des Vorhabens auch eine qualitative Bewertung ins Auge zu fassen. Neben der Analyse von Stärken und Schwächen müsse man sich auch damit beschäftigen, wie mit ihnen umzugehen sei und welche spezifischen Handlungsoptionen zur Sicherung des Erfolgs des Investitionsvorhabens aus der Sicht des Controllings identifiziert werden könnten.

4.8.1.2 Teaching und Learning Notes

Lernziele

Transparenz: Investitionskostenfinanzierung abgrenzen – Selbstfinanzierungskraft beurteilen – Investitionsstruktur beschreiben – Investitionspolitik darstellen.

Beratung: Bestimmungsgrößen der Break-even-Analyse darlegen.

Theoretischer Bezugsrahmen

Transparenz: Duale Finanzierung im Krankenhaus – Investitionsbewertungsrelationen IBR im DRG-System – Fremd- und Eigenfinanzierung – Innen- und Außenfinanzierung.

Beratung: statische und dynamische Investitionsrechnung – Risikoanalyse.

Mögliche Fragestellungen zur Fallbearbeitung

1. Was beinhaltet der Begriff Investition und welche Arten von Investitionen sind zu unterscheiden?
2. Was beinhalten die Strukturvorgaben und welchen Einfluss haben sie auf die Investitionen eines Krankenhauses?
3. Was beinhalten die Investitionsbewertungsrelationen und wozu können sie genutzt werden?
4. Welche Informationen werden benötigt, um die Investitionsbewertungsrelationen zu ermitteln?
5. Was sind Abschreibungen? Welche Bedeutung haben sie für das Investitionscontrolling?

Begleitende Literatur

Heesen, B. (2021). Basiswissen Investition und Bilanzplanung im Krankenhaus. 2. Auflage. Wiesbaden. Springer Gabler

Pape, U. (2023). Grundlagen der Finanzierung und Investition: Mit Fallbeispielen und Übungen. 5., vollständig überarbeitete und aktualisierte Auflage. Berlin: De Gruyter Oldenbourg.

4.8.2 Investitionscontrolling in einer Berufsausübungsgemeinschaft

4.8.2.1 Ein Blick in die Zukunft

Zwei Internisten, Dr. Venter und Dr. Pullmann betreiben zusammen eine Gemeinschaftspraxis (Rechtsform: Berufsausübungsgemeinschaft). Beide haben je einen Praxissitz inne. Zwei Allgemeinmediziner, Dr. Katz und Frau Dr. Maus, teilen sich einen weiteren Praxissitz. Während die Allgemeinmedizinerin und der Allgemeinmediziner hausärztlich tätig sind, führt Venter die fachärztliche Zusatzbezeichnung Gastroenterologie und Pullmann die Zusatzbezeichnung Pneumologie/Allergologie.

In dem Gebäude, in dem sich die Praxis befindet, ist auf derselben Etage eine physiotherapeutische Praxis, die zum Ende des Quartals jedoch in neue Räume umziehen wird, sodass 200 qm Fläche frei werden. Da die Gemeinschaftspraxis in den vergangenen Jahren einen stetigen Zuwachs der Patientenzahlen erlebt hat, scheint eine Erweiterung der Praxisräume sehr interessant. Dadurch würde sich einerseits die Möglichkeit ergeben, einen weiteren Kollegen oder eine weitere Kollegin in die Berufsausübungsgemeinschaft aufzunehmen, zumal im Zulassungsbereich in absehbarerer Zeit mehrere Praxissitze aus Altersgründen frei werden. Das würde allerdings einen Umbau der zusätzlichen Räume und eine Anpassung der Einrichtung sowie eine Renovierung der bereits vorhandenen Praxis nach sich ziehen und in der Zukunft zu einer um ein Drittel höheren Miete führen. Trotz aller positiven Entwicklungstendenzen sind die Inhaber unsicher, ob sich eine solche Erweiterung trägt und welche Anfangsinvestition die neue Kollegin oder der neue Kollege tätigen müsste, zumal junge Kolleginnen oder Kollegen, die sich mit dem Gedanken einer Betätigung im ambulanten Sektor tragen, die unternehmerischen Risiken, die mit der Anfangsinvestition verbunden sind, zunehmend zu scheuen scheinen. Auch von den zurzeit tätigen Ärzten müsste für die Umbau- und Renovierungsarbeiten ein Kredit aufgenommen werden.

Venter und Pullmann würden zusätzlich die Gelegenheit nutzen wollen, das fachärztliche Leistungsangebot auszuweiten. Venter trägt sich mit dem Gedanken, Magen- und Darmspiegelungen anzubieten und hätte gerne ein modernes Ultraschallgerät mit einer besseren Detailauflösung, während Pullmann gerne einen Bodyplethysmographen einsetzen will, um seinen Patientinnen und Patienten mehr als nur eine kleine Lungenfunktionsmessung (Spirometrie) anbieten zu können. Die beiden Allgemeinmediziner drängen auf den Ersatz des bisher im Einsatz befindlichen Ultraschallgerätes durch ein Gerät der neuesten technischen Generation, das besonders für den Bereich der hausärztlichen Primärversorgung geeignet ist.

Allen vier Ärzten wird bei ihren Gesprächen über die Möglichkeiten, die sich durch diese Maßnahmen ergeben würden, schnell klar, dass dadurch eine Anpassung der bestehen IT-Infrastruktur sowohl auf der Seite der Hardware als auch hinsichtlich der Software notwendig wird, für die ebenfalls Kapital erforderlich ist.

Darüber hinaus zeigt sich schnell, dass die in Erwägung gezogenen Maßnahmen nicht nur einmalige Ausgaben bedeuten, sondern auch laufend weitere Ausgaben nach sich ziehen werden. Venter und Pullmann sind sehr optimistisch, dass dies alles leicht zu stemmen sei, obwohl die Zinsen für ein Darlehen nach einer Niedrigzinsphase inzwischen wieder ansteigen. Sie befürchten jedoch, dass in Anbetracht der geringen Rücklagen die erforderliche Kreditaufnahme sehr hoch sein wird. Außerdem merken sie an, dass Veränderungen in der Nachfrage und in der Konkurrenzsituation wenig einzuschätzen sind und deshalb eine hohe Kreditaufnahme nicht ausreichend schnell getilgt werden könnte.

4.8.2.2 Teaching und Learning Notes

Lernziele

Transparenz: Anlagekapitalbedarf und Umlaufkapitalbedarf unterscheiden – Kapitalbedarf erfassen – Bestimmungsgrößen einer Amortisationsrechnung abbilden – Verschuldung bewerten.

Beratung: statische und dynamische Investitionsrechnung – Risikoanalyse.

Theoretischer Bezugsrahmen

Transparenz: Finanzkennzahlen – Jahresabschlussanalyse.

Beratung: Investitionsplanung – Praxisbewertung.

Mögliche Fragestellungen zur Fallbearbeitung

1. Welche Informationen sollten in Bezug auf die Investition in eine Praxiserweiterung beschafft werden?
2. Welche Informationen sollten beschafft werden, um die Amortisationsdauer der Praxiserweiterung zu ermitteln?
3. Welche Informationen werden benötigt, um die zusätzlichen fachärztlichen Angebote zu bewerten?
4. Welche Rolle spielen Abschreibungen für das Investitionscontrolling?
5. Was sind Rücklagen und wie entstehen sie?
6. Welche Rolle spielen Rücklagen bei der Finanzierung von Investitionen?

Begleitende Literatur

Becker, H. P. & Peppmeier, A. (2022). Investition und Finanzierung. Grundlagen der betrieblichen Finanzwirtschaft. Wiesbaden. Springer Gabler. S. 29–146

Frodl, A. (2022). Praxisfinanzierung und -investition. In: Praxisführung für Arzt- und Zahnarztpraxen, Wiesbaden. Springer Gabler. S. 21–62

Rogowski, W. (2016). Business Planning im Gesundheitswesen. Die Bewertung neuer Gesundheitsleistungen aus unternehmerischer Perspektive. Wiesbaden. Springer Gabler

4.8.3 Investitionscontrolling in einer stationären Pflegeeinrichtung

4.8.3.1 Von kurz- und langfristigen Planungen

Die Residenz Sonnenschein ist eine privatwirtschaftlich getragene Einrichtung der Altenpflege. Sie bietet 80 Bewohnern einen Platz in der stationären Langzeitpflege und noch einmal für 20 Personen Einzelzimmer für eine Kurzzeitpflege.

Drei Viertel der Bewohnerplätze in der Langzeitpflege befinden sich in Einzelzimmern, die übrigen in Zweibettzimmern. Die Zimmer der Langzeitpflege sind zu sechs Wohneinheiten zusammengefasst. Jede Wohneinheit besteht aus 6 Einzel- und 2 Zweitbettzimmern, einem Gemeinschaftsraum mit Küchenzeile sowie den notwendigen Sanitäreinrichtungen. Die Zimmer für die Kurzzeitpflege befinden sich, aufgeteilt in zwei Betreuungseinheiten mit jeweils 10 Plätzen, auf einer eigenen Etage des Hauses.

Darüber hinaus gehören zur Residenz noch 20 Wohnungen zwischen 60 und 100 qm Fläche, verteilt auf zwei weitere separate Gebäude. Die Bewohner der Wohnungen können Leistungen des betreuten Wohnens in Form von Essen, haushaltsnahen Dienstleitungen und Pflegeleistungen für den Pflegegrad 1 und 2 bei Bedarf in Anspruch nehmen. Dazu müssen sie den Speiseraum im Gebäude der Langzeitpflege aufsuchen.

Während die Plätze der Langzeitpflege im Jahresdurchschnitt zu 98 % ausgelastet und damit durchgehend annähernd voll belegt sind, schwankt die Auslastung in der Kurzzeitpflege stark. Sie bewegt sich zwischen einer Belegung von nur 70 % im Minimum und einer Vollauslastung mit dem Problem, Nachfrage zeitweise auch nicht befriedigen zu können, was vornehmlich auf saisonale Schwankungen zurückgeführt wird.

Beim betreuten Wohnen ist die Nachfrage größer als das Angebot, es gibt eine Warteliste für zurzeit 15 Wohnungen. In den drei Versorgungsbereichen werden Bewohner bzw. Gäste mit unterschiedlichen Pflegegraden versorgt. Während der Pflegegradmix in der Langzeitpflege bei 3,4 mit steigender Tendenz liegt, ist der Pflegegradmix in der Kurzzeitpflege eher auf einem etwas niedrigerem, tendenziell gleichbleibendem Niveau von 3,2, im betreuten Wohnen bei 1,8. Gleichzeitig ist festzustellen, dass die durchschnittliche Verweildauer der Bewohner und Bewohnerinnen im Pflegeheim sinkt und das Durchschnittsalter sowie der Anteil der Bewohnerinnen und Bewohner mit Demenz steigt. Somit ist abzusehen, dass diese Änderungen auch in der Gestaltung und Ausstattung der Gebäude Berücksichtigung finden müssen.

Gunnar Gutmensch ist seit zwei Jahren als Geschäftsführer in der Residenz Sonnenschein tätig und richtet ein besonderes Augenmerkt auf die Zufriedenheit der Bewohnerinnen und Bewohner sowie von deren Angehörigen. Denn er ist der Überzeugung, dass die Zufriedenheit aller maßgeblich für den wirtschaftlichen Erfolg der Residenz ist. Leider musste er in der letzten Zeit feststellen, dass sich die Angehörigen vermehrt über den baulichen Zustand des Hauses und seine Einrichtung beklagen. Dieser sei dem Namen einer Residenz nicht würdig. Da in der Umgebung der Bau weiterer Wohnheimplätze durch andere Träger geplant ist, steht zu befürchten, dass potenzielle Bewohner diese in Zukunft bevorzugen werden.

Gleichzeitig möchte Gutmensch das Angebot des betreuten Wohnens ausbauen. Deshalb schweben ihm diverse Investitionen vor:

- im Bereich der Langzeitpflege Umbau der Zweibett- in Einbettzimmer, Sanierung der Bäder und Modernisierung der technischen Ausstattung und Einrichtung
- im Bereich der Kurzzeitpflege Modernisierung der Einrichtung und Ausstattung
- im Bereich des Betreuten Wohnens Errichtung eines Erweiterungsbaus mit 20 weiteren Wohnungen in der Größe von je ca. 60 qm
- Umbau von zurzeit nicht genutzten Räumen, die sich in einem leerstehenden Nebengebäude befinden, zu einem kleinen Restaurant (150 qm), das auch für Familienfeiern der Bewohner genutzt werden kann, und einem Bistro (50 qm).

Gutmensch ist sich darüber im Klaren, dass wahrscheinlich nicht alle diese Projekte gleichzeitig realisiert werden können. Dennoch will er dem Träger ein schlüssiges und gut zu steuerndes Gesamtkonzept auf der nächsten Trägerversammlung vorstellen.

4.8.3.2 Teaching and Learning Notes

Lernziele
Transparenz: Investitionsarten unterscheiden – Zusammensetzung der Investitionskosten sichtbar machen – Abschreibungen darstellen – Instandhaltungszyklen erfassen.

Beratung: Nachfragepotenzial im Hinblick auf Erweiterungsinvestitionen ermitteln – regionalen Wettbewerb darstellen.

Theoretischer Bezugsrahmen

Transparenz: Investitionskosten als Bestandteil des Heimentgelts – Kapitalbedarfsplanung.

Beratung: Finanzierung von Investitionen – Pflegesatzverhandlungen.

Mögliche Fragestellungen zur Fallbearbeitung

1. Welcher Art sind die Investitionen, die der Geschäftsführer ins Auge fasst?
2. Was beinhalten die Investitionskosten einer Pflegeeinrichtung?
3. Welche Informationen sollten bereitgestellt werden, um der Trägerversammlung den Kapitalbedarf strukturiert darzulegen?
4. Welche Informationen werden benötigt, um die Umsetzung der von der Trägerversammlung verabschiedeten Investitionen zu steuern?

Begleitende Literatur

Bundesinteressenvertretung für alte und Pflegebedürftige Menschen BIVA (2019). Investitionskosten. Was sind Investitionskosten und welche Kosten dürfen auf die Bewohnerinnen und Bewohner umgelegt werden?, 4. Auflage. Bonn. https://www.biva.de/dokumente/broschueren/Investitionskosten-im-Pflegeheim.pdf. Downloaded 13.12.2023

Fiedler, R. (2020). Controlling von Projekten. Mit konkreten Beispielen aus der Unternehmenspraxis. Alle controllingrelevanten Aspekte der Projektplanung, Projektsteuerung und Projektkontrolle. Wiesbaden. Springer Vieweg

Kienitz, K., (2016). Investitionskosten – Finanzierung. Gesetzestexte und Erläuterungen. Hannover. Vincentz Network

4.8.4 Investitionscontrolling in einer Reha-Einrichtung

4.8.4.1 Herausforderung „Fit für die Zukunft": Anlage- und Umlaufkapital

Seit einigen Jahren haben Einrichtungen, die eine stationäre Rehabilitation anbieten, zunehmend mit wirtschaftlichen Schwierigkeiten zu kämpfen, wobei das Ausmaß auch von der Art der Krankheitsbilder, mit denen die Patienten zur Reha kommen, abhängt. Nicht zuletzt spielt ein gelingendes Schnittstellenmanagement zwischen Akut-Krankenhaus und Reha-Einrichtung eine wichtige Rolle. Mit Blick auf die Rehabilitation selbst spielt der Wunsch vieler Patientinnen und Patienten eine ambulante statt einer stationären Reha in Anspruch zu nehmen, eine zunehmend größere Rolle, sodass verschiedene Einrichtungen darüber nachdenken, zusätzlich zu den stationären Angeboten auch ambulante Reha-Leistungen anzubieten.

In dieser Situation befindet sich auch die Reha-Klinik LIFSAN. Dabei handelt es sich um eine Einrichtung mit 95 Betten für Patienten zur stationären orthopädischen Rehabilitation mit der gesamten dafür erforderlichen Infrastruktur angefangen bei Behandlungsräumen für Einzeltherapien über Gruppenräume, Schwimmbad und diversen Räume ausgestattet mit therapeutischen Trainingsgeräten bis hin zu Speise- und Aufenthaltsräumen. Die Auslastung ist in den vergangenen Jahren kontinuierlich gesunken und liegt zurzeit bei gerade einmal 75 % bei einer Aufenthaltsdauer von 4 Wochen.

Zusammen mit dem leitenden Reha-Arzt und der leitenden Physiotherapeutin hat der Geschäftsführer dem Träger von LIFSAN die Idee unterbreitet, zusätzlich zu dem stationären Angebot in Zukunft auch Kombi-Leistungen ambulant-stationär und rein ambulante Reha-Leistungen anzubieten, da das Einzugsgebiet der Patienten ausreichend groß zu sein scheint. Man plant ein Leistungsangebot für 60 ambulante Patientinnen und Patienten, die in aller Regel 20 Tage eine ambulante Reha in Anspruch nehmen. Angestrebt ist eine Auslastung von 96 %.

Dazu müssen allerdings diverse Investitionen realisiert werden:

- Die Speiseräume müssen vergrößert werden, da die tagesambulanten Patienten auch mit einem Essen versorgt werden müssen. Die räumliche und technische Kapazität der vorhandenen Küche ist dazu ausreichend, es müsste lediglich zusätzliches Personal eingestellt werden.
- Es sollten zusätzliche Aufenthaltsräume für die ambulanten Patienten bereitgestellt werden können, damit diese sich zwischen den einzelnen Therapieeinheiten angemessen erholen können.
- Es müssen Umkleideräume für die ambulanten Patienten vorgehalten werden.
- Die Geräte-Infrastruktur muss ausgebaut werden.
- Das Schwimmbad sollte um ein 5×15 m Becken erweitert werden. Dazu ist ein entsprechender Anbau erforderlich.
- Ebenso werden zusätzliche Behandlungsräume (Größe je Raum ca. 3×4 m zzgl. Verkehrsfläche) für die ambulanten Patienten benötigt. Die Anzahl der vorhandenen Gruppenräume erscheint zunächst einmal ausreichend zu sein.

In den Gesprächen zwischen den an der Planung beteiligten Personen vertritt der leitende Reha-Arzt die Ansicht, es sei ausreichend, die Summe des für diese Investitionen benötigten Kapitals zu ermitteln und zu schauen, ob und zu welchem Zins dieses aufgenommen werden kann. Die leitende Physiotherapeutin macht jedoch darauf aufmerksam, dass eine solche Investition auch die laufenden Betriebskosten erhöht, weshalb diese auch mit in die Überlegungen mit einbezogen werden müssten.

4.8.4.2 Teaching und Learning Notes

Lernziele

Transparenz: Leistungsschwerpunkte erfassen – Nachfrage strukturieren – Zuweiser erkennen – relevante Umfeldfaktoren erkennen und darstellen – Kapitalbedarf strukturieren – Einflussfaktoren auf die Amortisationsdauer erfassen.

Beratung: Rahmen für eine Portfolioanalyse anlegen – Finanzierungswege aufzeigen – Kapazitätsplanung vorbereiten.

Theoretischer Bezugsrahmen

Transparenz: Marktanalyse – Rehabilitationsversorgung.

Beratung: SWOT-Analyse (Stärken-Schwächen-Chancen-Risiken).

Mögliche Fragestellungen zur Fallbearbeitung

1. Welche Parameter müssen betrachtet werden, um den Markt der Reha-Klinik zu analysieren?
2. Wie lässt sich das Portfolio für die Reha-Klinik darstellen?
3. Worin besteht der Zusammenhang zwischen der Portfolio-Analyse und dem Investitionscontrolling?
4. Welche Informationen sind für eine Amortisationsrechnung von Bedeutung?
5. Was umfasst der Anlagekapitalbedarf und was der Umlaufkapitalbedarf?

Begleitende Literatur

Dhein, Y. & von Eiff, W. (2019). Erfolgreiches Rehabilitationsmanagement. Ein Leitfaden für die Praxis. Stuttgart. Kohlhammer

Müller, D. (2022). Grundlagen des Investitionscontrollings. In: Investitionscontrolling. Entscheidungsfindung bei Investitionen I. Wiesbaden. Springer Gabler. S. 71–159

Neubauer, G. (2020). Perspektiven der Finanzierung und Vergütung der medizinischen Rehabilitation in Deutschland. In: Klauber, J., Geraedts, M., Friedrich, J., Wasem, J. & Beivers, A. (Hrsg.)) Krankenhaus-Report 2020. Berlin, Heidelberg. Springer

Uskova, M. & Schuster, Th. (2020). Grundlagen des Investitionscontrollings. In: Finanzplanung, Investitionscontrolling und Finanzcontrolling. Wiesbaden. Springer Gabler. S. 35–51

Anhang

Zur Unterstützung der Fallbearbeitung enthalten die nachfolgenden Übersichten ausgewählte absolute und relative Kennzahlen, die in der Praxis des Gesundheitswesens genutzt werden:

- für die Anwendungsfälle der stationären Akutversorgung in Krankenhäusern vgl. Tab. A1
- für die Anwendungsfälle der ambulanten Akutversorgung am Beispiel niedergelassener Ärzte vgl. Tab. A2
- für den Anwendungsfall der Reha-Versorgung am Beispiel einer Reha-Klinik vgl. Tab. A3
- für die Anwendungsfälle der stationären Pflegeversorgung in Pflegeheimen vgl. Tab. A4
- für die Anwendungsfälle der ambulanten Pflegeversorgung durch ambulante Pflegedienste vgl. Tab. A5
- für die Anwendungsfälle für die Arzneimittelversorgung durch Apotheken vgl. Tab. A6
- für den Anwendungsfall einer gesetzlichen Krankenversicherung vgl. Tab. A7

Die Kennzahlen nehmen Bezug auf die jeweiligen Themen, die die Fälle zum Gegenstand haben. Ob sie immer alle zum Einsatz kommen, wird vom jeweiligen Anwendungsfall abhängen. Es kann jedoch auch sinnvoll sein, bereichs- und themenübergreifend weitere Kennzahlen zur Fallbearbeitung heranzuziehen und bei Bedarf den vorgestellten Katalog zu erweitern.

© Der/die Herausgeber bzw. der/die Autor(en), exklusiv lizenziert an Springer-Verlag GmbH, DE, ein Teil von Springer Nature 2024

D. Ackermann, *Controlling im Gesundheitswesen*,
https://doi.org/10.1007/978-3-662-68802-1

Tab. A1 Ausgewählte Kennzahlen in der stationären Akutversorgung – für ein Krankenhaus

Stationäre Akutversorgung – Krankenhaus		
Themenfokus	Kennzahl	Definition
Medizinisches Risiko	Mortalitätsrate	Anzahl Todesfälle/Anzahl Behandlungen
	Komplikationsrate	Anzahl Komplikationen/Anzahl Prozeduren
	Haftungsfälle	Anzahl
Ökonomisches Risiko	Liquidität 1. Grades (Barliquidität)	Kurzfristige Verbindlichkeiten/liquide Mittel
	Verschuldungsgrad	Fremdkapital/Eigenkapital
	Investitionskosten	Zuweisungen aus der Dualen Finanzierung (+ Zinserträge aus zwischenzeitlichen Anlagen)
Leistungsmenge	Fallzahl	Anzahl Behandlungsfälle innerhalb eines Zeitraumes
	Durchschnittliche Verweildauer	Summe aller Aufenthaltstage/Anzahl der Behandlungsfälle
Qualität	Komplikationsrate	s. o.
	Fachkraftquote	Anzahl Fachkräfte/Gesamtzahl der Beschäftigten
	Beschwerden	Anzahl
Erlöse	Umsatzerlöse (z. B. aus Wahlleistungen oder ambulanten Leistungen)	Summe der erwirtschafteten Ansprüche auf Entgelte
	DRG-Erlöse	Anzahl der Fälle einer DRG * Kostengewicht * Basisfallwert
	Case-Mix-Index CMI	Summe aller Kostengewichte/Fallzahl
	MD-Anfragen	• Anzahl • Betrag der Kürzungen absolut, ggf. nach Fachabteilungen
	MD-Kürzungsquote	Betrag der Kürzungen/Summe der Erlöse
Personal	Fluktuation	Anzahl ausscheidender Mitarbeitenden
	Fluktuationsrate	• Anzahl der Mitarbeiterabgänge/durchschnittlicher Personalbestand • Anzahl der Mitarbeiterabgänge/(Personalbestand Anfang Periode + Zugänge)
	Personalintensität	Umsatz/Personalkosten
	Krankheitstage	Anzahl

(Fortsetzung)

Tab. A1 (Fortsetzung)

Stationäre Akutversorgung – Krankenhaus		
Themenfokus	Kennzahl	Definition
Kosten	Betriebskosten	Personalkosten + Sachkosten ohne Abschreibungen und Zinsen
	Kosten der Gebrauchsgüter	Abschreibungen
Finanzen	Kapitalkosten	Fremdkapitalzinsen
	Deckungsgrad A	Eigenkapital/Anlagevermögen
	Debitorenlaufzeit (Laufzeit der Forderungen)	(Forderungen aus Lieferungen und Leistungen/Bruttoumsatz) x 365
	Kreditorenlaufzeit	(durchschnittliche Verbindlichkeiten aus Lieferung und Leistung/Materialaufwand) x 365
Investitionen	Selbstfinanzierungsgrad	Gewinnrücklagen/Gesamtkapital
	Rücklagenquote	Rücklagen/Eigenkapital

Tab. A2 Ausgewählte Kennzahlen in der ambulanten Akutversorgung – für niedergelassene Ärzte

Ambulante Akutversorgung – Niedergelassene Ärzte		
Themenfokus	Kennzahl	Definition
Risiko	Fluktuation Patienten	Anzahl der Patienten, die die Praxis dauerhaft verlassen
	Regresse	• Häufigkeit • Betrag
Leistungsmenge	EBM-Punkte	Summe der Punktwerte aller abgerechneten Leistungsziffern lt. Katalog des Einheitlichen Bewertungsmaßstabs (pro Quartal)
	Behandlungsfälle	Anzahl Patienten (pro Quartal) gesamt
	Privatpatienten	Anzahl Privatpatienten (pro Quartal) gesamt
Qualität	Wartezeit bis Termin	Zeitdauer in Tagen oder Wochen
	Wartezeit am Termin	Zeitdauer in Minuten
	Zusatzbezeichnungen	Art und Anzahl
	Fortbildungspunkte	Anzahl
	Patientenzufriedenheit	• Patientenbefragung • Bewertungen in öffentlichen Bewertungsportalen
Erlöse	Auszahlungsquote der KV-Erlöse	Ausgezahlte KV-Erlöse/abgerechnete Leistungspunktwerte
	Anteil Erlöse Privatpatienten	Privateinnahmen/Gesamteinnahmen
	Anteil Individueller Gesundheitsleistungen IGeL	Einnahmen aus IGeL/Gesamteinnahmen
Personal	Durchschnittliche Dauer der Betriebszugehörigkeit der MFA	Summe der Betriebszugehörigkeitsdauer aller MFA/Anzahl MFA
	Beschäftigungsgrad	Summe der vertraglich vereinbarten Arbeitszeiten/Anzahl MFA
	Fehltage	Krankheitstage + Urlaubstage + Freistellungstage für Fort- und Weiterbildung
Kosten	Personalkostenanteil	Personalkosten/Gesamtkosten
	Raumkostenanteil	Raumkosten/Gesamtkosten
	IT-Kostenanteil	IT-Kosten/Gesamtkosten

(Fortsetzung)

Tab. A2 (Fortsetzung)

Ambulante Akutversorgung – Niedergelassene Ärzte		
Themenfokus	Kennzahl	Definition
Finanzen	Verschuldungsgrad	Fremdkapital/Eigenkapital
	Barliquidität	Liquide Mittel/Kurzfristige Verbindlichkeiten
	Liquidität 2. Grades (mittelfristig)	(Liquide Mittel + kurzfristige Forderungen) /Kurzfristige Verbindlichkeiten
	Cashflow	Zahlungseingänge – Zahlungsausgänge
	Cashflow i.e.S	Nicht entnommener Gewinn + neu gebildete Rücklagen + Abschreibungen + Pauschalwertberichtigungen
	Umsatzrentabilität	Jahresüberschuss/Umsatzerlös
	Earnings before interests and taxes EBIT	Jahresüberschuss vor Steuern, Zinsergebnis und außerordentlichem Ergebnis
	Durchschn. Fallwert	Umsatzerlös aus GKV-Leistungen/Anzahl über die KV abgerechneter Behandlungsfälle
Investitionen	Abschreibungen	Betragsentwicklung im Zeitverlauf

Tab. A3 Ausgewählte Kennzahlen in der Reha-Versorgung – für eine Reha-Klinik

Reha-Versorgung – Reha-Klinik		
Themenfokus	Kennzahl	Definition
Investitionen	Auslastungsgrad	Tatsächliche Nutzungszeit/maximal mögliche Nutzungszeit
	Deckungsgrad A	Eigenkapital/Anlagevermögen
	Deckungsgrad B	(Eigenkapital + langfristiges Fremdkapital)/Anlagevermögen
	Deckungsgrad C	(Eigenkapital + langfristiges Fremdkapital)/(Anlagevermögen + langfristiges Umlaufvermögen)
	Investitionsquote	Zugänge an Sachanlangen/Anfangsbestand an Sachanlagen
	Investitionsneigung	Investitionen/Umsätze
	Abschreibungsquote	Abschreibungen auf Sachanlagen eines Jahres/Buchwerte der Sachanlagen am Ende desselben Jahres

Tab. A4 Ausgewählte Kennzahlen in der stationären Pflegeversorgung – für ein Pflegeheim

Stationäre Pflegeversorgung – Pflegeheim		
Themenfokus	Kennzahl	Definition
Leistungsmenge	Belegungstage	Anzahl Tage, an denen ein Platz für einen Bewohner vertraglich reserviert ist
	Berechnungstage	Anzahl der Anwesenheitstage der Bewohner zuzüglich der ersten drei Abwesenheitstage
	Auslastung	Summe der Belegungstage/(Anzahl Bewohnerplätze x365)
Qualität	Dekubitusentstehung	Anzahl entstandener Dekubiti
	Schwerwiegende Stürze mit Folgen	Häufigkeit des Vorkommens
	Unbeabsichtigter Gewichtsverlust	Häufigkeit des Vorkommens
	Fachkraftquote	Anzahl Pflegefachkräfte/Anzahl aller Mitarbeitenden in der Pflege
Erlöse	Pflegesätze	Summe der von den Pflegeversicherungen überwiesenen Pflegesätze
	Heimentgelt	Summe der von den Bewohnern entrichteten Heimentgelte
Personal	Fachkraftquote	s. o.
	Krankheitsquote	Fehltage wegen Krankheit/Summe der möglichen Arbeitstage
	Fortbildung	Anzahl der Fortbildungen/Anzahl Köpfe der Mitarbeitenden
	Fluktuationsrate	Anzahl der Mitarbeiterabgänge/durchschnittlicher Personalbestand
Kosten	Pflegekosten	Personalkosten der Pflege + Sachkosten der Pflege
	Kosten der Unterbringung und Versorgung	Kosten der hauswirtschaftlichen Leistungen wie Reinigung, Verpflegung, Wasser, Energie u. ä. einschließlich der zuzurechnenden Personalkosten für diesen Bereich
	Investitionskosten	Summe aus Gebäudemieten, Finanzierungskosten, Leasingaufwendungen, Abschreibungen und Instandhaltungskosten

Tab. A5 Ausgewählte Kennzahlen in der ambulanten Pflegeversorgung – für einen ambulanten Pflegedienst

Ambulante Pflegeversorgung – Ambulanter Pflegedienst		
Themenfokus	Kennzahl	Definition
Leistungen	Leistungsstruktur	• Pflegerische Leistungen/Gesamtleistung • Hauswirtschaftliche Leistungen/Gesamtleistung • Betreuungsleistungen/Gesamtleistung • SGB XI Leistungen/Gesamtleistungen • Privatzahlerleistungen/Gesamtleistungen
Erlös	Umsatzrendite	(Umsatz – Kosten)/Umsatz
	Durchschn. Fallumsatz	Umsatz/Anzahl der betreuten Patienten
	Durchschn. Stundenumsatz	Umsatz/Einsatzstunden
Personal	Fachkraftquote	Anzahl der Pflegefachkräfte/Anzahl aller Mitarbeitenden in Pflege, Hauswirtschaft und Betreuung
	Produktivität	Umsatz/Anzahl Vollzeitkräfte
	Produktivstundenanteil	Erlöswirksame Tätigkeitszeiten/Gesamtarbeitszeit
	Fahrzeitenquote	Dokumentierte Fahrzeiten/Gesamteinsatzzeit
	Krankheitsquote	Krankheitstage/vertragl. vereinbarte Arbeitstage
	Überstundenquote	Anzahl Überstunden/vertragl. Vereinbarte Arbeitszeit
Kosten	Kostendeckung	Erträge/Kosten
	Personalkostenanteil	Personalkosten/Gesamtkosten

Tab. A6 Ausgewählte Kennzahlen in der Arzneimittelversorgung – für eine Apotheke

Arzneimittelversorgung – Apotheke		
Themenfokus	Kennzahl	Definition
Finanzen	Rohgewinn	Umsatz – Materialaufwand
	Umsatzrentabilität	Jahresergebnis/Gesamtumsatz
	Eigenkapitalrentabilität	Jahresergebnis/Eigenkapital
	Gesamtkapitalrentabilität	(Jahresergebnis + verrechnete Fremdkapitalzinsen)/(Eigenkapital + Fremdkapital)
Leistungen	Zeitaufwand pro Packung	Gesamte Arbeitsstunden pro Mitarbeiter/Packungsanzahl pro Mitarbeiter
	Stammkundenquote	Umsatz mit Stammkunden/Gesamtumsatz
	Sortimentsstruktur	• Umsatz RX-Produkte (verschreibungspflichtige Arzneimittel)/Gesamtumsatz • Umsatz OTC-Produkte (Over The Counter, freiverkäufliches Ergänzungssortiment)/Gesamtumsatz • ABC-Analyse
	Lagerumschlag (Lagerdrehzahl)	Wert des Wareneinsatzes/Wert des durchschnittlichen Lagerbestands
Qualität	Reklamationsquote	Anzahl der reklamierten Produkte/Anzahl aller Verkäufe
	Lieferservicequote	Anzahl Medikamentenlieferungen an Kunden/Anzahl Kunden gesamt
Kosten	Gesamtkosten	Personalkosten + Raumkosten + Versicherungen/Beiträge + Reparaturen/Instandhaltung + Werbe-/Reisekosten + Zinskosten + Abschreibungen + Sonstiger Aufwand
	Personalkosten pro Packung	Personalkosten pro Mitarbeiter/Packungsanzahl pro Mitarbeiter
	Personalkosten pro Kunde	Personalkosten/Kundenzahl

Tab. A7 Ausgewählte Kennzahlen für eine Krankenversicherung

Krankenversicherung		
Themenfokus	Kennzahl	Definition
Leistungen	Ausgabenstruktur	Anteil der Ausgaben eines zu betrachtenden Leistungsbereichs/Gesamtausgaben • Ausgaben für Krankenhausbehandlungen • Ausgaben für Ärzte • Ausgaben für Arzneimittel • Ausgaben für Heilmittel • Ausgaben für Hilfsmittel
	Versichertenstruktur	• Anteil definierter Altersgruppe der Versicherten/Gesamtzahl der Versicherten • Anteil des Geschlechts der jeweiligen Versicherten/Gesamtzahl der Versicherten • Anteil Familienversicherter/Gesamtzahl der Versicherten • Anteil Rentner/Gesamtzahl der Versicherten
Risiken	Risikostrukturmerkmale	• Anteil der Versicherten mit chronischen Erkrankungen • Anteil der Versicherten mit schwerwiegenden Erkrankungen
Wettbewerb	Marktanteil	Anzahl Versicherte/Gesamtzahl der Versicherungspflichtigen
	Zusatzleistungen	Anzahl der bewilligten Zusatzleistungen/Mitgliederzahl
	Fluktuation	Austritte wegen Kassenwechsel/Gesamtzahl der Versicherten
Qualität	Servicelevel	Summe aller erledigten Arbeits- und Rückrufaufträge/Summe Arbeitstage
	Arbeitsvorrat	Arbeitsvorgänge zu Beginn eines bestimmten Arbeitstages + Zugänge an Arbeitsvorgängen während des Arbeitstages – nicht erledigte Arbeitsvorgänge am Ende desselben Arbeitstages Anmerkung: Arbeitsvorgänge können z. B. sein: Auszahlung Krankengeld, Bewilligung Reha-Maßnahme, Kur-Antrag, Abwicklung Kassenwechsel
	Beschwerden	Anzahl
	Bearbeitungsdauer	Anzahl Tage, die für die Bearbeitung eines Kundenantrags oder einer Kundenfrage aufgewendet wird

SPRINGER NATURE

GPSR Compliance

The European Union's (EU) General Product Safety Regulation (GPSR) is a set of rules that requires consumer products to be safe and our obligations to ensure this.

If you have any concerns about our products, you can contact us on ProductSafety@springernature.com

In case Publisher is established outside the EU, the EU authorized representative is:

Springer Nature Customer Service Center GmbH
Europaplatz 3
69115 Heidelberg, Germany

FSC
www.fsc.org
MIX
Papier | Fördert gute Waldnutzung
FSC® C083411

Kolibri 360 GmbH
Ferdinand-Jühlke-Straße 7
99095 Erfurt, Deutschland
produktsicherheit@kolibri360.de